Rona Schneider – Sehnsucht nach Meer

Eine Flussfahrt entlang der Unterweser

Die Deutsche Bibliothek – CIP Einheitsaufnahme
Der Titelsatz für diese Publikation ist bei
der Deutschen Bibliothek erhältlich.

Eigenverlag:
epik – Biografien & Chroniken, Bremen
Rona Schneider

Vertrieb für den Buchhandel:
epik – Biografien & Chroniken, Sielpfad 22, 28203 Bremen
Fon: 0421-32 00 52, kontakt@epik-biografie.de, www.epik-biografie.de

Gestaltung: Andreas Wolfner
Titel: „Unterweser III", 165 x 145 cm, Holzdruck auf Chinapapier
Druck: Druckwerkstatt Schmidtstrasse
Erscheinungsjahr 2014, 1. Auflage 1.500
Copyright © Rona Schneider 2014
Alle Rechte vorbehalten

ISBN 978-3-00-044716-7

Grußwort Bürgermeister Jens Böhrnsen

Liebe Leserinnen und Leser,

zum 15-jährigen Bestehen der Gruppe der „Vegesacker Flussführer" ist nun nach fast dreieinhalbjähriger, intensiver Zusammenarbeit mit der Autorin Rona Schneider ein Lesebuch über unsere Unterweser entstanden.

Die Weser ist noch heute unverändert der Lebensnerv zwischen Bremen und Bremerhaven und untrennbar mit der wirtschaftlichen Entwicklung im Unterweserraum verbunden. Die Geschichten im Lesebuch „Sehnsucht nach Meer" geben sehr persönliche Einblicke in die Schicksale der Menschen links und rechts des Weserufers und dokumentieren auf anschauliche Weise die zurückliegenden und aktuellen Entwicklungen in unserer Region.

Die Flussfahrt entlang der Unterweser, in Verbindung mit den Werken des Bremer Künstlers Bogdan Hoffmann, unterstreicht die Schönheit unserer Landschaft mit dem Blick vom Wasser aus. Das Lesebuch spricht alle maritim Interessierten und Neugierigen an.

Ich wünsche der Herausgeberin und den Autoren eine begeisterte Leserschaft und eine große positive Resonanz.

Mit freundlichen Grüßen
Ihr
Bürgermeister Jens Böhrnsen
Präsident des Senats der Freien Hansestadt Bremen

Die „Vegesacker Flussführer": von vorne links: Manfred Haarhaus, Albert Koch, Bernd Scheffold, Gerd Meyer, Lothar Vennemann und Dieter Meyer-Richartz, Quelle: Albrecht-Joachim Bahr, Norddeutsche, 2006

Vorwort Gerd Meyer

Die Freizeitgruppe „Flussführer von der Unterweser" kann mit Recht von sich behaupten „aktiv im Alter" geblieben zu sein. Ihre Mitglieder sind, nach nunmehr 15 Jahren, zwischen 67 und 80 Jahre alt. Als damaliger Leiter des Gustav-Heinemann-Bürgerhauses in Bremen-Vegesack gründete ich das Projekt 1997 im Rahmen unserer Stadtteilkulturarbeit gemeinsam mit dem Kollegen Gerhard S. vom gewerkschaftlichen Bildungswerk „Arbeit und Leben". Seitdem begleite und erlebe ich die Gruppe und bin mittlerweile ein Teil von ihr geworden.

Zum Gründungstreffen luden wir ältere Kolleginnen und Kollegen ein, die sich mit der Frage beschäftigten, was sie gemeinsam mit anderen `Unruheständlern` nach dem Ende ihrer Erwerbstätigkeit unternehmen könnten. Fortan trafen sich Kapitäne, Steuerleute, Maschinisten, Heringsfänger, Wasserschutzpolizisten und Ingenieure, Werftarbeiter und Mitarbeiter vom Wasser- und Schifffahrtsamt regelmäßig im Bürgerhaus. Die Projektgruppe „Flussführer von der Unterweser" war geboren.

Wir hatten vor, Törns für Gäste auf den in Vegesack beheimateten Traditionsschiffen entlang der Unterweser anzubieten. Die Flussführer wollten den Mitreisenden selbst erlebte, maritim geprägte Geschichten erzählen und Informationen über Orte und Menschen am Fluss beisteuern. Die Gruppe unternahm mehrere Flussfahrten auf der Unterweser, um sich fundiertes Wissen über die Region anzueignen. Parallel begann jeder Einzelne seine Erinnerungen niederzuschreiben. Es entstanden authentische Berichte, die entweder von der Arbeit in den Industrien entlang der Unterweser oder von Erlebnissen auf Schiffen der Unterweser handeln.

In den vergangenen Jahren haben die Flussführer bereits Leseabende an historischen Orten, auf Traditionsschiffen, in der Vegesacker Signalstation und anderswo veranstaltet. Dabei trafen wir immer auf eine interessierte Zuhörerschaft. Mit dem nun vorliegenden Lesebuch möchten wir unsere „Sehnsucht nach Meer" vorstellen.

Unser ganz besonderer Dank - und da möchte ich für alle Flussführer sprechen - gilt der Herausgeberin Rona Schneider, die maßgeblich zur Realisierung des Buches beigetragen hat.

Gerd Meyer – Vegesack, August 2013

Vorwort Rona Schneider

Eigentlich ist Dieter an allem schuld! Als ich 2010 beim „City-Marketing Vegesack" anfing, stellte sich Dieter Meyer-Richartz gleich in den ersten Tagen bei mir am Empfang vor. Er lud mich herzlich zum monatlichen Treffen der Flussführer in die Signalstation ein. Da „Netzwerken" gerade zu Beginn einer neuen Tätigkeit gute Kontakte schafft, sagte ich zu. Hätte ich die Einladung damals abgeschlagen, wenn ich geahnt hätte, wie viele unbezahlte Stunden daraus entstehen würden? Meine Neugier hat gesiegt und heute bin ich dankbar dafür.

In der Signalstation traf ich auf eine Gruppe älterer Herren, die in ihrem Berufsleben am oder auf dem Wasser gearbeitet haben. Fahrensmänner aus vergangenen Tagen, in deren Gesellschaft ich mich von Beginn an wohl und aufgenommen gefühlt habe. Als begeisterte Ruderin und Seglerin fühle auch ich mich zum Wasser hingezogen. Als Kind war der Hafen mein Spielplatz, und schon früh haben mich die Seeleute aus aller Herren Länder im geschäftigen Treiben des Bremer Hafenlebens fasziniert.

Nun saß ich mit ihnen an einem Tisch und war spontan von dem reichen Schatz an Geschichten begeistert, die in der Gruppe entstanden waren. Ich suchte weitere Erzählerinnen und Erzähler entlang des Flusses. Aus Gesprächen entwickelte ich neue Geschichten, sodass im Laufe der Zeit ein durchgängiges Geschichtenband entlang der Orte an der Unterweser entstanden ist. Auf diversen gemeinsamen Törns von Bremen nach Bremerhaven sammelte ich Stoff für die Rahmengeschichte. Ich bedanke mich an dieser Stelle bei der Halöver-Reederei für die Freifahrten auf der „Oceana".

In den vergangenen Jahren ist ein Buch entstanden, das Interessantes und Wissenswertes aus der Region erzählt, ohne den Anspruch eines Reiseführers zu erheben. In 53 Geschichten und auf 66 Flusskilometern werden unterschiedlichste Menschen mit ihren Erlebnissen und Träumen vorgestellt.

Kurz vor Fertigstellung des Buches traf ich einen alten Freund wieder, mit dem ich in den 70er-Jahren in einer WG zusammengewohnt hatte. Bogdan Hoffmann ist mittlerweile ein bekannter Künstler für Druckgrafik geworden und hat 1997 einen Zyklus zur Unterweser geschaffen. Wir waren beide verblüfft und fasziniert darüber, wie wir uns auf sehr unterschiedliche Art und Weise der

Unterweser genähert haben. Ich freue mich, dass in diesem Buch unsere beiden „Ansichten" verschmelzen und sich damit ergänzen.

Während meiner Arbeit an dem Buch habe ich viele interessante und engagierte Menschen kennengelernt und die Unterweser auch für mich neu entdeckt. Ganz besonders möchte ich mich bei Heinz-Konrad Reith, einem der Flussführer, bedanken, der in akribischer Kleinarbeit das Glossar zusammengetragen hat.

Zudem bedanke ich mich bei allen Flussführern, die ihre Runde für mich geöffnet haben, für die vielen schönen Stunden, Ausflüge und Lesungen, die ich gemeinsam mit ihnen in den letzten Jahren erlebt habe. Mit ihrem großen Engagement für die Belange der Region und ihrem Reichtum an Erinnerungen haben sie mir immer wieder Mut gemacht, das Projekt zu Ende zu führen.

Rona Schneider, Januar 2014

Sehnsucht nach Meer

Von der Überseestadt nach Vegesack

Heinz-Konrad Reith	Die TS „Atlantic" – Ein Schiff mit Geschichte	2
Dieter Meyer-Richartz	Als Moses fing alles mal an	8
Manfred Haarhaus	Das letzte Mal	11
Carsten Johow	Das Postkartenschiff	12
Rona Schneider	Licht-Luft-Bad Lankenau	13
Kalle Rostalski	Tief im Herzen bin ich Seemann	18
Gisela Arckel	Hermann Plebanski	23
Dieter Meyer-Richartz	Ein Vegesacker Jung	25
Wilfried Plugowsky	Vatertagstour	27

Landgang an der Signalstation

Albert Koch	Ankunft in Vegesack	31
Albert Koch	Auf Fangreise	33
Albert Koch	Heringssaison	35
Albert Koch	Der Ölwechsel	36
Albert Koch	Hochzeit am 14. August 1956	37
Inge Bellmer	Die Brosche	38
Hans-Helmut Lühr	Aufstand der Loggerjungs	39
Hans-Helmut Lühr	Oma Wischhusen	42
Norbert Lange-Kroning	Vegesacker Matjesschluck	43

Von der Maritimen Meile nach Farge

Dieter Meyer-Richartz	Labskaus – Ein Gedicht	45
Gerd Meyer	Das Klavier am Hammerkran	48
Carsten Johow	Nachruf auf den „Bremer Vulkan"	52
Tami Oelfken	Hotsch, Marinka! Hotsch!	55
Ferdinand Meyer-Farge	Die Fährgerechtigkeit	60
Ferdinand Meyer-Farge	Meyer-Farge Schiffsansage	62
Herbert Weidemann	Auszug aus meinem Berichtsheft	64
Gerd Meyer	Nie wieder Krieg	66

Vom Elsflether Sand nach Brake

Lina Walter	Neue Heimat auf dem Elsflether Sand	69
Lina Walter	Der Elsflether Sand – Unser Kinderparadies	72
Tönnies Kamsteeg	Die Käseinsel	74
Tönnies Kamsteeg	Mein Schulweg	77

Manfred Haarhaus	Wie alles begann	81
Harry Hanse	Übergewicht	89
Manfred Haarhaus	Als Hamburger Seemann auf einem Schiff von der Weser	91
Manfred Haarhaus	Achterrutseilt	96

Von Brake nach Bremerhaven

Harm von Hollen	Goldstängel am Weserufer	100
Klaus Boyksen	Kindheit am Strohauser Siel	103
Klaus Boyksen	Vom Moses zum Jungmann auf der „Christoph Kleemeyer"	106
Dr. Hans Kohlmann	Rudertour auf der Unterweser – 1936	110
Manfred Haarhaus	Vor Wind in Bremerhaven	116
Hans-Helmut Lühr	Hannes, ein Vegesacker Fahrensmann	119
Rolf Kühn	Festmacherwagen in Seenot	123
Heinz-Konrad Reith	Himmel und Hölle auf der MS „Bieberstein"	124
Heinz-Konrad Reith	Abgesang auf den „NDL"	128

Von der Weser in die Welt

Carsten Johow	Pizza Dr. Johow	129
Manfred Haarhaus	Max	130
Albert Koch	Langlütjen II – Eine Festungsinsel im Watt	133
Heinz-Konrad Reith	Seekrank im Simulator	136
Axel Gellert	Äquatortaufe	138
Heinz-Konrad Reith	„Cutty Sark 88" – Die TS „Atlantic" in schwerer See	140
Lothar Vennemann	Einmal Seemann und zurück	144
Heinz-Konrad Reith	Abgesang auf die „HANSA"	148
Heinz-Konrad Reith	Das HANSA-Hungerkreuz	149
Manfred Haarhaus	Kurs „Roter Sand" – Ein Besuch auf dem Leuchtturm	151

Glossar		156
Dank		162
Autorin und Künstler		163
Werkverzeichnis/Quellen		164

Sehnsucht nach Meer
Eine Flussfahrt entlang der Unterweser

An einem milden Frühlingsmorgen mache ich mich auf den Weg zum Martinianleger unterhalb der Wilhelm-Kaisen-Brücke im Zentrum Bremens. Vom Osterdeich in Höhe der Sielwallfähre blicke ich hinunter auf die Weser, die sich heute von ihrer schönsten Seite zeigt: Es ist beinahe Hochwasser und der Fluss fließt breit und ruhig zwischen den Ufern dahin.
An der Schlachte bin ich mit den Vegesacker Flussführern zu einer Schiffsfahrt nach Bremerhaven verabredet. Wir befahren heute gemeinsam die Unterweser bis Kilometer 66 und vielleicht auch noch ein Stückchen weiter – aus Sehnsucht nach Meer.

> **Wissenswertes über die Weser:**
> - Zusammenfluss von Werra und Fulda bei Hannoversch-Münden
> - Gesamtlänge: 477 Kilometer
> - „Oberweser" von Hannoversch-Münden bis Minden
> - „Mittelweser" von Minden bis zur Wilhelm-Kaisen-Brücke in Bremen

Für Ortsunkundige: Die Unterweser fließt zunächst durch Bremen, dann zum großen Teil als Grenzfluss zwischen Bremen und Niedersachsen bis Bremerhaven und endet bei Flusskilometer 66 an der Geestemündung. Von dort aus durchfließt die Außenweser den „Nationalpark Niedersächsisches Wattenmeer", bevor sie in die Nordsee mündet. Fünf Leuchttürme weisen den Schiffen den Weg.
Am Fuße der Martini-Kirche erwarten mich Manfred, Albert, Hannes, Gerd, Dieter, Wilfried, Carsten, Konrad, Lothar und Herbert. Nach einer herzlichen Begrüßung machen wir uns zu Fuß auf den Weg entlang der Schlachte, da die „Atlantic" mit ihren hohen Masten flussaufwärts nur bis zur Eisenbahnbrücke kommt. Begleitet vom Glockengeläut der Martini- und Stephanikirche bummeln wir vorbei an den Schiffsliegeplätzen und passieren den alten Dreimastsegler „Admiral Nelson", die Hanse-Kogge „Roland von Bremen" und das alte Fährschiff MS „Friedrich". Nach der Brillbrücke liegen das Ausflugsboot „Nedeva", das Betonschiff „Treue", die Senatsbarkasse und schließlich das Dampfschiff „Weser" hintereinander am Ufer. Die „Atlantic" mit ihrem Eigner und Schiffsführer Harald Hanse erwartet uns an der Pier hinter der Eisenbahnbrücke. Die wechselhafte Geschichte dieses in die Jahre gekommenen Schiffes hat Konrad in akribischer, fast schon detektivischer Kleinarbeit recherchiert und aufgeschrieben.

Heinz-Konrad Reith, Jahrgang 1947, ist Diplomingenieur der Fachrichtung Schiffsbetriebstechnik, Volljurist und Auditor für Qualitätsmanagement und Datenschutz. Mehr als 15 Lebensjahre verbrachte er außerhalb Deutschlands in der übrigen Welt: zehn Jahre auf Großer Fahrt, dreieinhalb Jahre als Garantie-Ingenieur beim „Bremer Vulkan" weltweit im Einsatz und zweieinhalb Jahre als Leiter eines Sanierungsprojektes der Weltbank auf Haiti. Konrad gehört seit 2011 zur Gruppe der Vegesacker Flussführer.

Die TS „Atlantic" – Ein Schiff mit Geschichte

Die TS „Atlantic" ist 29 Meter lang. Wenn man den, von Seglern etwas hämisch als „Havarie-Spargel" bezeichneten Bugspriet davon abzieht, verbleibt eine Rumpflänge von ziemlich genau 21,22 Metern. Sie ist 5,06 Meter breit und hat einen Tiefgang von 2,22 Metern. An Segeln kann die „Atlantic" 245 Quadratmeter tragen, an zwei Masten, mit Gaffelsegeln. Heute fährt sie als Gaffelketsch, vor einigen Jahren galt sie noch als Schoner, da der hintere Mast etwas höher war als der vordere. Das Schiff kann auf dem vorderen Mast bis zu drei Rahsegel tragen. Voll aufgetakelt hat sie Ähnlichkeit mit einer Brigantine, einer vor ein paar hundert Jahren europaweit unter verschiedensten Bezeichnungen und Bauformen gebräuchlichen Schiffsgattung.

Die TS „Atlantic" ist heute, wie eingefleischte „Schiffskenner" vermuten könnten, keineswegs ein Turbinenschiff. Wobei man wissen muss, dass ein „MS" vor dem Schiffsnamen für „Motorschiff" steht, das „TS" könnte also durchaus auch Turbinenschiff heißen. So ist es aber nicht.

Das TS vor dem Schiffsnamen „Atlantic" steht für den Begriff „Traditionsschiff", also ein altes Schiff mit einer eigenen Historie, das maritim interessierten Menschen als Ausflugsschiff dient.

Es herrscht großes Interesse daran, auf Traditionsschiffen zu segeln. Die Menschen wollen spüren wie der Wind – auch gerne einmal böig – in die Segel fährt und das Schiff zum Laufen, aber auch zum Rollen und Stampfen bringt. Wie das stehende und das laufende Gut – zum Beispiel das Tauwerk – anfängt, Musik zu machen durch den Wind und die Bewegung in der Takelage. Die auch einmal hören wollen, wie ein Anker gegen den Schiffsrumpf schlägt, wenn er nicht ordentlich festgezurrt wurde und den Seemann damit lautstark an eine gute Seemannschaft erinnert.

So ein Schiff ist die TS „Atlantic", auf der es noch Masten, Bäume, Segel, Blöcke und Spleiße im Tauwerk gibt. Aber die „Atlantic" wurde nicht als Segler gebaut. 1871 gab es schon Dampfmaschinen. Es war die Zeit, in der sich aus den Segelschiffskonstruktionen Dampfschiffe entwickelten – einer Zeit, in der sich der Stahlschiffbau nennenswert zu entwickeln begann und sich die zur See fahrenden Männer unterschieden in „Seeleute und Dampferhalunken", wie Ringelnatz es beschrieben hat.

Das Schiff wurde gemäß der Schiffsdokumente 1871 auf der in Kiel-Gaarden ansässigen Werft „Norddeutsche Schiffbaugesellschaft AG" (NSAG), gebaut. Nach dem heutigen Wissensstand ist die TS „Atlantic" am 25. März 1871 unter der Bau-Nr. 29 als Dampf-Schrauben-Schleppdampfer „Vorwärts" an die „Vereinigte Bugsir-Dampfschiff-Gesellschaft, Hamburg" abgeliefert worden. Das Schiff war ausgestattet mit einer Dampf-Kolbenmaschine und einem Zylinderkessel, mit Kohle befeuert und erreichte eine Geschwindigkeit von neun Knoten. Die tatsächliche Schleppleistung ist nicht überliefert.

Der Schlepper „Vorwärts" wurde im Schleppdienst auf der Elbe eingesetzt und ging schon in jungen Jahren durch die Hände der renommiertesten Schlepper-Reedereien. 1888 verkauft an die Firma Pauls & Blohm in Hamburg, 1906 weiterverkauft an die Schleppreederei Carl Tiedemann und Pauls & Blohm in Hamburg. 1910 ging das Schiff an August Borsinsky in Kiel. Vor dem Ersten Weltkrieg verliert sich die Spur des Schiffes und nach Auskunft der Reedereien sind die alten Archive in der großen Sturmflut 1962 im wahrsten Sinne des Wortes „abgesoffen".

Heute ist die TS „Atlantic" als Motorschiff aus Stahl im Seeschiffsregister (SSR) Bremen eingetragen, Eigner seit dem 18. Oktober 1982 ist Harald Hanse. Er kaufte das Schiff zu einem Schrottpreis von der Firma Biomaris und rettete damit ein schon damals über 100 Jahre altes Stahlschiff vor dem Hochofen.

Nach aufwendigen Sanierungsarbeiten versah er das Schiff mit einem historischen Segelrigg. Später ließ er den Schonermast verkürzen, sodass das Schiff als Gaffelketsch mit Rahsegeln bezeichnet werden könnte. Bei der TS „Atlantic" handelt es sich um eines der vielleicht ältesten noch schwimmenden Stahlschiffe der Welt, vielleicht sogar das älteste überhaupt. Der Unterhalt eines solchen Schiffes ist nur mit Hilfe von Einnahmen wie zum Beispiel aus Gästefahrten zu leisten. Wir, die Flussführer aus Bremen-Vegesack, wünschen dem Schiff und seinem Eigner, dass die „Atlantic" noch lange das Bild im Vegesacker Museumshaven bereichern möge.

Die TS „Atlantic" unter vollen Segeln

In den nächsten Stunden werden wir uns gemütlich mit dem Strom des ablaufenden Wassers in Richtung Nordsee bewegen und in geselliger Runde die Landschaft an uns vorbeiziehen lassen. Ich fühle mich in bester Gesellschaft von Fahrensleuten, die in ihrem Berufsleben auf diesem und vielen anderen Flüssen und Meeren unterwegs waren, bevor sie sich in Vegesack zur Ruhe setzten. Im Gepäck haben wir, neben guter Verpflegung, spannende, unterhaltsame und anrührende Geschichten von den Flussführern und ihren 14 Gastautoren.

Von der Überseestadt nach Vegesack

Um 10 Uhr machen wir die Leinen los. Für 10:04 Uhr ist in Bremen-Oslebshausen Hochwasser angesagt. Der Wind weht leicht aus Westen. Der Himmel ist klar mit vereinzelten Wolken. Kaum haben wir uns auf dem gemütlichen, leicht erhobenen Achterdeck – auch Poopdeck genannt – eingerichtet, von wo aus wir, besonders bei Flut, eine herrliche Aussicht haben, da meldet sich Dieter als gewissenhafter Ausbilder für Sportbootführerscheine als Erster zu Wort. Mit einem „Ich muss mal eben was loswerden" erklärt er auf unterhaltsame Art und Weise die Kennzeichnung der Unterweser als Wasserstraße.

„Mit dem Passieren der Eisenbahnbrücke befinden wir uns auf einer offiziellen Seeschifffahrtsstraße. Alle Flüsse weltweit, die ins Meer münden und Seeschifffahrtsstraßen sind, werden von der See kommend auflaufend bezeichnet. Die grünen Steuerbordtonnen mit ungeraden Zahlen beginnen an der Wesermündung mit einer Eins. Die roten Backbordtonnen mit einer geraden Zahl, der Zwei. Die Flusskilometer hingegen werden von der Quelle aus bezeichnet, also die Unterweser ab dem Martinianleger flussabwärts gezählt. Die weißen Tafeln am Ufer zeigen den Kilometerstand an. Für halbe Kilometer steht ein Kreuz als Kennzeichnung."

An der Eisenbahnbrücke, wo heute hochpreisige Neubauten am rechten Ufer das Tor zur Überseestadt markieren, endete noch bis in die 90er-Jahre das bremische Hafengebiet.

Wissenswertes zur Überseestadt:
- 1888: Der Freihafen 1, später Europahafen, wird eröffnet
- 1895: Die Weserkorrektion durch Ludwig Franzius ist abgeschlossen
- 1906: Der Freihafen II, später Überseehafen, wird eröffnet
- 1998: Das Becken des Überseehafens wird zugeschüttet
- 2000: Auf einer Fläche von 300 qkm entsteht die Überseestadt, das europaweit größte städtebauliche Entwicklungsprojekt

Die Hafenanlagen waren für mich als Kind mein liebster Spielplatz, ein echter Abenteuerspielplatz. Meine Familie lebte über viele Generationen hier im Westen und hat das Werden und Vergehen der Hafenanlagen als ansässige Gemüsebauern, Fuhrleute und zuletzt als Spediteure unmittelbar miterlebt. Wir wohnten, wie es damals üblich war, auf dem Firmengelände und Gerüche von Kaffee und Fischmehl umgaben uns. Ich erinnere mich gerne an die vielen Schiffe aus Europa und Übersee, die in den Bremer Häfen festmachten und an das laute Tuten der Dampfer in der Silvesternacht. Das emsige Treiben der Hafenarbeiter und die Internationalität der Menschen, die mit den Schiffen kamen, hat mich fasziniert. Als noch Stückgut umgeschlagen wurde, vor Erfindung des Containers, gab es an Schuppen, Speichern und Umschlagplätzen immer etwas zu entdecken und zu erleben.

Bis zur Einfahrt in den Neustädter Hafen bewegen wir uns in nordwestlicher Richtung den Fluss entlang. Am linken Ufer erscheint die Einfahrt zum Hohentorshafen. Gegenüber liegt eine der letzten alteingesessenen Produktionsfirmen in der Überseestadt: Die Firma Kelloggs produziert seit 50 Jahren an diesem Standort. In meiner Kindheit verkehrte hier die Betriebsfähre „Pusdorp", die Arbeiter aus den Hafenbetrieben ans gegenüberliegende Ufer nach Woltmershausen brachte. Die Fahrt war kostenlos, was wir Kinder ausgiebig nutzten. Seit 2013 ist die „Pusdorp" wieder im Einsatz und verbindet an den Wochenenden die Waterfront in Gröpelingen mit dem Lankenauer Höft und dem Molenturm an der Einfahrt zum Holz- und Fabrikenhafen.

Linker Hand entlang des Uferparks sind vereinzelt Spaziergänger und Jogger unterwegs. An Steuerbord ziehen Lagerschuppen verschiedener Logistikunternehmen an uns vorbei. Das gläserne Gebäude der Rickmer´s Reismühle steht auf dem letzten Betriebsgelände vor der Einfahrt in den Europahafen.

Vis-a-vis am gegenüberliegenden Ufer wurde 1962 bei Baggerarbeiten die Bremer Kogge im Fahrwasser entdeckt. Ein sensationeller Fund, der über Jahre geborgen und konserviert, heute im Schifffahrtsmuseum Bremerhaven zu besichtigen ist.

„Rechtvoraus" offenbart sich uns ein wunderschönes Panorama auf die Industrielandschaft in Höhe Gröpelingen: beginnend mit den Containerbrücken im Neustädter Hafen, voraus die Industrieanlagen der Stahlwerke. Unser Blick schweift über die Waterfront, das „Pier 2" und die Getreideverkehrsanlage zu den Ansiedlungen im Holz- und Fabrikenhafen.

Bei Hochwasser und auf unserem erhabenen Achterdeck sind wir fast gleichauf mit dem „Mäuseturm" auf der Molenspitze, der bei Kilometer 5 mit seinem patinaüberzogenen Kupferdach die Einfahrt in das große Wendebecken kennzeichnet. Auf der anderen Schiffsseite dümpelt eine grüne Steuerbordtonne mit der Kennung 127 neben uns im Fahrwasser. Harald drosselt spontan die Geschwindigkeit und dreht eine Runde durch das Hafenbecken. Früher wurden hier die großen Dampfer mit Hilfe mehrerer Schlepper gewendet und an die Kaianlagen des Überseehafens gezogen. Nur noch vereinzelt kommen hier Frachtschiffe an. Zum größten Teil verkehren hier Segel- und Sportboote und Fahrgastschiffe. Wir erreichen die Zufahrt in den Holz- und Fabrikenhafen. Dieter erinnert sich, dass hier seine berufliche Laufbahn begonnen hat.

Das Wendebecken vor der Einfahrt in den Überseehafen mit Blick auf die Getreideverkehrsanlage, 50er-Jahre

Dieter Meyer-Richartz, Jahrgang 1938, entstammt der alteingesessenen Vegesacker Familie Meyer und heuerte bereits als 14-Jähriger auf einem Kümo an. Während seiner 15-jährigen Fahrenszeit wurde er „Nautiker mit Kapitänspatent für Große Fahrt". Später befuhr er als Freizeit-Skipper die Küstenstädte der Nord- und Ostsee und europäische Flüsse, Seen und Kanäle. Dieter war Betreiber der Kult-Kneipe „Nautilus" in der Vegesacker Innenstadt und Initiator bei der Gründung des Vereins „Maritime Tradition Vegesack – Nautilus e.V.".

Als Moses fing alles mal an

Am 28. August 1952 bestieg ich als Moses hier im Bremer Holzhafen bei der Firma Röchling mein erstes Schiff, einen Zweimast-Gaffelschoner mit hochgezogener Back, 49m lang, etwa 300 Ladetonnen und mit Hilfsmaschine ausgestattet. Der Klütenewer, wie wir das damals nannten, hieß „Hans Johann" und war in Rendsburg beheimatet. Das Logis, der Wohnraum der Mannschaft, lag vorne unter der Back. Durch meine Koje verlief am Fußende das Rohr für die Ankerkette.

Johann Kolb, der Sohn des Reeders, fuhr das Schiff als Kapitän und „Kapitän" wollte er auch genannt werden. Es gab einen Steuermann und außer mir noch vier weitere Decksleute, einen Bestmann, der auch die Maschine versorgte, einen Matrosen, einen Leichtmatrosen und einen Jungmann. Der Moses, der ich war, musste kochen. Ich wollte zwar Kapitän werden und nicht Koch, aber so war es eben auf der Klütenewer-Fahrerei.

Meine Mutter hatte mir zwar schon mal gezeigt, wie Wasser gekocht wird, aber richtiges Essen und das für sieben erwachsene Seeleute, das war etwas anderes. Zum Glück begleitete uns die Schwester des Kapitäns auf meiner ersten Reise und arbeitete mich ins Kochen ein. Täglich schälte ich fürs Mittag- und Abendessen Berge an Kartoffeln. Ich wusste gleich, das würde nicht mein Hobby werden.

Mit der ersten Menge Kartoffelschalen sollte ich das Kielschwein füttern. Dieses lebt angeblich ganz unten im Laderaum, wie mir berichtet wurde und ernährt sich von zu dick geschälten Kartoffelschalen. Das Kielschwein habe ich nicht gefunden – das professionelle Kartoffelschälen lernte ich recht bald.

Auch dafür war manchmal Zeit: Melodien aus dem Quetschkasten

In den 50er-Jahren war der Proviant auf Seeschiffen noch sehr knapp bemessen. Es gab eine offizielle Proviantliste, an die sich fast alle Reeder hielten. Jedes Crewmitglied hatte ein kleines „Schap", in dem die Zuteilung für Frühstück und Abendbrot gebunkert wurde. Dazu gehörten Marmelade, Margarine, Wurst und Käse, auch drei Eier pro Woche. Die warmen Speisen, vor allen Dingen Bratkartoffeln, waren nicht rationiert und wurden zu jedem Essen mit Speck und Zwiebeln gereicht. Fetter Speck war genug an Bord, denn der Reeder hatte hinter seinem Wohnhaus in Rendsburg einen gut belebten Schweinestall. So waren wir immer noch besser gestellt, als viele andere Seeleute zu damaliger Zeit.

Mein Tag begann morgens um etwa 6 Uhr mit dem Anfeuern des Kohleherdes. Dann deckte ich den Frühstückstisch ein, die Wache verlangte spätestens um 7.30 Uhr das Frühstück und einen heißen Kaffee. Es blieb nicht aus, dass ich zwischendurch auch bei Segelmanövern helfen musste. Aber wehe, das Essen stand nicht rechtzeitig auf dem Tisch. Dann gab es vom Steuermann auch schon mal eine körperliche Rüge. Hinderlich bei dieser ganzen Schufterei war auch, dass ich ständig, sobald das Schiff „krumm machte", seekrank wurde. Egal, was ich zu tun hatte, eine Pütz, ein Eimer stand immer griffbereit in meiner Nähe.

Mein erster Hafen im Ausland war Odense in Dänemark. Das Schwarzbrot war alle und der Steuermann schickte mich an Land, um Brot zu kaufen. Als 14-Jähriger stand ich vor einer großen Herausforderung. Was heisst denn „sechs ganze Schwarzbrote bitte" auf dänisch? Ich fragte den Jungmann Peter, der etwas älter war als ich und meines Erachtens so etwas wissen musste. Er überlegte daraufhin einen Augenblick und sagte dann: „Knülle ü vor Penga!" Bis heute habe ich diesen, meinen ersten Satz auf Dänisch, nicht vergessen. Heute weiss ich allerdings, dass er sehr anzüglich war. Als ich ihn stolz im Laden aussprach, wurde die Bäckersfrau knallrot. Der Bäcker kam von hinten aus der Backstube und hätte mich beinahe versohlt, aber zum Glück merkte er sehr schnell, dass ich nicht wusste, was ich da sagte. So bekam ich also meine Brote und ging zurück zum Hafen – stolz, diese Aufgabe einigermaßen bewältigt zu haben.

Als ich an der Pier ankam, war das Schiff weg. Hatte ich mich verlaufen? Nein. In einiger Entfernung sah ich noch das Heck der „Hans-Johann". Mit 14 Jahren ist man ja noch nicht richtig erwachsen. So setzte ich mich also auf einen Poller und weinte erstmal 'ne Runde. Aber alles wurde wieder gut. Später erfuhr ich, dass der Kapitän bald nach dem Ablegen einen Kaffee verlangt hatte. „Moses! ... Wo bleibt der Kaffee? ... Moses! ... Wo ist Moses denn überhaupt?" Sie hatten mich einfach an Land vergessen, kehrten daraufhin aber um und gabelten mich an der Pier wieder auf.

Es war nun nicht so, dass ich als Moses nur kochen musste. Sobald alle Arbeiten in der Kombüse erledigt waren, wurde ich auch zur Seemannschaft eingeteilt. Wenn wir im Winter in der Ostsee, mit Holz als Deckslading unterwegs waren und Gischt über Deck und Luken kam, gefror das Spritzwasser an den Wanten, Stagen und an der Ladung zu einer dicken Eisschicht. Dann drehte der Kapitän von Zeit zu Zeit bei und alle Mann mussten Eis abschlagen - auch ich. Eine sehr unangenehme und kalte Arbeit. Dann sehnte ich mich doch in meine kleine, warme Kombüse zurück.

Nach 12 Monaten Fahrenszeit musterte ich ab. Neben dem Kochen und Messing putzen hatte ich auch gelernt, dass Eis an Deck sehr glatt ist und wie man Pfannkuchen in der Luft wendet. Meine Heuer hatte pro Monat, einschließlich aller Überstunden

„Eis schlagen" an Deck – eine unangenehme Arbeit, bei der alle mit anpacken mussten – hier auf einem Fischdampfer, 50er-Jahre

und einer ständigen 7-Tage-Woche, immerhin 60 Mark betragen. Wieder zu Hause, genoss ich ganze 18 Tage bezahlten Urlaub, für das ganze Jahr an Bord, ohne eine Heimfahrt.

Viele Jahre später, viele Schiffe weiter und nach verschiedenen Studiengängen, bin ich doch noch geworden, wovon ich als Junge geträumt habe – Nautiker mit Kapitänspatent auf Großer Fahrt. Ein Problem hat mich bis zum Ende meiner Seefahrt 1964 jedoch begleitet – die Seekrankheit.

Am Gröpelinger Wendebecken wird unser Blick magisch von dem gigantischen Koloss der Getreideverkehrsanlage mit der größten Backsteinfassade Europas angezogen. Hier lagern bis zu 75.000 Tonnen Getreide und Futtermittel. Daneben erstreckt sich auf dem ehemaligen Gelände der „AG Weser" das „Pier 2" und die Shopping-Mall „Waterfront" am Gröpelinger Fährweg. Nur Straßennamen, wie AG-Weser-Straße, Schiffbauerweg oder Werftstraße erinnern heute noch an die große Bremer Werft, deren Tore sich 1983 für immer schlossen.

Beim Passieren des Werftgeländes erinnert Manfred sich an „Das letzte Mal". Manfred Haarhaus, Jahrgang 1935, ist lange Jahre zur See gefahren. Geboren in Hamburg absolvierte er seine Ausbildung auf Handelsschiffen, legte 1958 das Seesteuermanns-Patent und 1962 das Kapitänspatent für Große Fahrt ab. Er war unter anderem Ausbilder für Junggrade, Inspektor in der Bauaufsicht auf deutschen und europäischen Werften, Betriebsleiter eines Bremer Korrosionsschutzbetriebes und als Werftkapitän für die „AG-Weser" tätig. Manfred gehört seit 1998 zur Gruppe der „Vegesacker Flussführer".

Das letzte Mal
Es ist Donnerstag der 8. Dezember 1983. Als ich mich um fünf Uhr auf den Weg zur AG-Weser mache, ist es noch stockdunkel. Eine viertel Stunde später klettere ich an der Ausrüstungspier der Werft über die Gangway an Bord des Neubaus Nr.1417, UBENA. Schnell die Reisetasche in die Kammer gebracht, dann ein Rundgang über Deck und anschließend auf die Brücke. Oben treffe ich schon den Probefahrtsleiter der Werft. „Na", sagt der „wenn der Kapitän an Bord ist, kann's ja bald los gehen" und schüttelt mir die Hand. Innerhalb der nächsten Stunde treffen immer mehr Menschen ein. Rund 130 Probefahrtsteilnehmer sind an Bord, als wir pünktlich um 6.30 Uhr ablegen und vom Werfthafen in die Weser eindrehen. „Los den Achterschlepper", sagt der Lotse und kurz darauf wird vom Heck bestätigt: „Achterschlepper ist los, Leine ein, Schraube klar!" Kurz darauf wird auch der Vorschlepper losgeworfen, wir lassen ihn aber vorsichtshalber als Begleiter bis Vegesack neben uns herlaufen. Dort verabschieden wir uns mit „3x lang" aus dem Typhon und „tut-tut-tut" klingt es von ihm zurück. Gute Reise, UBENA.
Von „Langsam" gehen wir auf „Halbe Fahrt voraus". Ich stehe in der Steuerbord-Nock und spüre in den Fußsohlen die von der Maschine heraufgetragenen Vibrationen, das Schiff erwacht zum Leben. Während ich einen heißen Kaffee schlürfe, geht mir durch den Kopf, was dieser Neubau während der vergangenen Wochen erlebt hat. Wegen der drohend bevorstehenden Schließung der Werft, hatte die Belegschaft am 19. September 1983 den Betrieb besetzt und war in den Streik getreten. Alle Arbeiten, mit Ausnahme derer in der Reparaturabteilung, ruhten daraufhin. So konnte auch der für Freitag, den 23. September geplante Stapellauf nicht stattfinden. Solidaritätsadressen und Sympathie-Erklärungen trafen aus ganz Deutschland und dem Ausland ein. Demonstrationen und Veranstaltungen zugunsten der um ihren Arbeitsplatz kämpfenden Mitarbeiter, wurden von Tausenden von Menschen begleitet. Die Arbeiter wiesen immer wieder auf die Verantwortung des Bremer Senats in ihrer Überlebensfrage hin. Sie fühlten sich allein gelassen, sie knallten dem Bürgermeister auf einer Betriebsversammlung ihre Partei-Mitgliedsbücher vor die Füße, umsonst! Als dann, in der gleichen Woche am Sonntag, dem 25. September bei der Bürgerschaftswahl die SPD sogar noch zulegte und mit 51,4% einen überzeugenden Sieg einfuhr, verloren die Streikenden ihren Mut. Hier kämpfte David gegen Goliath und auf der oberen Konzern- und Politikerebene war die Schließung der „AG Weser" Bremen längst beschlossene Sache. Am Montag, also nach 8-tägigem

Streik, wurde in einer offenen Belegschaftsabstimmung die Unterbrechung der Betriebsbesetzung auf unbestimmte Zeit beschlossen. Noch wollte man die Hoffnung nicht ganz aufgeben. Am 7. Oktober lief dann der Neubau 1417 ohne Festakt und ohne Taufe vom Stapel. Gleichzeitig ließen die Arbeiter das Symbol des drohenden Todes der Werft, einen Sarg mit der Aufschrift „Use Akschen", unter Sirenengeheul in den Werfthafen gleiten. Eine Woche später beschloss der Aufsichtsrat von Krupp die Schließung der „AG Weser" Bremen zum 31.12.1983. Ja, denke ich so in meiner Brückennock, da fährst du nun mit dem letzten Neubau weserabwärts. Es ist wirklich das letzte Mal, dass nach 140-jährigem Bestehen dieser traditionsreichen Bremer Großwerft ein Schiff zur Probefahrt ausläuft. Nach zweitägigen Erprobungen in der Nordsee kehren wir nach Bremerhaven zurück. Anstehende Restarbeiten werden dort im Kaiserhafen erledigt. Am 12. Dezember wird das Schiff nun auch endlich offiziell auf den Namen UBENA getauft und zwei Tage später von der Hamburger Woermann Linie für den Verkehr nach Ostafrika in Dienst gestellt.
Gleichzeitig erscheint in der Tageszeitung „Die Welt" eine Anzeige über den Verkauf von Maschinen und Anlagen der „AG Weser" Bremen. Besichtigung jederzeit, Verkaufstag 20.12.1983. Fast alle noch verbliebenen Mitarbeiter werden zum Ende des Jahres entlassen und arbeitslos. Ein trauriges Ende Bremischer Werftgeschichte.

Carsten reicht zum Thema „AG-Weser" eine Postkarte herum, die an Deck für einiges Schmunzeln sorgt. Es ist wohl die kürzeste Schiffsbestellung der Welt und erinnert an unkompliziertere Zeiten in einer prä-digitalen Welt.
Carsten Johow, Jahrgang 1947, machte eine Lehre zum Maschinenschlosser auf dem „Bremer Vulkan" und gründete 1983, nach seiner Auswanderung nach Australien, eine Schiffsreparaturfirma in Melbourne. Vor Ort reparierte er Schiffe für den „Bremer Vulkan". Heute ist Carsten Moderator des Melbourner Hafenkonzerts beim Radiosender „3ZZZ". In seiner Sendung hat er schon mehrfach Geschichten der Vegesacker Flussführer gelesen. Den Weg zu unserer Gruppe fand Carsten in den Sommermonaten der letzten Jahre während seines Heimaturlaubs in Vegesack.

Das Postkartenschiff

Heutzutage erfordert die Beauftragung für den Neubau eines Schiffes umfangreiche Verträge, in denen die technischen, terminlichen und finanziellen Einzelheiten genauestens festgelegt werden. Dass darüber hinaus Verträge quer über den Globus geschlossen werden, erschwert die gesamte Abwicklung umso mehr.
Vor 60 Jahren, als entlang der Unterweser noch alle paar Kilometer eine familien-

geführte Werft zu finden war und ein Vertrauensverhältnis zwischen Werftbesitzer und Reeder herrschte, war das ganz anders. Ein Handschlag genügte und der Vertrag war geschlossen.

Die wohl bemerkenswerteste Bestellung eines Schiffes bei einer Werft, die der Hamburger Reeder Reinecke am 3. Januar 1952 bei der „AG Weser" in Auftrag gab, lautete:

„Unter Bezug auf das gestrige Telefongespräch bestelle ich hiermit noch ein Motorschiff 4.350 t, wie gehabt. Hochachtungsvoll."

Beim Verlassen des Wendebeckens sehen wir voraus den futuristisch anmutenden Turm auf dem „Lankenauer Höft", der sich gegen den Wind von Osten zu stemmen scheint. Die Landspitze, die beim Bau des Containerhafens im Jahre 1964 künstlich entstanden ist, bietet bei Sonnenuntergang einen wunderschönen Ausblick auf die Gröpelinger Industrieanlagen.

Früher lag auf diesem Gebiet das alte Bauerndorf Lankenau mit Badestrand und Anlegestelle. In Zusammenarbeit mit Günter Reichert von der „Geschichtswerkstatt Gröpelingen e.V." habe ich über das „Licht-Luft-Bad Lankenau" geschrieben.

Günter Reichert war sehr hilfsbereit mit Informationen und passendem Bildmaterial. Die Geschichtswerkstatt sammelt in der Bevölkerung seit nunmehr 20 Jahren Bild-, Ton- und Schriftmaterial zur Geschichte des Stadtteils Gröpelingen. Unter historischen Gesichtspunkten entstehen daraus Bücher und Kurzfilme, die in regelmäßigen Vortrags- und Filmveranstaltungen öffentlich gemacht werden.

Licht-Luft-Bad Lankenau

Als „Lankenauer Höft" wird die Landspitze bezeichnet, die beim Bau des Containerhafens im Jahre 1964 künstlich entstanden ist. Früher lag auf dem Gebiet der heutigen Hafeneinfahrt das alte Bauerndorf Lankenau und etwa 300 Meter flussaufwärts befand sich das Fährhaus Wähmann mit Anlegestelle. Beiderseits des Fähranlegers erstreckte sich ein herrlich weißer Sandstrand entlang des Weserufers.

Noch bis zur Mitte des 18. Jahrhunderts waren die Dörfer Gröpelingen und Lankenau nur durch eine circa 200 Meter breite Fahrrinne der Weser voneinander getrennt. Im reicheren Gröpelingen gab es schon 1331 eine Kirche, die bis 1750 von den Lankenauern mit benutzt wurde.

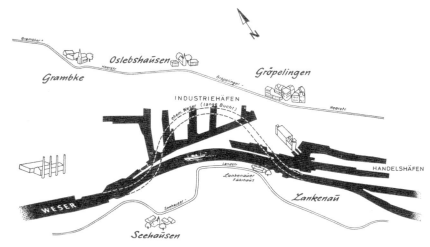

Verlauf der Weser am Gröpelinger Wendebecken vor und nach der Regulierung von 1883

Bevor die „Lange Bucht" 1883 im Vorfeld der Weserkorrektion begradigt wurde war die Strömungsgeschwindigkeit an dieser Stelle sehr niedrig. So herrschte an Sonntagen, zu Hochzeiten und Taufen, ein reger Bootsverkehr zwischen beiden Ufern. Die Lankenauer mussten selbst ihre Toten über den Fluss schaffen, damit sie auf dem Gröpelinger Kirchfriedhof bestattet werden konnten. Als 1750 im benachbarten Rablinghausen auch für die Lankenauer eine Kirche eingeweiht wurde, endete die Gemeinschaft mit den Gröpelingern.

Erst 150 Jahre später wurde Lankenau von den Gröpelingern neu entdeckt. Grund dafür war der feinkörnige Sandstrand, der auch Bürger aus anderen Stadtteilen Bremens anlockte. Nach dem Tod von Wilhelm Wähmann 1914 wurde dort der Verein „Familien-Licht-Luft-Bad Lankenau" gegründet und der Fährmann Bernhard Riedemann richtete einen regelmäßigen Fahrdienst ein. Initiatorin dieser Maßnahmen war Meta Wähmann, die das Lankenauer Fährhaus seit dem frühen Tod ihres Mannes alleine weiterführte. Sie war allen Besuchern über Jahrzehnte als „Mudder Wähmann" bestens bekannt.

Im Vereinshaus spielte an den Wochenenden oft eine Kapelle zum Tanz. Den ärmeren Arbeiterfamilien wurde sogar die Möglichkeit geboten, sich ihren mitgebrachten Kaffee im Lokal selbst zu kochen. So wurde das Fährhaus zu einem beliebten Ausflugsziel für alle.

Die Badestelle war zum Schutz gegen die Strömung eingezäunt und ein Bademeister schaute nach dem Rechten. Kleine Ferienhäuschen, die größtenteils an Geschäftsleute aus dem Bremer Westen vermietet waren, reihten sich zwischen Sandstrand und Deich aneinander. So manches Mal wurden die einfachen Hütten aus Holz vom Hochwasser überschwemmt.

Blick auf das Lankenauer Fährhaus mit Anleger und Badestelle, 1962

Nach dem Zweiten Weltkrieg nahm die Badeherrlichkeit schon bald ein Ende. In den Jahren 1945 bis 1949 waren die Weser und das Lankenauer Ufer noch mit Schiffswracks aus dem Krieg übersät, was echte Gröpelinger Butjer dazu veranlasste, die Weser schwimmend zu überqueren und auf den Wracks herumzuturnen oder sie zu umtauchen. Ein beliebter Sport war es, den Molenwärterturm am Eingang des Überseehafens zu erreichen, der im Volksmund „Mäuseturm" hieß. Wegen der Strömungsverhältnisse und der vielen Schiffswracks war es ein gefährliches Unternehmen, das seitens der Wasserschutzpolizei streng geahndet wurde.

Mit den Plänen für einen neuen Containerhafen kam 1964 das Ende für das Badeparadies im Dorf Lankenau. Dort, wo sich früher die Badegäste tummelten und die Kühe der Lankenauer Bauern weideten, findet heute der Umschlag von Schiffscontainern statt.

Mudder Wähmann, angeblich die „älteste Wirtin Deutschlands" wurde unbestätigten Gerüchten zufolge mit über 80 Jahren Millionärin, als sie ihr Grundstück für den Bau *der Hafenanlage verkaufen musste. Glücklich aber waren weder die Lankenauer Bauern noch Mudder Wähmann über den Zwangsverkauf ihrer Liegenschaften. Als sie 1962 mit 88 Jahren starb, hatte Mudder Wähmann über 40 Jahre als Leuchtfeuerwärterin treue Dienste geleistet und in dieser Zeit schätzungsweise 200-300.000 Seeschiffen den Weg in den Bremer Hafen gewiesen*

Zwei große Seezeichen in Rot und Grün an Backbord markieren bei Kilometer 7 die Zufahrt in den Neustädter Hafen. Zuvor trennte der „Lankenauer Steert" die Einfahrt vom Hauptstrom der Weser. Direkt vor uns fährt das französische Motorschiff „M.N.Tucan", ein Ro-Ro-Frachter von circa 4.000 Ladetonnen, ins Fahrwasser ein. Unser Schiff wiegt in leichtem Wellengang auf und ab.

Wissenswertes über den Neustädter Hafen:
- 1963: Der Neustädter Hafen wird angelegt
- fünf Hafenbecken sind geplant, eines wird gebaut
- Hauptsegment: Schwerer Stückgutumschlag
- 2013: 146 Unternehmen auf 500 Hektar beschäftigen 8.000 Arbeitnehmer

Gleich gegenüber an Steuerbord kommt die Schleuse Oslebshausen in Sicht, die zu den Industriehäfen führt. Hier werden in fünf Hafenbecken Kohle, Kali, Erz, Getreide, Öle, Brennstoffe und Baustoffe umgeschlagen. Durch die Schleuse sind die Hafenbecken vom Tidenstrom unabhängig und haben eine konstante Wassertiefe.

Bei Kilometer Zehn passieren wir die „Klöckner-Hütte" am rechten Weserufer. Der gigantische Koloss aus rostigen Rohren, Hochöfen, Transporteinrichtungen, Stiegen, Kesseln und Leitern steht imposant in der Landschaft. Berge brauner, erdiger Sände türmen sich am Boden. Der austretende Rauch zeigt uns die Windrichtung an und weht beinahe waagerecht nach rechts.

Wissenswertes über das Bremer Stahlwerk:
- 1911 als „Norddeutsche Hütte" gegründet
- 1954 als „Klöckner-Werke AG" erweitert,
- seit 1994: „Klöckner-Stahlwerke Bremen"
- Eigner seit 2007: Der weltgrößte Stahlkocher – die „Arcelor-Mittal AG"
- tägliche Produktion an Rohstahl: 12.000 Tonnen

An der Pier löscht der Massengutfrachter „Weser-Stahl" seine Ladung. Heimathafen Limassol steht an seinem Heck. Die „Weser-Stahl" bringt regelmäßig Erz von Narvik zur Hütte nach Bremen.
Karl-Heinz Rostalski hat über 30 Jahre im Kaltwalzwerk der Stahlwerke gearbeitet. Er gehört nicht zur Gruppe der Flussführer, hat mir aber mit Freude und großer Offenheit seine Erinnerungen erzählt.
Karl-Heinz Rostalski, Jahrgang 1936, schloss im Jahre 1954 bei der Vegesacker Fischerei eine Ausbildung zum Maschinenschlosser ab. Bis Ende 1956 fuhr er zur See. Von der Fischerei wechselte er auf Große Fahrt bei der „DDG Hansa" und machte das Seemaschinistenpatent. Nach seiner Hochzeit blieb er an Land. 1963 fing Karl-Heinz auf der Klöcknerhütte als Schlosser im Kaltwalzwerk an. Seit 1972 bis zu seinem Ausscheiden 1992 war er im Betriebsrat tätig.

Tief im Herzen bin ich Seemann

Fast 30 Jahre lang war ich als Schlosser im Kaltwalzwerk auf der Klöckner-Hütte beschäftigt – die letzten 20 Jahre allerdings im Betriebsrat, wo ich so manchen Arbeitskampf miterlebt habe. Und doch fühle ich mich tief im Herzen als ein „Mann von der See".
In Grohn geboren, fing ich im Jahre 1950 als 14-Jähriger bei der Vegesacker Fischerei an und machte dort eine Ausbildung zum Maschinenschlosser. Als im Oktober 1954 auf dem Logger BV71 „Lerche" der Maschinenassistent verunglückte und über Bord ging, nahm ich auf der nächsten Reise seinen Platz ein. So kam ich unverhofft und recht früh zu meiner ersten Seereise. „Von Vegesack nach der Nordsee zum Heringsfang und zurück" steht in meinem Seefahrtsbuch. Allerdings träumte ich, wie fast alle jungen Seeleute, von der Großen Fahrt in ferne Länder. Ich bewarb mich beim „Norddeutschen Lloyd" und bei der Bremer „Hansa"-Reederei und kam auf die Wartelisten.
Am 1. März 1955 kam endlich der lang ersehnte Anruf von der „Hansa" und ich wurde als „Ing-Assi" für die „Bärenfels" angeheuert. Ich konnte mein Glück kaum fassen! „Große Fahrt" bedeutete Reisen über ein halbes Jahr. Wir fuhren zwischen Indien, Ost-Pakistan (Bangladesh), Ceylon (Sri Lanka) und Burma (Miramar) und hatten in den Häfen Liegezeiten zwischen einer und sechs Wochen. Ein Traum war in Erfüllung gegangen!
Man sagt, das Wohl und Weh einer Mannschaft hänge vom Kapitän und vom Koch ab. Bei der „Hansa" waren die Köche gehalten, mit einem geringen Budget auszukommen, und oft war das Essen an Bord sehr karg. Ich hatte Glück, denn wir hatten einen Spitzenkoch vom Bremer Hotel „Zur Post" an Bord. Es gab immer sehr gutes und reichliches Essen, und donnerstags, am „Seemanns-Sonntag", war „Reis- und Curry-Tag". Zu diesem traditionellen Essen treffen sich noch heute ehemalige Hansa-Fahrer einmal im Jahr bei Flehmke in Brundorf.
Mich begeisterte die Vielfalt an Nahrungsmitteln, die ich in den asiatischen Ländern kennenlernte, und so oft ich es einrichten konnte, ging ich an Land und futterte mich durch die einheimischen Küchen. So entwickelte ich mit der Zeit ein Faible fürs Kochen.
Meine Kollegen warnten mich eindringlich vor dem Essen aus einheimischen Küchen: ich könne mir Seuchen und Lebensmittelvergiftungen einfangen. Als ich in Kalkutta zufällig einen englischen Arzt traf, fragte ich ihn um Rat. Er verordnete mir nach jedem Essen einen anständigen, schottischen Whiskey zu trinken. Das Rezept hat sich bestens bewährt. Nach zwei fantastischen Reisen auf der „Bärenfels" musterte ich ab. Bevor ich mein Maschinen-Patent auf einer Seemaschinistenschule in Bremen machen konnte, musste ich ein halbes Jahr auf einem Dampfschiff gefahren sein. Die Wartezeit überbrückte ich auf der „Mariaeck" mit zwei Reisen nach Spanien und Portugal, ebenfalls auf einem „Hansa"-Schiff.
Am 1. Juni 1956 konnte ich auf dem Dampfer „Fangturm" anheuern. Wir umrundeten Italien, und luden in diversen Häfen von Genua bis Triest Waren für den Persischen Golf,

um von dort wiederum Ladung mit nach Italien zu nehmen. Die Mannschaft auf der „Fangturm" bestand aus 10 Deutschen und 25 Ost-Pakistani, alles Muslime. Der Koch war ein Deutscher, beschäftigte aber mehrere pakistanische Helfer und bot jeweils zwei Essen an, um beiden Gruppen gerecht zu werden.

Der Persische Golf war im Sommer die Vorstufe zur Hölle! Außentemperaturen von über 40 Grad waren die Regel, im Maschinenraum waren es gute zehn Grad mehr. Kein Seemann wollte gerne in diese Einöde und endlose Wüste. Ich konnte von Glück sagen, dass diese Reise nach einem halben Jahr vorbei sein würde!

Dann kam Ende 1956 der Suez-Krieg dazwischen, und der Suez-Kanal wurde als Folge davon gesperrt. Eigentlich sollten wir in Suez Datteln aus Basrah löschen – wir wurden damals im Pendelverkehr zwischen Aden im Jemen und dem Roten Meer eingesetzt. Nun fuhren die Hansa-Schiffe von Europa rund um Afrika. Ladung, die für Häfen am Roten Meer bestimmt war, löschten sie in Aden. Wir holten sie dort ab und verteilten sie in den Häfen am Roten Meer.

Als wir für eine Woche im saudi-arabischen Djidda lagen, organisierten wir für unsere muslimischen Kollegen eine mehrtägige Fahrt zur Hadsch nach Mekka. Sie reisten in zwei Gruppen dorthin und kamen glückselig zurück. Für sie war der Traum eines jeden Moslems in Erfüllung gegangen.

An Silvester 1956 traten wir von Port Sudan die Rückreise über das „Kap der Guten Hoffnung" nach Deutschland an. Am Rosenmontag, damals der erste Montag im März, trudelten wir in Bremen ein.

Nach dem erfolgreichen Abschluss der Seemaschinistenschule heuerte ich bei der „Atlas-Levante-Reederei" auf der „Sabratha" an. Sabratha ist ein antiker, von den Römern gegründeter Ort in Lybien zwischen Tripolis und der tunesischen Grenze. Als wir im Hafen von Tripolis lagen, besuchten wir diesen historischen Ort und Namensgeber unseres Schiffes und waren sehr beindruckt.

Mit der „Sabratha" lernte ich außer Jugoslawien, Albanien und Israel alle Mittelmeerländer kennen. Auf einer dieser Reisen ereignete sich eine für mich schicksalhafte Begebenheit. Eines Abends, als ich mit vier Kollegen unter Deck am Tisch zusammen saß, offenbarte uns einer sein Geheimnis. Er hatte in der Zeitschrift „Frau und Welt" eine Anzeige geschaltet: „Seemann sucht Frau" und breitete nun einen Stapel Briefumschläge vor uns aus, die alle noch verschlossen waren. Er selbst machte den Vorschlag, die Zuschriften in der Runde aufzuteilen, da ja genug für alle da waren, und so begann er, wie beim Kartenspiel, zu geben. Ich erhielt vier Briefe, zwei aus Berlin, einen aus dem Fichtelgebirge und einen aus Wremen. Ich beantwortete alle vier Briefe und bekam auch Rückantworten. Dabei faszinierte mich ein neun Seiten langer Brief aus Berlin ganz besonders. So lernte ich meine Frau kennen, mit der ich seit 1961 glücklich verheiratet bin. Ich hatte damals den Hauptgewinn gezogen!

Ein Jahr nach unserer Hochzeit fand ich einen Job an Land und begann als Schlosser auf der Klöckner-Hütte. Das Fernweh habe ich nie verloren. Alljährlich bereise ich mit meiner Frau etliche Länder, die ich als Seemann kennengelernt habe, hauptsächlich Portugal und Sri Lanka. Als 1988 in Sri Lanka Unruhen ausbrachen, sind wir nach Thailand ausgewichen. Thailand ist mittlerweile zu unserem Traumland geworden. Vor allem das Essen hat es uns angetan.

Heute lebe ich mit meiner Frau in Grohn, genau an der Stelle, wo ich meine berufliche Laufbahn begonnen habe – auf dem ehemaligen Gelände der „Bremen-Vegesacker-Fischereigesellschaft".

Auf der linken Uferseite rücken bei Kilometer 11 schwankende Segelmasten hinter massiven Spundwänden ins Blickfeld, der Yachthafen Hasenbüren. Als in den 70er-Jahren die Weser vertieft und begradigt und damit kanalisiert wurde, verlegte man alle Wassersportvereine, die im Bereich der Seeschifffahrtsstraße lagen, in die Seitenarme. In Hasenbüren wurde ein künstlicher Hafen angelegt, den viele dieser Vereine gemeinsam nutzen.

Bis zur Ochtummündung bewegen wir uns nun in west-nordwestlicher Richtung.

Inzwischen hat Harry für alle einen Becher Kaffee spendiert und die Crew hat auf dem Achterdeck ihren Proviant ausgepackt. Seeluft macht bekanntlich hungrig. Die zusammengewürfelten Mitbringsel ergeben ein leckeres Buffet. Herbert hat traditionell „Gekochte" dabei, wie immer in handliche Stücke geschnitten. Ich breite Stücke einer Wassermelone aus, während Konrad Käsestullen dazulegt.

Wir genießen die Aussicht auf die Landschaft beiderseits des Stromes. Vom Hasenbürener Hafen bis zum Elsflether Sand bildet die Weser über vier Kilometer die Grenze zwischen den Bundesländern Bremen und Niedersachsen, wobei das linke Ufer niedersächsisch und das rechte bremisch ist.

Wir nähern uns einem Anleger am rechten Ufer, der „Moorlosen Kirche". Dieter erläutert uns die Entstehung dieses kuriosen Namens. Die Bezeichnung „Moorlosen Kirche" kommt aus dem Niederdeutschen und hieß früher mal „moderlose", also „mutterlose Kirche". Durch sprachlich unreine Überlieferung ist daraus dann die „Moorlosen Kirche" geworden. Hier machen die Fahrgastschiffe aus Bremen Halt. Fußläufig oder mit dem Fahrrad kann man von hier aus eine schöne Tour über das Sperrwerk in den Bremer Norden unternehmen.

In einer langgezogenen Rechtskurve Richtung Norden offenbart sich uns bei hohem Wasserstand ein wunderschöner Blick auf die weite Landschaft. Albert weist auf das Ochtum-Sperrwerk an der Backbordseite, das in den 70er-Jahren erbaut wurde. Schon oft haben die Flussführer abendliche Fahrten die Ochtum hoch zu „Spille" unternommen, um sich dort mit Brat-Aal verwöhnen zu lassen.

Die folgenden Flusskilometer sind beiderseits durch einen gradlinigen Deich begrenzt. Nichts stört den Blick. Sandstrände, Bäume, Büsche ziehen vorbei. Wir machen sogar einen Seehund am Ufer aus, der sich im Sand räkelt, bevor er im Wasser verschwindet. Linker Hand säumt eine grüne Grassode die Deichkrone, rechter Hand schützt eine zusätzliche Spundwand vor extremen Hochwassern. Nur die reetbedeckten Dachfirste lugen über den Deich hinweg. Wir versuchen uns vorzustellen, wie es früher am Strom einmal ausgesehen haben mag.
Bei leicht nordwestlichen Winden und zunehmendem Ebbstrom macht Manfred einen kleinen Exkurs zu Wasserständen und Tidenstrom – nicht etwa für uns Mitfahrende, sondern für unerfahrene Landratten und Wissbegierige.
Vor der Weserkorrektion durch Ludwig Franzius – im 16./17. Jahrhundert – hatte die Weser einen Tidenhub von 20 Zentimetern. Die Strömung betrug maximal einen Kilometer pro Stunde.

Links- und rechtsseitig gab es ausreichend Flächen zum Aufnehmen des Wassers. Nach Vertiefungen und Begradigungen erhöhten sich die Unterschiede zwischen Hoch- und Niedrigwasser. 1950 betrug der Tidenhub bei einer Flusstiefe von 5,70 m bereits zweieinhalb Meter. Heute beträgt er in

Höhe Vegesack circa vier Meter und die Strömungsgeschwindigkeit liegt bei zwei bis drei Kilometern pro Stunde, bei ablaufendem Wasser auch mal bei fünf.

Die Tide ist abhängig von den Mondphasen und kann zusätzlich durch Windrichtung und -stärke beeinflusst werden. Bei Springtide rund um den Voll- und Neumond ist der Tidenhub am größten. Bei Nipptide bleibt das Wasser länger weg und der Tidenhub ist am geringsten.

Die Schifffahrt nutzt den Tidenstrom auf der Unterweser. Auch wir fahren mit ablaufendem Wasser in Bremen los und sparen so die Hälfte unseres Treibstoffs ein. Herbert erläutert uns, dass die Weser heute bei einem Wasserpegel von Null eine garantierte Tiefe von neuneinhalb Metern innerhalb der Fahrwassertonnen hat. Rechnet man dazu den jeweiligen Wasserstand der Tide, kommt man bei Hochwasser auf 13 Meter Tiefe, sodass Schiffe bis zu einem Tiefgang von 11,5 Metern einlaufen können. Bevor das Wasser abläuft wird ihre Ladung gelöscht und die Schiffe verlieren wieder an Tiefgang.

Wir bewegen uns auf die „Vegesacker Kurve" zu, die bei den Lotsen großer Schiffe bis heute berüchtigt ist. An dieser Stelle weist der Verlauf der Unterweser die stärkste Krümmung auf und biegt fast rechtwinklig nach Westen ab. Je nach Wetter- und Windverhältnissen war und ist es für Schlepp- und Lotsendienste eine Herausforderung, dicke Pötte hier zu manövrieren.

Die flachen, weißen Fertigungshallen für Offshore-Windgeneratoren-Flügel der Firma Rotek, einer Tochtergesellschaft von Abeking & Rasmussen, rücken ins Blickfeld.

Wissenswertes über Abeking & Rasmussen:
- 1907 von Georg Hermann Abeking und Henry Rasmussen gegründet
- Spezialgebiete: Luxusyachten und das Doppelrumpfschiff Typ „SWATH"
- Weitere Bereiche: Bau der grauen Flotte für die Marine, Spezialbeschichtungen von U-Booten, Aluminium-Schiffbau, Fertigung von Windkraftflügeln

Bei Kilometer 16 bewegen wir uns in nördlicher Richtung direkt auf Vegesack zu. Die Unterweser hat hier schon eine beachtliche Breite angenommen, besonders bei Hochwasser. Von weitem leuchten die orangefarbenen Streifen der Weserfähren, die lautlos die Weser kreuzen. Zu Recht werden sie „Schwimmende Brücken" genannt, da die Fähren an 365 Tagen im Jahr über 24 Stunden ununterbrochen zwischen den Ufern pendeln, in diesem Fall zwischen Vegesack und Lemwerder. Hier war die erste Fährverbindung über die Weser, die seit dem 13. Jahrhundert besteht.

Auf der ausgedehnten Landzunge vor der Einmündung der Lesum weiden Kühe. Früher breitete sich am Ufer der „Schönebecker Sand" mit einem wunderschönen weißen Sandstrand aus. Alle Anwesenden an Bord, die in Vegesack groß geworden sind, haben hier Schwimmen gelernt und erinnern sich mit einem Schmunzeln an den legendären Bademeister Hermann Plebanski. Manchmal kommt seine Tochter Gisela Arckel zu unseren Treffen in die Signalstation. Sie hat die Erinnerungen an ihren Vater für uns aufgeschrieben.

Gisela Arckel, geborene Plebanski, Jahrgang 1937, kam nach dem Krieg mit ihrer Familie nach Vegesack. Als Tochter des Bademeisters verlebte sie eine schöne Kinder- und Jugendzeit auf dem „Schönebecker Sand" und lernte durch ihren Vater „Ebbe und Flut", das Rudern auf Weser und Lesum und einiges über Fähren und Schiffe kennen. Ihr Hobby wurde das Sportschwimmen. Im Landessportbund Bremen, wo sie über 15 Jahre ehrenamtlich tätig war, engagierte sie sich besonders für Frauen im Sport.

Hermann Plebanski

1936 wurde die Badeanstalt auf dem Schönebecker Sand eröffnet, wo mein Vater, Hermann Plebanski, Schwimmmeister wurde und Schulschwimmunterricht gab. Im Winter arbeitete er im Hansa-Bad in Bremen-Walle, das während der schweren

Angriffe auf den Bremer Westen im August 1944 zerstört wurde. Da auch seine Familie ausgebombt war, zogen sie ins Oldenburgische nach Dötlingen.

Hermann Plebanski kam 1945 aus der Gefangenschaft in der Tschechoslowakei zurück nach Bremen. Durch gute Kontakte nach Vegesack ergab es sich, dass er mit seiner Familie in den Bremer Norden zog. In dieser Zeit bauten Freunde der Schwimmabteilung Vegesack (SAV) und Notstandsarbeiter mit finanzieller Unterstützung Nordbremer Geschäftsleute das total zerstörte Strandbad „Schönebecker Sand" wieder auf. Etwa 1947 wurde es wiedereröffnet und mein Vater war dort Bademeister bis zur endgültigen Schließung des Bades im Jahre 1966.

Den Schönebecker Sand erreichte man mit der Fähre „Hol öber", die zwischen Vegesack und dem Strand pendelte. Für uns Nordbremer Kinder war der lange, weiße Sandstrand im Sommer ein Paradies. Wir genossen das Spiel in den Wellen der vorbeifahrenden Schiffe. Ich weiß nicht, wie vielen Kindern und Erwachsenen mein Vater das Schwimmen beigebracht hat – es müssen viele gewesen sein. Hermann Plebanski führte ein strenges Regiment an „seinem Strand" und wer nicht auf ihn hörte, musste entweder nach Hause fahren oder zur Strafe Papier aufsammeln.

Für meinen Vater gab es erstens den Schönebecker Sand, zweitens den Schönebecker Sand und drittens den Schönebecker Sand, dann erst dachte er an seine Frau und seine Tochter. Wie allgemein bekannt, schlief er im Sommer drüben, wo wir auch Schafe und Hühner hielten. Als Kreisschwimmwart für Bremen-Nord musste er jedoch manchmal zu Sitzungen nach Bremen fahren. Dann übernahmen meine Mutter Elsa und ich abends das Füttern der Tiere und brachten sie für die Nacht in den Stall. Das bedeutete aber, dass wir beide alleine mit dem schweren Ruderboot übersetzen mussten. Eine Tour ging dabei immer gegen den Strom. An dem Pegel, der dort auf mehreren Beinen im Wasser stand, war immer eine sehr starke Strömung, die wir „Hexenstrudel" nannten und mit viel Schwung durchfahren mussten. Ich war jedes Mal froh, wenn Mutter und ich es geschafft hatten und das Boot am Fähranleger festmachen konnten. Vater setzte noch nachts, wenn er aus Bremen kam, über.

Meine Mutter hatte sich schon damit abgefunden, dass ihr Hermann den Sommer über auf dem Sand schlief. Er brachte uns abends mit dem Boot nach Vegesack und während wir ihn winkend verabschiedeten, ruderte er zurück zum Schönebecker Sand. Eines Morgens ging meine Mutter zum Schlachter Minck in der alten Hafenstraße zum Einkaufen. Da sprach sie eine andere Kundin an: „Frau Plebanski, wie geht es ihrem Mann?" – „Och", sagte meine Mutter „gut. Er holt mich gleich mit dem Boot zum gemeinsamen Frühstück ab." - „Mensch, Frau Plebanski, ihr Mann war gestern Abend in der „Melodie" aber gut in Form! Er soll ja mit seinen Holzschuhen den „Sterbenden Schwan" getanzt haben." Meine Mutter ließ sich den Schreck nicht anmerken. Schnell schloss sie ihre Bestellung ab und zahlte, bevor sie schnellen Schrittes den Laden verließ.

Als Mutter und Vater gefrühstückt hatten, sagte meine Mutter zu ihrem Hermann: "Ab heute schläfst du zu Hause! Deine nächtlichen Eskapaden in Vegesack hören mir auf!" So ging eine schöne Zeit für meinen Vater zu Ende.
Nichtsdestotrotz ist Hermann Plebanski als Vegesacker Institution in die Geschichte eingegangen. Noch heute träumen viele Alteingesessene von den schönen Sommern auf ihrem "Schönebecker Sand".

Leider wurde das Strandbad in den 70er-Jahren zurückgebaut. Das Schwimmen war infolge der zunehmenden Strömung zu gefährlich geworden. Dieter erinnert sich an waghalsige Durchquerungen des Weserstromes.

Ein Vegesacker Jung

Als 12-Jähriger stand für mich schon fest, dass ich mal zur Seefahrt gehe und dann wollte ich natürlich auch Kapitän auf einem großen Schiff werden. Na gut, das war so um 1950, und die Schiffe waren natürlich noch lange nicht so groß wie sie heutzutage sind. Eine Einschränkung bei meinem Berufswunsch gab es: das war die Fischerei. Da wollte ich nun überhaupt nicht hin, denn immer wenn ich an der Grohner Fischerei vorbeikam, stank es dort fürchterlich. Ich will nicht sagen, dass die Heringspackerinnen nicht auch zum Teil sehr hübsche Frauen waren, aber nach meinem jugendlichen Empfinden haben die alle gestunken. Weiterhin war mein Eindruck, dass die Loggerjungens immer besoffen waren. Das sollte nicht meine Welt werden. Nein, ich wollte

Der Vegesacker Hafen mit den Loggern der "Bremen-Vegesacker-Fischereigesellschaft", um 1950

auf Große Fahrt gehen, schöne und imposante Schiffe als Kapitän fahren. Dann fängt man bestimmt nicht auf einem Heringslogger an.

Ich war inzwischen 13 Jahre alt. Unser Spielplatz war der Vegesacker Hafen. Wenn im Winter der Hafen voller Heringslogger lag und nur ein Wachmann für die gesamte Flotte zuständig war, spielten wir oft Versteck auf allen Schiffen oder rannten einfach so darauf herum. Natürlich war unser Spiel wegen der Unfallgefahr von der Reederei untersagt, aber das interessierte uns Bengels nicht. Im Sommer haben wir auch schon mal ein Ruderboot „weggefunden" und sind damit erst im Hafen und dann auf die Weser gerudert. Sah alles so leicht aus, wenn es der alte Grohner Fährmann über die Lesum machte. Auf die Weser hinaus brauchten wir dann aber doch die Hilfe eines etwas größeren und erfahrenen Jungen, der schon mit einem Boot und mit Ruderriemen vernünftig umgehen konnte.

Mein Hang zum Wasser war schon immer groß. Vom frühesten Frühjahr bis in den späten Herbst schwamm ich fast täglich mit meinem Freund Bubi Martendorf, dem Sohn vom Bademeister des Grohner Schwimmbades, über die Lesum. Für die Querung hatten wir gelernt, die Abdrift durch den Strom genau zu bemessen und einzuplanen. Mit der leeren Milchkanne ging´s rüber nach Lesumbrok. Zurück mit der vollen Kanne dann nur einhändig, dafür aber mit Unterstützung der Strömung.

Die Weser zu queren war dann schon ein anderes Thema. Wir mussten genau beobachten, ob ein Schiff von oben aus Bremen oder von unten aus Bremerhaven hochkam. Dann war die Weser zu breit für uns – ein zu großes Risiko. Aber es musste ja ausprobiert werden, mehrmals im Laufe eines Jahres.

Eines Tages fuhr mal wieder ein aus Amerika kommendes Liberty-Schiff nach Bremen rauf. Die Schlepper, die derzeit noch fast jedes Schiff begleiteten, machten immer so schöne hohe Wellen und alle Kinder sprangen in die Weser um sich schaukeln zu lassen. Ich natürlich auch.

Das Schiff war schon durch die Vegesacker Kurve, als mir ein braunes Stück vor die Nase trieb. Zu der Zeit trieben viele braune „Hümpel", durch den Strom losgelöste Erdballen, auf der Weser. Dieses Stück war etwas anderes und geschätzte drei Kilogramm schwer. Ich barg es und am Strand wurde es mit den anderen ordentlich begutachtet – es stellte sich als eine richtig große Fleischwurst heraus. Sie wurde zuhause vom Familienoberhaupt erstmal ganz vorsichtig probiert. Nach einem Tag Wartezeit kam sie dann für uns alle auf den Tisch. Das bedeutete zu damaliger Zeit eine große Hilfe zur familiären Verpflegung.

Mit dem Abschluss der achten Klasse, im April 1952, bewarb ich mich beim Heuerbüro in Bremen, am Kopf des Überseehafens, für die Anmusterung auf einem Seeschiff. Da nicht sofort eine Musterung anstand, besuchte ich bis zu den Sommerferien einen, von der Schule geförderten, Lehrgang. Am 28. August 1952 wurde ich als Decksjunge auf dem Kümo-Zweimast-Gaffelschoner MS „Hans Johann" aus Rendsburg angeheuert. Meine Kapitänslaufbahn konnte beginnen.

Wilfried hat einen Beitrag aus seinem Berufsleben als Wasserschutzpolizist beizutragen, als sein Einsatzort hier in Grohn an der Lesum lag.
Wilfried Plugowsky, Jahrgang 1938 und Sohn eines Seemannes, ging als ausgebildeter Maschinist zur Wasserschutzpolizei Bremen. Über 30 Jahre war er als Mitglied der Bootsbesatzung im 24-Stunden-Dienst tätig und kannte jeden Stein, jede Tonne und jedes Seezeichen auf der Weser. Seit 1998 ist Wilfried im Ruhestand und engagiert sich bei den Flussführern.

Vatertagstour

Wenn man am Himmelfahrtstag als Polizeibeamter Dienst tut, kann man schon mal etwas Besonderes erleben. Ich hatte Tagesdienst bei der Wasserschutzpolizei Bremen auf Station III. Unsere Dienststelle lag in Bremen-Grohn, der Stationsanleger direkt vor unserem Gebäude an der Lesum.
Die Lesum ist ein knapp 10 Kilometer langer Nebenfluss der Weser – der zweitkürzeste Fluss Deutschlands. Sie entsteht dort, wo Wümme und Hamme zusammenfließen. Im Volksmund wird diese Stelle „Wümmekreuz" genannt.
In unmittelbarer Nähe unserer Station befinden sich auf der Lesum, Wümme, Hamme und der Weser viele Wassersportvereine und Bootsliegeplätze. Polizeiliche Aufgaben und Tätigkeiten gibt es hier in unterschiedlichster Art und Weise. Diebstähle und Einbrüche aus und von den Booten, sowie Verstöße gegen Verkehrsvorschriften und vieles andere mehr. Dabei ist mir ein Vatertag ganz besonders in Erinnerung geblieben.
Unser Streifenboot lag immer einsatzbereit am Anleger. Zusätzlich hatten wir noch ein Stationsschlauchboot, das bei Einsätzen Lesum aufwärts und auf den kleinen Flüssen und bremischen Kanälen zum Einsatz kam. In den Nachmittagsstunden erhielten wir folgenden Funkspruch von der Funkeinsatz-Zentrale: „Höhe Wümmekreuz ist ein Motorboot gekentert. Das Boot schwimmt Kiel oben. Eine Person befindet sich noch im Boot!".
Sofort machten wir unser Schlauchboot klar und legten ab. Vor Ort stellten wir fest:
Von der zehnköpfigen männlichen Besatzung waren neun an Land geschwommen. Einer befand sich noch unter dem Boot und machte sich mit Klopfzeichen bemerkbar. Die Feuerwehr hatte das Boot bereits mit Schwimmkörpern vor dem Absinken gesichert. DLRG-Taucher betreuten den Mann unterm Boot, der sich mit dem Kopf in einer Luftblase befand und somit genug Luft zum Atmen hatte.

Trotz aller Zusprüche seitens der Taucher reagierte der geschockte Mann nicht; auch nicht auf das Angebot, mit Atemhilfe gemeinsam mit den Tauchern das Boot zu verlassen. Schließlich wurde die Außenhaut des Bootes aufgeflext und die Person geborgen.

Unsere Ermittlungen ergaben: Die Besatzung hatte eine feucht-fröhliche Vatertagstour auf der Wümme bei allerbestem, sonnigem und heißem Wetter unternommen, wie viele andere Wassersportler an diesem Tag auch. Einige junge Damen, die mit einem Kanu die Hamme runterpaddelten, kamen ihnen mit total entblößtem Oberkörper entgegen. Von diesem Anblick fühlten sich die Herren auf dem Motorboot magisch angezogen. Alle drängten sich vor Begeisterung an der Reling steuerbords. Das Boot geriet in Schieflage, übernahm Wasser und kenterte.

Nach Erfassung aller Daten und der besonderen Umstände und nach Bergung des Bootes fuhren wir zurück zu unserer Dienststelle. Was lernen wir aus diesem Vorfall? Nichts! Denn ewig lockt das Weib.

Das Schulschiff Deutschland markiert seit 1996 die Einmündung der Lesum. Der stolze Rahsegler lief 1927 auf der Tecklenborg-Werft in Geestemünde vom Stapel und diente lange Jahre als Ausbildungsschiff für den seemännischen Nachwuchs. Heute bietet das letzte deutsche Vollschiff Landratten gemütliche Kojen an, um das Flair eines Traditionsseglers nachzuempfinden.

Auf dem dahinter liegenden Gelände war von 1805-1893 die Johann-Lange-Werft ansässig, mit über 500 Arbeitskräften die größte Werft an der Unterweser. Hier liefen 370 Schiffe vom Stapel, überwiegend Seeschiffe. Auch das Dampfschiff „Weser", das heute als Nachbau vor der Bremer Jugendherberge liegt, lief hier 1816/17 vom Stapel. Die Lange-Werft ging später gemeinsam mit der Ullrichs-Werft in den „Bremer Vulkan" über.

Jetzt meldet sich Hannes zu Wort, der mehr als alle anderen über die Fischerei in Vegesack Bescheid weiß. Einen Großteil des freigewordenen Geländes übernahm nämlich die „Bremen-Vegesacker-Fischereigesellschaft".

Wissenswertes über die Fischerei:
- 1895: Gründung der „Bremen-Vegesacker-Fischereigesellschaft"
- bis 1908 werden 49 Logger beim „Bremer Vulkan" geordert
- 30er-Jahre: 600 Landbeschäftigte und 1.200 Besatzungsmitglieder
- 40er/50er-Jahre: Größte Flotte Deutschlands mit mehr als 60 Loggern
- 1969: Schließung des Betriebes

Die Luftaufnahme zeigt die Einmündung der Lesum in die Weser entlang der Pier der „Bremen-Vegesacker-Fischereigesellschaft", 50er-Jahre

Nach einstündiger Fahrtzeit passieren wir den Museumshafen mit Blick auf den Utkiek. Hier haben die Frauen der Seeleute sehnsüchtig auf die Rückkehr ihrer Männer gewartet oder ihnen zum Abschied hinterher gewunken bis sie aus dem Blickfeld verschwunden waren.

Wissenswertes über Vegesack:
- 1619: An der Einmündung von Aue und Lesum wird ein künstlicher Hafen angelegt
- bis 1827: Vegesack entwickelt sich zum Knotenpunkt des bremischen Seehandels
- 1865: Adolph Bermpohl, Vegesacker Navigationslehrer, initiiert die Gründung der DGzRS
- 1896: Der Vegesacker Gerhard Rohlfs, bekannter Afrikareisender und Schriftsteller, wird auf dem Vegesacker Friedhof beigesetzt

Die Flussführer Gerd Meyer, Herbert Weidemann, Harry Hanse, Heinz-Konrad Reith, Albert Koch, Hans-Helmut Lühr, Manfred Haarhaus, Lothar Vennemann in der Signalstation, 2013

Landgang an der Signalstation

Mit der Ansteuerung auf Vegesack nähern wir uns dem Heimatort der meisten Flussführer. Hier häufen sich die Erinnerungen und ein Jeder hat gleich mehrere Geschichten zu erzählen. Wir wissen kaum, wo wir beginnen sollen. Harald steuert die „Atlantic" auf den Anleger neben der Signalstation zu. Dieter und Konrad gehen ihm mit den Festmacherleinen zur Hand und machen die Atlantic am Poller fest. Es ist Landgang. Alle finden sich zu einer Lesung im Turm ein. In gemütlicher Runde lauschen wir der Flut an Vegesacker Geschichten.

Wissenswertes über die Signalstation:
- 1888: Einweihung der Signalstation
- 365 Tage im Jahr zeigen Bälle und Kegel den Wasserstand der Unterweser an,
- 1980er-Jahre: Umstieg auf Funk
- 1989: Schließung der Station nach der Umrüstung auf Radar
- seit 1995 unterhält der „MTV-Nautilus" die Signalstation

Albert ist einer der Ehrenamtlichen, die den Sommer über die Station betreuen und für Gäste zugänglich machen. Er erzählt fünf Episoden aus einem reichhaltigen Schatz an Erinnerungen.

Albert Koch, Jahrgang 1934, kam 1955 als 21-Jähriger aus der damaligen DDR nach Vegesack und heuerte für fünf Jahre als Maschinist auf verschiedenen Loggern der „Bremen-Vegesacker-Fischereigesellschaft" an. Später wechselte er zur Berufsfeuerwehr Bremen, wo er 34 Jahre lang im Alarmdienst tätig war. Nach seiner Pensionierung blieb er Vegesack treu und gehört zur Gründungsgruppe der Vegesacker Flussführer.

Ankunft in Vegesack

An einem nasskalten Oktobertag des Jahres 1955 stand ich frühmorgens zum ersten Mal auf dem Vegesacker Bahnhofsplatz. Ich war gerade mit dem ersten Zug vom Bremer Hauptbahnhof angekommen. Mein ganzer Besitz befand sich in einer Aktentasche und einem mittelgroßen Koffer. Ich war gerade 21 Jahre alt geworden, und hatte der DDR, in der ich bis dahin gelebt und gearbeitet hatte, den Rücken gekehrt. Ich war, wie man damals sagte, Republikflüchtling. Den größten Besitz, den ich in meiner Tasche hatte, war mein Seemaschinistenpatent C3, das ich an der

Ingenieurschule für Schiffbautechnik in Warnemünde erworben hatte. Im Notaufnahmelager in Sandbostel sagte man mir, der sicherste Weg einen Personalausweis und ein Seefahrtsbuch zu erhalten, sowie den Umtausch meines DDR-Patents in ein westdeutsches Patent zu erwirken, wäre eine Anstellung bei der „Bremen-Vegesacker-Fischerei-Gesellschaft".

Nun stand ich hier auf dem Bahnhofsplatz, nur wenige Schritte vom Eingang zur Vegesacker Fischerei entfernt. Der Pförtner sah mich schon kommen. Er wusste auch gleich, woher ich kam und warum ich hier war. „Geh mal den Berg rauf und oben rechts die Straße rein, das erste Haus auf der rechten Seite ist das Seemannsheim." Eine ältere, sehr resolute Dame nahm mich in Empfang. Sie zeigte mir mein Quartier und ließ mich allein. Nun hatte ich Zeit mich in dem etwa vier mal fünf Meter großen Zimmer umzusehen. Die Wände waren weiß gestrichen, keinerlei Bilder, alles war kahl. An den Wänden standen zwei doppelstöckige Metallbetten, in der Mitte ein Tisch mit vier Stühlen. Jedem Bewohner stand ein Metallspind zur Verfügung. Eine Gefängniszelle stellte ich mir gemütlicher vor. Hier sollte ich also die nächste Zeit verbringen.

Als ich meine paar Habseligkeiten in einem der Spinde untergebracht hatte, machte ich mich wieder auf den Weg nach unten zur Fischerei. Im Kontor, das im ehemaligen Wohnhaus des Werftbesitzers Johann Lange untergebracht war, legte ich meine Papiere vor. Der Prokurist versicherte mir, dass er sich um den Umtausch meines Patents kümmern werde. Bis dahin sollte ich in der Schlosserei arbeiten.

Die Pier der „Bremen-Vegesacker-Fischereigesellschaft" mit Loggern und den hoch gestapelten Kantjes, 50er-Jahre

Nun wollte ich meine neue Arbeitsstelle ein bisschen in Augenschein nehmen. Ich schlenderte runter zur Pier, wo die Logger lagen, die von einer Fangreise zurückgekehrt waren. Als ich die Schiffe sah, mit denen ich raus auf die Nordsee fahren sollte, war ich nicht mehr sicher ob ich die richtige Entscheidung getroffen hatte. Diese rostigen, braunschwarzen Schiffe machten keinen Vertrauen erweckenden Eindruck auf mich. Aber nun war ich hier und musste da durch. Bei meinem weiteren Rundgang über das Gelände machten die mächtigen Pyramiden aus gestapelten Holzfässern einen großen Eindruck auf mich. Später erfuhr ich, dass die „Kantjes" zum Lagern der gesalzenen Heringe verwendet wurden. Als ich zurück zum Wohnheim kam, stellte ich fest, dass ich das Zimmer nicht mehr allein bewohnte. Ich hatte zwei Mitbewohner bekommen. Es waren, genau wie ich, junge Männer aus der DDR, die zur See fahren wollten. Aber im Gegensatz zu mir hatten sie noch nie ein Schiff betreten. Sie wussten überhaupt nicht, auf welches Abenteuer sie sich da eingelassen hatten.

Am nächsten Tag begann meine Arbeit in der Schlosserei. Karl Heinz Tanski, ein freundlicher Kollege, nahm sich meiner an und erleichterte mir das Ankommen. Wir hatten einige Reparaturen auf den an der Pier liegenden Loggern auszuführen. Mittagessen bekamen wir Heimbewohner in unserer Unterkunft. Als ich Feierabend hatte, erfuhr ich, dass meine Mitbewohner schon auf einem Logger Richtung Nordsee unterwegs waren. Nach kurzer Zeit hatte ich begriffen, dass das der Alltag war. Ständig kamen junge Männer, überwiegend Flüchtlinge aus der DDR, die vom Arbeitsamt im Auffanglager Sandbostel hierher vermittelt wurden. Sie bekamen ein Seefahrtbuch und standen als Reservebesatzung zur Verfügung, falls auf einem Logger ein oder mehrere Besatzungsmitglieder fehlten. Diejenigen, die dem harten und entbehrungsreichen Leben auf einer Loggerfangreise nicht gewachsen waren, rissen nach der ersten Reise bei Ankunft in Vegesack aus und mussten durch andere ersetzt werden. Durch dieses System war hier im Heim ein ständiges Kommen und Gehen. Ich selbst war für einen Maschinistenposten vorgesehen, der natürlich nicht so einem schnellen Wechsel unterlag. Deshalb vergingen bis zu meiner Anmusterung auf dem Logger „Sachsen" ganze sechs Monate, die ich in dem kargen Raum des Wohnheimes der Fischerei verbringen musste.

Auf Fangreise

Die „Sachsen" war erst vor einem Jahr in Dienst gestellt worden, und daher ein relativ neues Schiff. Zuständig für die Maschine waren zwei Maschinisten, der erste Maschinist Egon D. und ich als zweiter. Meine erste Fangreise in die Nordsee begann am 20. März 1956 unter Kapitän K.. Die Fahrt zu den Fangplätzen in der Nordsee dauerte, begleitet von schweren Stürmen, zwei Tage. Da die Heringssaison noch nicht begonnen hatte, gingen wir auf Frischfisch, das heißt, dass der ganze Fang geschlachtet, sortiert und auf Eis gelegt wurde. Der erste Fang musste aber nach spätestens 12 Tagen in

Bremerhaven zur Auktion angelandet werden. Es blieben also 10 Tage Zeit um möglichst viele Fische zu fangen. Man kann sich denken, dass wir jetzt Tag und Nacht fischen mussten. Unser Fanggeschirr war ein so genanntes Schleppnetz. Zwei bis drei Stunden wurde das Netz über Grund gezogen, dann hieß es „Alle Mann an Deck - HIEV UP!" Es war immer wieder ein spannender Moment, wenn der Beutel, also das Netzende, der so genannte Steert nach oben kam und das Fangergebnis zu sehen war, denn wir waren alle am Fang beteiligt. Wir, das waren der Kapitän, der Steuermann, der Bestmann, 14 Mann Deckbesatzung und zwei Maschinisten. Wenn der Fang an Deck aus dem Netz war, wurde es sofort wieder ausgesetzt. Zwischen den „Hievs" musste der frische Fisch verarbeitet werden. Mit etwas Glück war noch eine Stunde Schlaf drin. Bei diesem Fangrhythmus konnte die Deckbesatzung an einen zusammenhängenden längeren Schlaf überhaupt nicht denken. Da waren wir Maschinisten etwas besser dran. Wir hatten sechs Stunden Maschinenwache und sechs Stunden frei. Meine Wache als zweiter Maschinist ging von 12 bis 18 Uhr und von 24 bis 6 Uhr. Aber auch dieser Dienst wäre für Jemanden mit einem normalen Beruf an Land nicht vorstellbar.

Nach zehn Tagen hatten wir einen ansehnlichen Fang an Bord und konnten die Heimreise antreten. In Bremerhaven wurde unser Fang gelöscht, in Kisten gepackt und zur Auktion in die Halle gebracht. Danach bunkerten wir Brennstoff und Frischwasser, füllten die Fischräume mit einigen Tonnen Eis und übernahmen Proviant für die nächste Reise.

Der volle "Steert" wird an Deck entladen – der Fang sofort geschlachtet, sortiert und auf Eis gelegt

Es konnten noch ein paar Einkäufe im Freilager getätigt werden, in dem es zollfreie Waren gab, bevor wir nach 24 Stunden in Bremerhaven wieder raus auf See gingen.

Heringssaison

Im Mai begann die Heringsfangsaison. Dann nahmen wir anstelle von Eis viele Fässer Salz mit an Bord. Nun wurden nur noch die Heringe verarbeitet, alles andere ging gleich wieder über Bord.
Gefangen haben wir den Hering auf zweierlei Art. Einmal auf die in der vorherigen Geschichte schon erwähnte Art mit dem Schleppnetz, das in diesem Fall etwas kleinere Maschen hatte,

als das für Frischfisch. Die zweite Fangmethode war mit dem Treibnetz oder auch „Fleet" genannt. Das Fleet bestand aus über hundert hintereinander gebundenen Netzen, die wie eine Gardine senkrecht im Wasser standen. Jedes einzelne Netz, eine sogenannte „Want", war 30 Meter lang und 12 Meter tief. Das ganze Fleet erstreckte sich über drei Kilometer.

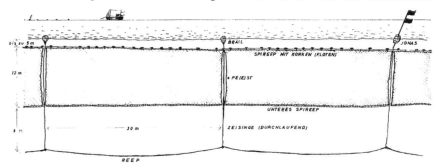

Die Skizze zeigt die Positionierung eines Treibnetzes im Wasser

Gegen Abend wurde das Fleet vom rückwärts fahrenden Logger ausgesetzt. In der Nacht kamen die Heringe an die Oberfläche und verfingen sich mit ihren Kiemen in den Netzmaschen. Um ein Uhr nachts hieß es dann „Netze einholen!" Das Reep, an dem die Netze untereinander verbunden sind, konnte mit dem Spill eingeholt werden. Die Netze selbst mussten von Hand über eine Netzrolle an Deck gezogen werden. Für diese Arbeit waren fünf kräftige Männer erforderlich, denn sie mussten gleichzeitig die in den Netzen verfangenen Heringe durch starkes Auf- und Niederschlagen der Netze herausschütteln. Das Bergen des vollen Fleets dauerte bis zum frühen Morgen. Erst dann gab es Frühstuck, in der Regel gebratenen Hering, bevor wir mit der Verarbeitung unseres Fangs begannen.

Die Heringe wurden direkt nach dem Fang gekehlt, dass heißt wir schnitten ihnen mit einem Messer, das eine sehr kurze Klinge hatte, die Kiemen heraus. Durch diese Öffnung entfernten wir gleichzeitig die Innereien. Nach dem Einsalzen blutete der Hering aus, wodurch er sein appetitlich weißes Fleisch behielt. Das Qualitätsmerkmal eines Loggerherings war: „Auf See gekehlt – auf See gesalzen."

Der Ölwechsel

Während der kurzen Liegezeiten in Vegesack mussten auch defekte Kühl- und Abwasserleitungen ausgewechselt werden. So musste auf der „Sachsen" eine nach außenbords führende Toilettenleitung erneuert werden. Die Klempner hatten die Rohrleitung abgebaut, um in der Werkstatt nach diesem Muster eine neue Leitung anzufertigen. Es wurde aber vergessen, die Toilette zu versperren. Ein Decksmann, den ein menschliches Bedürfnis überkam, setzte sich auf diese Toilette, die jetzt eine direkte Verbindung zu dem darunter liegenden Maschinenraum hatte und verrichtete sein Geschäft. Was eigentlich nach außenbords gehen sollte, klatschte jetzt in den Maschinenraum auf die Flurplatten. Der Maschinist, der gerade an einer Lichtmaschine den Ölwechsel machte, reagierte schnell. Er schnappte sich einen langen, am Ende etwas abgeknickten Pinsel, mit dem er die Kurbelwanne ausgewaschen hatte, und schob den Pinsel durch das kurze Rohr direkt in das Toilettenbecken, auf dem der ahnungslose Decksmann saß. Einige schnelle Bewegungen mit dem Pinsel zeigten ihre Wirkung. Der arme Kerl muss gedacht haben, der Klabautermann persönlich will ihm an seine empfindlichsten Teile. Zumindest hörte sich sein Geschrei so an.

Hochzeit am 14. August 1956

Am 11. August 1956 traten wir mit dem Heringslogger "Sachsen", der Bremen-Vegesacker-Fischerei-Gesellschaft, nach vier Wochen auf Fangreise in der Nordsee unsere Heimreise an. Der Fang war zufriedenstellend und wir freuten uns alle auf 72 Stunden an Land. Ich selbst hatte noch einen besonderen Grund, mich auf die Stunden an Land zu freuen. Meine Verlobte wartete in Vegesack auf mich und wir wollten heiraten.

Die Heimreise verlief sehr stürmisch. Wir hatten mit schwerer achterlicher See zu kämpfen. Immer wieder überrollten uns mächtige Wellenberge vom Achterdeck bis zum Vorschiff. Wenn wir nicht alle Schotten und Luken dicht verschlossen hätten, wären wir wohl bald voll gelaufen. Endlich erreichten wir die Wesermündung und kamen in ruhigeres Gewässer. Am Vormittag des 13. Augusts legten wir glücklich an der Pier in Vegesack an. Ich musste zunächst an Bord bleiben, denn als zweiter Maschinist hatte ich für den Betrieb der Winden, die für das Entladen der Heringsfässer benötigt wurden, zu sorgen. Am Abend war diese Arbeit geschafft und die Besatzung konnte nun das Schiff verlassen.

Für den nächsten Tag, den 14. August, war unsere Hochzeit geplant. Der Termin beim Standesamt war gegen Mittag. Es blieb also noch etwas Zeit, zum Frisör zu gehen. Ich hatte kaum Platz genommen, als ich aus dem Radio eine Nachricht hörte, die mich tief erschütterte. Der Logger "Adolf", der eine Tagesreise hinter uns war, ist am Abend des 13. Augusts mit der gesamten 18-köpfigen Besatzung nordwestlich der Doggerbank im schweren Sturm gesunken. Es gab keine Überlebenden. Der 37-jährige Kapitän K. hatte die Fangreise vorzeitig abgebrochen, weil er auf See die Nachricht erhalten hatte, dass seine Frau bei einem Verkehrsunfall tödlich verunglückt war und seine Kinder schwer verletzt im Krankenhaus lagen.

An einem Tag der so glücklich für uns werden sollte, von solch einem Schicksalsschlag zu hören, trübte doch sehr unsere Stimmung. Im Nachhinein konnten wir, die Besatzung des Loggers "Sachsen", uns doch glücklich schätzen, gut zuhause angekommen zu sein. Später erfuhr ich, dass der Kapitän des Loggers "Adolf" noch einen SOS-Ruf absetzen konnte, in dem er meldete, dass er mit schwerer Schlagseite in der Nordsee treibt. Viele Schiffe, auch Vegesacker Logger, beteiligten sich an der Suche, aber vergebens. Die Vermutung liegt nahe, dass die "Adolf" von einem mächtigen Brecher, einem so genannten "Kawenzmann", überrollt worden ist.

Unsere Hochzeit fand wie geplant am 14. August in Vegesack statt. Aber wie schon gesagt, es wollte keine fröhliche Stimmung aufkommen. 72 Stunden nach unserem Einlaufen in Vegesack, legten wir wieder zur nächsten Fangreise ab. Zum ersten Mal hörte ich beim Ablegen die an Land Zurückbleibenden rufen: „Kommt gesund zurück!"

Auch Inge Bellmer war gebürtige Vegesackerin. Leider ist sie 2010 verstorben. Manfred hatte sie in einer Schreibwerkstatt der Volkshochschule kennengelernt. Als Webdesignerin und im Bürgerhaus Vegesack zuständig für Öffentlichkeitsarbeit gestaltete sie den ersten Flyer für die Gruppe der Flussführer. Sicher wäre sie stolz darauf gewesen, eine ihrer Geschichten in diesem Lesebuch veröffentlicht zu finden.

Die Brosche

Diesen Gegenstand, um den es in meiner Erzählung geht, sah ich am Tag meiner Verlobung im Jahre 1952 zum ersten Mal. Wir feierten damals in kleinem Rahmen. Nur meine zukünftigen Schwiegereltern und meine Geschwister waren dabei. An den Tag an sich habe ich keine besondere Erinnerung. Aber an die Brosche, die meine Schwiegermutter an ihrer Bluse trug, erinnere ich mich sehr genau. „Ist die schön!", waren meine spontanen Worte, als ich sie sah.
Meine Schwiegermutter erzählte mir, dass die Brosche ein Erbstück ihrer Urgroßmutter sei und sicher an ihre Tochter Änne weitergegeben würde. Das war total in Ordnung für mich, änderte aber nichts daran, dass ich von diesem Schmuckstück fasziniert war.
Änne, meiner zukünftigen Schwägerin, würde der etwa drei Zentimeter große Mondstein sicher sehr gut stehen mit ihrer hellen Haut und den weißblonden Haaren. Der ovale Stein war mit filigranen Türkisen und Goldblättern in Gold gefasst. Die Beschreibung erscheint mir fast banal für seine enorme Ausstrahlung, egal.
Wir heirateten dann 1953. Drei Tage vor unserer Hochzeit bekamen wir die Schlüssel zu unserer Neubauwohnung mit Steinholzfußböden, Dusche und WC. Es war ein tolles Gefühl! Die Steinholzfußböden fraßen das Bohnerwachs wie Wasser, wie sich später herausstellte. Dusche, WC und das Waschbecken waren noch fabrikmäßig verpackt und es war eine Sauarbeit, das ganze Zeug drum herum zu entfernen.
Zum Polterabend fuhren wir von Aumund aus fix und fertig zusammen mit Alfreds Kollegen aus Vegesack nach Grambke. Wir waren etwa zwanzig Mann. Von Muttis Kartoffelsalat schwärmte Kollege G. noch 50 Jahre später. Meine Schwiegermutter Hanna trug die Brosche. Im Laufe des Abends kam Alfreds Sparsamkeit zum Ausbruch. Alles war so teuer, nein, eine Taxe brauchen wir nicht. Also sind wir von Grambke mit dem Bus los: Hanna, Fidi und Änne mit ihrem Freund. Er sähe aus wie Rudolf Prack, sagte Änne immer. Im Gepäck hatten wir Koffer mit Geschenken und den Brautstrauß. Mein

Schwiegervater Fidi hatte noch eine Bierflasche in der Hosentasche. Als ihm im Bus das Bier auslief war die Hose nass. Änne ärgert sich über "Rudolf Prack" und knallte ihm eine. Warum, weiß ich nicht mehr. Das Ganze war eine einzige Katastrophe und ich wurde totunglücklich. Warum hatte ich im Standesamt bloß "Ja" gesagt?
In Vegesack in der Breiten Straße mussten wir beim Umsteigen eine halbe Stunde warten. Ich kochte und platzte fast vor Wut. Endlich gab Alfred nach, ging in die Kneipe "Nautilus" und bestellte doch noch ein Taxi. Ich stand währenddessen mit all dem Kram an der nächsten Ecke und wartete und wartete. Alfred kam nicht wieder. Es dauerte, weil er ja nicht einfach ein Taxi bestellen konnte, da musste ja erst mal ein Bier bestellt und getrunken werden. Na ja, eine Hochzeitsnacht in der neuen gemeinsamen Wohnung sieht wohl anders aus!
Die Jahre vergingen. Änne hat den "Rudolf Prack" natürlich nicht genommen. Kurz danach nahm sie Bruno. Der war ein Glücksgriff! 1956, 59 und 61 kamen die Kinder. 1963 sagt Änne, dass sie ins Krankenhaus müsse, Krebs! Es war kein Krebs, aber sie starb nur wenige Tage später an einer Embolie. Fidi war schon tot und Hanna übernahm für mehrere Jahre die Versorgung der drei Kinder, bis sie groß genug waren. Jens wurde Lehrer, Dirk Optiker, Silke, die Kleine, brauchte etwas länger um ihren Weg zu finden.
An einem Weihnachtsfest kam Hanna und gab mir die Brosche mit den Worten: "Inge, du mochtest sie schon immer! Sie gehört jetzt dir." Ich bekam sie rechtmäßig geschenkt, liebe sie und trage sie bis zum heutigen Tag mit Würde.

Hannes hat, wie Albert, in der Fischerei gearbeitet, wechselte aber von Vegesack nach Bremerhaven. Er erinnert sich an einen Loggeraufstand hier am Hafen, der sich zwischen Lemwerder und Vegesack ereignet hat.
Hans-Helmut Lühr, Jahrgang 39, heuerte mit 15 Jahren als Moses an und arbeitete sich innerhalb von drei Jahren hoch zum Matrosen auf Großer Fahrt. Er begann bei der Vegesacker Fischerei. Nach Abschluss der Steuermannsschule in Windheim an der Weser, fuhr er als Zweiter und Erster Steuermann auf Großer Fahrt bei der Bremerhavener Fischerei. Ab 1966 blieb er an Land. Hannes ist ein wandelndes Lexikon und im Besitz der größten Privatsammlung zur Geschichte der Fischerei. Er gehört von Beginn an zur Gruppe der Flussführer.

Aufstand der Loggerjungs
Stolz kehrte ich nach 26 Tagen von meiner ersten Heringsfangreise zurück nach Vegesack. Wir hatten auf den Shetlands in Höhe des 60. nördlichen Breitengrades 1.600 Kantjes mit Hering gefüllt und oft über 14 bis 16 Stunden keinen Schlaf bekommen. Die letzten Wochen waren anstrengend, kalt und kräftezehrend. Eine Erholung hatten wir dringend verdient.

Nach solch einer Fangreise standen uns 72 Stunden Freizeit zu, von denen allerdings das Löschen der Fässer und die Beladung für die nächste Reise abging. Da wir an einem Donnerstagabend eingelaufen waren, stand der Sonntagmorgen als Termin zum Auslaufen schon fest, auch wenn es der Pfingstsonntag war. Einverstanden waren wir damit nicht, aber wer fragte uns schon. Die ganze Mannschaft fand sich pünktlich wieder an Bord ein.

Während wir uns noch den Geruch von Fisch und Salz mit einer Duftseife abduschten, holte der Kapitän für uns einen Vorschuss im Kontor ab. Der Reisebus für die Heimreise in die Mindener Gegend, wo die meisten von uns herkamen, stand bereit. Natürlich bekamen wir ein kleines Fass Heringe für die Heimat mit.

Die Mannschaft auf einem Logger, 30er-Jahre

Als wir am Pfingstsonntag alle wieder in der Fischerei eintrudelten, bekamen wir an der Pier eine laute Auseinandersetzung zwischen unserem Koch, dem Kapitän und dem Direktor der Fischerei mit, bei der es um die Proviantierung ging. Wir sollten für sechs Wochen mit Proviant ausgerüstet werden. Unser Koch bestand jedoch auf zusätzlichen Vorräten. Die Versorgung der Mannschaft während der stundenlangen Arbeitseinsätze war schwierig, und jedes Essen musste wieder und wieder aufgewärmt werden. Unterm Strich war mehr Proviant notwendig, um die Mannschaft satt zu kriegen. Dem Kapitän war die hitzige Unterredung unangenehm, und er zog sich in seine Kajüte zurück. Mittlerweile standen wir alle in der Runde neben dem Direktor und dem Koch. Die Frage war nach wie vor offen: Bekommen wir nun zusätzliche Lebensmittel, ja oder nein?

Da hatte unser Bestmann Tünn eine Idee. Er ging an Bord und holte einen acht Meter langen Tampen. Nach kurzer Absprache fuhr er mit einigen anderen – auch ich war dabei – mit der Fähre von Vegesack rüber nach Lemwerder. Dort gingen wir auf eine Weide, wo einige Kühe grasten. Ein paar Rufe genügten und die Rindviecher kamen angerannt. Gleich der ersten Kuh warf Tünn den Tampen um den Hals und schon ging es zurück zur Fischerei nach Vegesack.

Die Fährleute hatten in der Zwischenzeit die Polizei informiert, da wir für die Überfahrt nicht bezahlt hatten. Doch als die Beamten auf der niedersächsischen Seite ankamen, waren wir mit der Kuh längst schon wieder drüben in Bremen. Unser Ziel war das Kontor der Fischerei – ein kleiner Raum, ein Tisch und drei Stühle. Die kleine Klappe, als Verbindung zwischen Warteraum und Kontor, war nur von innen zu öffnen. Kampfeslustig schoben wir unsere Kuh, die vor lauter Aufregung schon eine Hinterlassenschaft von sich gegeben hatte, in den kleinen Raum. Durch das laute Muhen aufmerksam geworden, öffnete sich die Klappe, wurde aber sofort wieder zugeschlagen. Der Direktor und sein Prokurist kamen heraus und stellten sich vor uns auf. Tünn fragte, während er der treu ergebenen Kuh ein Messer an den Hals hielt, mit erhobener Stimme: „Gilt ihr Nein immer noch oder doch vielleicht ein Ja?!" – „Schaffen sie das Tier sofort hier weg. Dann reden wir weiter", entgegnete der Direktor gereizt.

In der Zwischenzeit war die Vegesacker Polizei alarmiert und aufs Gelände der Fischerei gekommen. Die Beamten wollten natürlich wissen, ob es zu einer Eskalation kommen würde, oder wie sich die Sache entwickelte. Die Kuh hatten wir derweil irgendwo angebunden und vereinbarten mit dem Direktor im Beisein der Polizei eine Lösung des Konflikts. „So einen Sch…. machen auch nur die Loggerjungs," murmelte er vor sich hin. Um sein Ansehen zu retten, begleitete er den Koch, die Polizei und Tünn zum Kühlhaus und war recht spendabel. Wir bekamen eine extra Portion Fleisch und zusätzlich frisches Gemüse und verstauten alles unter Deck. Am nächsten Morgen wurde noch frisches Brot von der Bäckerei Schnatmeyer geliefert.

Ein Beamter fragte den Direktor: „Was soll nun weiter geschehen? Wollen sie eine Anzeige machen?" Im Beisein der gesamten Besatzung gab er jedoch klein bei und entgegnete: „Nee, lass mal sein. Wir regeln das." Einer der Beamten bekundete ganz leise sein Verständnis für unsere Situation: „Die Kuh ist zurück und ihr habt euren Willen. Also belassen wir es dabei." Der ganze Aufruhr hatte so seine Zeit gebraucht, sodass wir erst gegen 21 Uhr die Leinen einholten und uns auf die nächste Fangreise begaben. Aber wir hatten uns durchgesetzt, unserem Unmut Luft gemacht und unterm Strich eine bessere Versorgung an Bord erreicht. Die Fährleute bekamen als Entschuldigung für den Kuhtransport zehn Mark von den Vegesacker Loggerjungs.

Unser Kapitän sprach noch Jahre später, als er längst im Ruhestand war, von diesem Ereignis. Er rühmte dabei stolz den Zusammenhalt seiner Mannschaft, und sprach von

„den Herren dort oben und den Knechten weit unten". Doch auf See waren wir alle nur dem lieben Gott und der Natur verbunden, die das Sagen über unseres Schicksals Lauf hatten.

Als alter Vegesacker Loggerjunge erinnert Hannes sich auch gerne an Vegesacker Originale, die in heutiger Zeit leider immer seltener geworden sind.

Oma Wischhusen

Zu den Glanzzeiten der „Bremen-Vegesacker-Fischerei-Gesellschaft" lagen bis zu 50 Logger im Vegesacker Hafen. Hier an der „Unterwelt", wie es so schön hieß, gab es neben Takeleien, Netzböden und Fassfabriken viele Kneipen, die sich auf die heimkehrenden Loggerjungs freuten und gut von ihnen leben konnten. Da war der „Vegesacker Jung", der „Graue Esel", die „Leuchtturm-Bar" und das „Haus Seefahrt", wo Oma Wischhusen am Tresen stand. Diejenigen, die nicht nach Minden weiterfuhren, gingen schnurstracks für ein erstes kühles Bier dorthin.

Oma Wischhusen kannte fast alle und alle kannten sie, selbst die Kapitäne. Sie hatte auch ein gutes Verhältnis zur Direktion der Fischerei und wusste in etwa über die Fangquoten der einzelnen Logger und somit über den Verdienst der Loggerjungs Bescheid. In der Regel wurde direkt nach Ankunft im Kontor der Reederei ein Vorschuss von 200-250 Mark ausgezahlt. Später erst wurde eine genaue Abrechnung erstellt, bezogen auf Fangmenge, Ertrag der verpackten Kantjes an Land und prozentuale Anteile.

Oma Wischhusen tischte erstmal anständige Portionen Hausmannskost auf und kam nach den ersten Bieren direkt zur Abrechnung. Mit den Taschen voller Geld hieß es schnell mal „Schenk ein, mach Striche". Sie wusste wie der Abend weiter verlaufen würde und kassierte vorausschauend bis zu 150 Mark zusätzlich von jedem. Das Geld hinterlegte sie, für jeden einzelnen in einem eigenen Fach mit Namen und Schiffsnamen versehen, in einer Art Spartheke. Dabei agierte sie sehr rigoros und streng und keiner der Seeleute maulte. Sie wusste genau, wenn die Jungs weiter an „Die Küste" zogen, war das Geld weg. „Golden City", „St. Pauli", das „Krokodil" – der Sündenpfuhl nahe des Bremer Holzhafens mit 17 Kneipen, vielen Animierdamen und Glücksspielereien – waren ein Fass ohne Boden.

Didi Winkler kam mit einem Opel Admiral vorgefahren, in dem sechs Leute Platz fanden. Er hatte über 50 Jahre lang ein Taxengeschäft in Vegesack. Manchmal nahm er auch acht Leute mit an „Die Küste", wenn´s gerade passte. Meist wartete er bis die Jungs fertig waren. An betriebsamen Abenden fuhr er auch weitere Ladungen von Vegesack dorthin. Es war ein einträgliches Geschäft.

Am Ende einer solchen Nacht war nix über, die Taschen der Loggerjungs wie leer gefegt. Dann standen sie bei Oma Wischhusen vor der Tür und waren ihr dankbar für die Rücklagen. Den zweiten Abend ihres kurzen Aufenthaltes verbrachten die meisten in Vegesack.

Vielleicht in der Alten Hafenstraße, in der Leuchtturm-Bar, nebenan bei Tebelmann oder bei Tante Anna Behrens. Der Abend wurde auf jeden Fall günstiger als der Vorherige.

Bevor wir uns nach all den Vegesacker Geschichten wieder an Bord begeben um unsere Fahrt fortzusetzen, gibt Manfred als ein weiterer Ehrenamtlicher auf der Signalstation eine Runde „Vegesacker Matjesschluck" aus. Dazu passt die Entstehungsgeschichte dieses edlen Tropfens, die Norbert Lange-Kroning für uns aufgeschrieben hat.

Norbert Lange-Kroning, Jahrgang 1948, lebt seit 1973 in Bremen-Grohn. Seine Liebe zu Schiffen erwachte schon in Hamburger Kindertagen und vertiefte sich mit der Nähe zum Vegesacker Hafen. Seit Gründung des „MTV-Nautilus" ist Norbert aktives Mitglied und hat den Verein über 17 Jahre als Geschäftsführer mitgestaltet. 2008 ließ er das „Nautilushaus" am Vegesacker Hafen als Clubhaus bauen.

Vegesacker Matjesschluck
Am Anfang stand die Idee und die erwuchs aus der Notwendigkeit, die „Vegesack"-BV2 zu finanzieren, ein auf dem „Bremer Vulkan" gebauter Logger, den unser Verein, der „MTV-Nautilus", kaufen und vor dem Verfall retten wollte. Wir dachten darüber nach, wie wir dabei auch Vegesack imagebildend vermarkten könnten.

Die BV2 – Logger VEGESACK – unter vollen Segeln

Ein „Vegesacker Gedeck" sollte es geben, darin waren wir uns einig. Traditionell gehört dazu ein Essen, Bier und Schnaps. Die „Vegesacker Matjesrolle im Glas" ging aus dem 1. Preis des Matjesfestivals 1993 in der Strandlust hervor. Als Bier war das Bremer Becks-Bier alternativlos. Was fehlte war ein Schnaps, aber – so die Anforderung – nicht irgendeiner, sondern er sollte schmecken wie kein anderer, also unvergleichbar sein und damit etwas ganz Besonderes darstellen.

Als kaufmännischer Geschäftsführer der „Vegesack Logger BV2 GmbH" berieten mich Lutz Diedrich, der damalige Pächter der „Strandlust" und Herr S., Geschäftsführer der Bremer Spirituosenfabrik Jacob Jürgensen aus Bremen (Alter Senator). Nur 14 Tage später präsentierte Herr S. einen Kräuter-Klaren mit 32% Alkohol.

Er schmeckte anders, etwas süßlich. Hinzu kam, dass Kräuter-Klare recht selten sind, weil Kräuterschnäpse in der Regel braun sind. Wir kamen zu der Erkenntnis: Man mag ihn oder man mag ihn nicht. Einig waren wir uns, dass er auch Frauen schmecken würde. Von Vorteil war, dass er „verseifte", also im Magen nach fettem Essen einen Zersetzungsprozess auslöste und damit das Völlegefühl wohltuend beeinflusste.

Der Name für unser Gedeck war schnell gefunden: der „Vegesacker Matjesschluck". Der Segellogger „Vegesack" zierte das Etikett. Auf der Rückseite, nur durch die Flasche lesbar, stand eine Geschichte darüber, wie sehr die Fischer diesen Schluck schätzten. Es wurden Flyer gedruckt und die Gastronomie vor Ort gebeten, dieses exzellente Gedeck mit auf die Karte zu setzen.

Die Markteinführung vom „Vegesacker Matjesschluck" Ende Mai kam gerade recht zur alljährlichen Eröffnung der Matjessaison in Bremen. Jeder Abgesandte der Bundesländer bekam eine Probe des köstlichen Tropfens zusammen mit dem neuen Jungen Matjes im Fässchen mit nach Hause. Das Echo blieb nicht aus. Die eingehenden Bestellungen wurden schnellstens ausgeliefert und es dauerte nicht lange bis (fast) jedes Fischlokal an der Nordseeküste unseren Schnaps ausschenkte. Selbst die Spar-Märkte wollten sich das Geschäft nicht entgehen lassen und nahmen ihn in ihr Programm auf.

Leider wurde die Firma „Alter Senator" von Jacob Jürgensen einige Jahre später verkauft. Der neue Besitzer änderte den Geschmack, das Etikett und ließ als Produktnamen lediglich den „Matjesschluck" stehen. So ist er bis heute erhältlich.

Wir stritten mit dem neuen Eigentümer noch um die Rechte, verzichteten jedoch auf einen langen und kostspieligen Rechtsstreit. Als „Friedensangebot" bekam die Betreibergesellschaft der BV2 eine stattliche Anzahl an Flaschen des Originals. Der „Vegesacker Matjesschluck" ermöglichte uns, die Schulden für die Anschaffung des Loggers recht bald zurückzuzahlen, da je Flasche ein Silberling für die BV2 abgefallen war.

Von der Maritimen Meile nach Farge

Um kurz nach 12 Uhr, zwei Stunden nach Hochwasser in Vegesack, machen wir vom Anleger an der Signalstation los. Der Strom des abfließenden Wassers hat zugenommen. Das Wetter und die Winde sind uns nach wie vor wohlgesonnen und wir nehmen wieder auf dem Achterdeck Platz. Konrad stopft sich seine Pfeife und geht zum Bug des Schiffes. Von dort genießt er die Aussicht über den Klüverbaum und das leichte Wiegen der „Atlantic" in den Wellen vorbeifahrender Schiffe.
Dieter übernimmt die weitere Reiseleitung. In jungen Jahren als Moses, als er unendliche Stunden damit zubringen musste, Kartoffeln für die Besatzung zu schälen, hat er sich mit der Frage beschäftigt, wie wohl das Labskaus zu seinem Namen gekommen ist. Es entstand ein Gedicht darüber und Dieter leitet die zweite Etappe unserer Reise mit Poesie ein.

Labskaus - Ein Gedicht
Als alteingesessener Vegesacker betrieb ich über 15 Jahre die legendäre Kneipe „Nautilus". Meinen Gästen bot ich neben Getränken auch deftige Seemannskost an, die ich selber in meiner Kombüse zubereitete. Ich muss wohl nicht nur ein guter Nautiker, sondern auch ein guter Koch gewesen sein, was Bratkartoffeln und Labskaus anging, denn ich hatte eine große Stammkundschaft.
Über zehn Jahre lang kam regelmäßig eine Gruppe Hamburger zu mir, zwischen fünf und acht Personen. Sie kamen nur nach vorheriger Anmeldung, um sicher zu gehen, dass ich an Bord war. Neben dem Gericht Labskaus bestanden sie jedesmal darauf, mein Gedicht „Labskaus" von mir persönlich vorgetragen zu bekommen. Mal ganz nebenbei: außer mir konnte das sowieso kein anderer auswendig.
Schon als Moses, wenn ich in der Kombüse Berge an Kartoffeln schälen musste, hatte ich mir Gedanken darüber gemacht, woher wohl der Name Labskaus stammte. Irgendwann schrieb ich ein Gedicht darüber.
Anfang der 90-er-Jahre lernte ich tatsächlich einen Kapitän Klaus-Dieter Labs kennen. Aufgrund des Gedichtes, das ich ihm schickte, lernten wir uns persönlich kennen. Es entwickelte sich eine Freundschaft, die bis zum Tod des Kapitän Labs gehalten hat.

Labskaus – Ein Gedicht

- Nun -
Vor langer Zeit einmal gab`s
einen Käpt'n namens LABS
Der - was wirklich selten bleibt,
Er fuhr mit seinem Eheweib
Auf den meisten seiner Reisen,
Denn er liebt es, gut zu speisen.
Eines Tages sprach er DU - Kleines
Koch mir heut doch mal was ganz Feines.
- Aber -
Schwer ist es, wenn nichts mehr da,
Was anfangs noch in Ordnung war.

Die Reise war schon lang,
Der Proviant nicht gut - eher krank.
Gepökelt Fleisch, das hält nicht immer,
Bei Kartoffeln ist's noch schlimmer.
Wenn sie so glitschig und schon glasig,
Dann sind sie schlecht und beinah aasig.

Zwiebeln, Gurken, die rote Rübe
Sind nicht mehr gut und auch schon trübe.
Frischfisch, ja selbst der Matjes gar
So nicht mehr zu verwenden war.

- Na dann -
Geputzt, gewässert das Gemenge
Erstmal durch den Fleischwolf zwänge.
Zusammen gerührt, schon etwas klein,
Kocht so lange, bis es ganz fein.
Sie würzt und nicht vergisst die Rübe,
dass alles auch schön rötlich bliebe.

- Jetzt -
Verteilt sie auf Teller diesen Brei
Und bedeckt es noch mit Spiegelei.
- Als dann -
Jetzt serviert die Frau den Pabs
Ihrem Mann, dem Käpt'n Labs
Noch 'ne Gurke darauf, 'nen Schnaps daneben,
Das macht die Sache gut und eben.

Damit du`s dann auch gut verdaust
Sprach sie, mein lieber Labs - nun kaus!

Wir passieren ein Teilstück der Maritimen Meile, die vom Schulschiff Deutschland über den Museumshafen, entlang dem Stadtpark bis zum Schlepper „Regina" genau 1,852 Kilometer misst, entsprechend einer Nautischen Meile. Wenn im Frühjahr die Bäume blühen, bietet sich vom Wasser aus ein fantastischer Blick auf den Stadtgarten und das Hohe Ufer mit seinen Kaufmanns- und Reedervillen.

Wissenswertes über die Uferpromenade:
- 1787: Das Königshaus Hannover schenkt Dr. Albrecht Roth ein Ufergrundstück an der Weser
- Der Arzt und Botaniker legt einen exotischen Garten an
- 1834: Nach seinem Tod wird das Gelände parzelliert und verkauft
- 1923: Die Strandstraße wird als öffentliche Promenade eingeweiht

Am Fährgrund, bis 1939 die Grenze zwischen Bremen und Preußen, war die Ulrichs-Werft beheimatet, teils hüben, teils drüben. Die Lage soll dem Werftbesitzer damals eine Menge Zoll und Steuern erspart haben. Auf „Ulrichs Helgen" wurde 1893 die „Bremer Vulkan AG" - Schiff- und Maschinenbau gegründet. Mehr als 1.000 Schiffe wurden insgesamt an diesem Werftstandort gebaut, bevor das Unternehmen 1997, nach Ablieferung der Bau-Nummer 1.111, in Konkurs ging.

Gerd war 2007 an einer Inszenierung beteiligt, die auf dem Betriebsgelände des „Bremer Vulkan" mit internationaler Besetzung aufgeführt wurde.
Gerd Meyer, Jahrgang 1946, stammt aus Oldenburg. Als Voraussetzung für seinen Berufswunsch Seefunker absolvierte er eine Lehre zum Fernsehtechniker. Bevor es jedoch weiter zur Seefahrtsschule nach Elsfleth ging, vereitelte eine „weltliche Bindung" seine Pläne und zog ihn nach Hannover. Dort studierte Gerd Politik- und Sozialwissenschaften, Germanistik und Geschichte bevor er 1979 Leiter des Gustav-Heinemann-Bürgerhauses in Vegesack wurde. Als Initiator der Gruppe ist er von Beginn an dabei.

Das Klavier am Hammerkran

Wenn die Flussführer einen Unterwesertörn mit Traditionsschiffen unternehmen, passieren sie direkt nach dem Verlassen des Vegesacker Hafens das ehemalige Werftgelände des „Bremer Vulkan". 1892 als AG gegründet musste die Vegesacker Traditionswerft 1997 wegen massiver Liquiditätsprobleme ihre Tore schließen. Nach der Schließung der „AG Weser" im Jahre 1983 bedeutete dies das Aus für den Bremischen Großschiffbau.

Die noch verbliebenen 2000 Werftangehörigen wurden „abgewickelt" – wie es im kühlen Wirtschaftsjargon heißt. Jüngere Kollegen fanden relativ schnell neue Arbeit, andere wurden noch für ein Jahr in einer Auffanggesellschaft beschäftigt. Ältere Kollegen, die kurz vor der Verrentung standen, gingen - zum Teil mit erheblichen finanziellen Einbußen – in den vorzeitigen Ruhestand.

1999 entstand im Bürgerhaus Vegesack die Idee mit einer Theaterinszenierung auf dem ehemaligen Werftgelände an den Großschiffbau in Vegesack zu erinnern. Neben professionellen Schauspielern sollten möglichst viele Menschen aus der Region in das Geschehen einbezogen werden.

In zweijähriger Vorbereitungszeit, in die alle wichtigen Entscheidungsträger wie Künstler, Laiendarsteller und Musiker, Behörden, Firmen, die Agentur für Arbeit und nicht zuletzt die für Sicherheitsfragen zuständigen Personen einbezogen wurden, konnte das Kunst- und Theaterprojekt „Vulkan der Erinnerungen" entwickelt werden. Nach der Schließung der Werft waren mit dem Projektnamen für tausend ehemalige Werftarbeiter und deren Familien bittere Erfahrungen und traurige Erinnerungen verbunden. Der „Bremer Vulkan" hatte Generationen von Schiffbauern als Lebensgrundlage gedient. Beinahe in jeder Familie der Region Bremen-Nord gab es Angehörige, die zumindest einen Teil ihres Arbeitslebens auf der Werft verbracht hatten. Die von ihnen gefertigten Schiffe waren vor ihren Augen vom Stapel und von dort in die ganze Welt gelaufen. Die Schiffbauer des „Bremer Vulkan" waren stolz auf ihre Arbeit, wie es in keinem anderen „Job in der Großindustrie" der Fall war.

Als „Vulkan der Erinnerungen" sollte die über 100jährige Schiffbautradition in Vegesack mit künstlerischen Mitteln sinnlich erfahrbar dargestellt werden. Der damals in Bremen lebende Regisseur Marcello M. konnte für die Inszenierung gewonnen werden. Er gründete eigens für diese Aufführung und das Theaterstück „Das Geisterschiff" ein Ensemble.

Auf dem Werftgelände wurden 18 Spielorte ausgewählt: das Werfttor mit dem davor liegenden Außengelände, der Werftbunker aus dem Zweiten Weltkrieg, das Stahlplattenlager,

die alte Gießerei, der Werftbereich der Bremer Bootsbau mit dem aufgebockten Heringslogger „Wietze" und weitere geschichtsträchtige Arbeitsstätten. An vier Wochenenden im Sommer 2000 sollte hier, jeweils am Freitagabend, mit werfttypischen Materialien und Werkzeugen die Werftatmosphäre neu aufleben und der „Vulkan der Erinnerungen" zum Brodeln gebracht werden.

In Begleitung der Schauspieler und Artisten wurden die Besucher im Rahmen einer mehrstündigen „Kulturkarawane" an die unterschiedlichen Aufführungsorte geführt. Die Samstage und Sonntage waren dem Theaterstück „Das Geisterschiff" vorbehalten, aufgeführt in der alten Schiffbauhalle.

Unter der Anleitung professioneller Schauspieler und Artisten wirkten letztendlich über 100 Laiendarsteller an der Inszenierung mit. Chöre, Theatergruppen, Breakdancer, Schauspieler, Feuerspucker und Musiker wurden von Jugendlichen und Kindern, deutschen und internationalen Kulturgruppen, Angehörigen aus Migrantenfamilien, Mitarbeitern aus Firmen auf dem Werftgelände und auch „Vulkanesen" dargestellt oder organisatorisch unterstützt.

Die ehemaligen Vulkanarbeiter waren nur schwer für eine Mitwirkung zu gewinnen. Zu bitter und noch zu nah waren die mit der Werftschließung verbundenen persönlichen Konsequenzen, so dass das „Bespielen" des alten Arbeitsplatzes nur schwer zu ertragen war. Doch letztendlich trugen gerade sie – durch die Vermittlung in Gesprächen mit den Vertretern der neu angesiedelten Firmen auf dem Werksgelände – zu erfolgreichen Verhandlungen und der Realisierung der Inszenierung bei.

Eine dieser Vereinbarungen ist wohl allen damals Beteiligten besonders in Erinnerung geblieben. Der große Hammerkran war einer der spektakulärsten Aufführungsorte, für den Marcello M. eine außergewöhnliche Szene erdacht hatte.

Der Hammerkran des „BREMER VULKAN", das Wahrzeichen der Schiffsbauwerft, wurde im Jahr 2013 aus Kostengründen abgebaut

Der 1960 von der Firma Demag gebaute Kran an der Vulkanpier war für viele Vegesacker das weithin sichtbare Wahrzeichen ihrer Stadt, erinnerte es doch an die Schiffbautradition im Bremer Norden, die auf dem „Bremer Vulkan" ein jähes Ende gefunden hatte. Der Hammerkran ragte etwa 60 Meter empor und war auf Schienen längs der Pier manövrierbar. Auf dem etwa 25 Meter langen Ausleger befand sich in 53 Metern Höhe nochmals ein kleiner, drehbarer Kran, die sogenannte „Hammerente". Während der ersten Begehung für unser Projekt waren alle Beteiligten von dem wunderbaren Blick über das Oldenburger Land überwältigt.

Für die Inszenierung sollte der Aufgang zum Kranausleger von Trommlern und Artisten bespielt werden. Am Kranausleger selbst sollte ein Klavier hängen, an dem der Künstler und Regisseur Marcello M. im Licht der Scheinwerfer spielen wollte - eine ausgefallene und eindrucksvolle Szene also.

Die Unterkonstruktion für das Klavier war, allein schon wegen der Höhe von etwa 40 Metern über dem Wasser, eine technischen Herausforderung. Hier arbeiteten Schauspieler, Künstler und Mitarbeiter der Firmen auf dem Werftgelände Hand in Hand. Durch die gemeinsame Realisierung solcher Aufgaben entstand eine gegenseitige Akzeptanz zwischen den „Paradiesvögeln" der Schauspieltruppe und den Arbeitern vor Ort. Alle waren behilflich, wo sie nur konnten.

Erst am Tag der Premiere kam gegen Mittag die dringend erwartete Genehmigung für die Inbetriebnahme des Hammerkrans. Da nach der Schließung der Werft die erforderlichen Sicherheitszertifikate nicht aktuell waren, hatte es Probleme mit dem Kran-TÜV gegeben. Und nun passierte etwas, womit keiner von uns gerechnet hatte.

Der mit der Kranführung beauftragte Arbeiter kam mit dem Steuergerät in der Hand zu uns und sagte: „So, hier ist das Ding. Alles funktioniert, soweit ich das beurteilen kann. Aber ich werde den Kasten nicht bedienen. Ich übernehme keine Verantwortung dafür, dass mit dem Klavier am Haken alles gut geht".

Seine Aussage war unmissverständlich. Wenige Stunden vor der Premiere standen wir da, wie begossene Pudel. In dieser vertrackten Situation sagte ich spontan zum Kranführer: „Dann gib den Kasten her und zeig mir wie das mit dem Joystick geht. Ich werde „das Klavier schon schaukeln", bzw. in der Schlussszene über die Weser schwenken können." Nachdem ich mit zittrigen Händen die Probefahrt mit dem Kran überstanden hatte, wünschte uns der Kollege viel Erfolg für die Aufführung.

Es bleibt mir wohl ewig in Erinnerung, mit welch mulmigem Gefühl ich an den vier Wochenenden den Kranführer gespielt habe. Wirklich bewusst, was alles hätte passieren können, wurde mir alles erst nach Abschluss der Theateraufführung. Aber so habe ich eben meinen ganz persönlichen „Vulkan der Erinnerung" an dieses Großereignis in Bremen-Vegesack.

Vermutlich hat auch der Regisseur Marcello M. diesen Spielort als „sehr besonders" in Erinnerung behalten. Schließlich konnte er sein Klavierspiel erfolgreich präsentieren und bekam

danach wieder festen Boden unter die Füße. Einige Minuten hatte er freischwebend über der Weser aushalten müssen - allerdings mit bester Aussicht über das Oldenburger Land.
Nachtrag: Am 12. März 2013 wurde der Hammerkran von der Lürssen-Werft, die heute Teile des ehemaligen Vulkan-Werftgeländes nutzt, demontiert. Leider wurde dem Wunsch vieler Vegesacker Bürger nicht entsprochen, den alten Hammerkran als technisches Denkmal an die große Schiffbautradition zu erhalten. Die Kosten für einen Wiederaufbau mit tragfähigem Fundament hätten angeblich 1,5 Mio. Euro betragen. Damit ist ein weiteres Relikt der Vulkanwerft unwiederbringlich vom Vegesacker Weserufer verschwunden.

Das weitläufige Betriebsgelände des ehemaligen „Bremer Vulkan", auf dem heute mehrere Unternehmen tätig sind, zieht an uns vorüber. Bis 2012 nutzte die Bremer Bootsbau Vegesack (BBV), ein Zusammenschluss aus den Vorgängerfirmen „Aucoop" und „Jugendkutterwerk", die Bootsbauhallen am Fährgrund. Hier entstanden Nachbauten der Hanse-Kogge, des Oberweser-Lastkahns, des Dampfschiffes „Weser", des Weserkahns und der „Marie", die seit 2013 im Bremer Bürgerpark unterwegs ist.
In einigen der alten Schiffbauhallen fertigt die Firma „Ambau" Türme für Windkraftanlagen.
Die Lürssen-Gruppe, erkennbar an ihren ockerfarbenen Hallen, nutzt einen Großteil des Geländes. Vor dem Hallendock liegt die Mega-Yacht „Azzam" zur Endausrüstung. Mit 180 Metern Länge und 20 Metern Breite ist sie derzeit die größte Yacht der Welt. Der Eigner soll aus den Golfstaaten kommen, aber über Namen wird in dieser Branche nicht gesprochen.

Wissenswertes über die Lürssen-Werft:
- 1875: Friedrich Lürßen gründet eine Holzbootswerft in Aumund
- 1886: Der erste Motor fürs Wasser wird das Markenzeichen des Unternehmens
- 1905: Ein Zweigbetrieb an der Weser wird gegründet
- 2013: Standorte in Bremen, Lemwerder, Berne, Hamburg, Rendsburg, Wilhelmshaven und Wolgast

Das ehemalige Betriebsgelände des „Bremer Vulkan" mit dem Baudock im Vordergrund und dem dahinterliegenden Hallenbaudock für Fregatten, um 1980

20 Wir passieren das ehemalige Baudock des „Bremer Vulkan", gebaut für die ULCC's, die Ultra-Large-Crude-Carriers, die Supertanker von über 300.000 Tonnen Ladekapazität, heute zugeschüttet und von der Firma Egerland genutzt als Lagerfläche für den Autoimport. Fahrzeuge der Marke Hyundai aus Korea stehen für den europäischen Markt bereit.
Hier befand sich das große Wendebecken für den „Bremer Vulkan", wo die ausgedockten Schiffe mit dem Bug in Richtung See gewendet und an die Pier verholt wurden, bevor mit dem weiteren Ausbau fortgefahren wurde. Carsten meldet sich zu Wort und möchte, bevor das riesige Areal vorbeigezogen ist, einen Nachruf auf den „Bremer Vulkan" verlesen.

Nachruf auf den „Bremer Vulkan"
In den Jahren 1967-71 absolvierte ich eine Lehre zum Maschinenschlosser auf dem „Bremer Vulkan". Auf unserer Freisprechungsfeier im Februar 1971 hielt ich als Jugendvertreter eine Abschlussrede. Als ich dabei erwähnte, dass wir Lehrlinge dafür sorgen

würden, dass der „Bremer Vulkan" seinen guten Namen in aller Welt behalte, ahnte ich nicht, wie gut dieser Name nach 40 Jahren tatsächlich noch sein würde.

Seit 1983 lebe ich in Melbourne und bin Besitzer einer Reparaturfirma, die in Australien Schiffe für den „Bremer Vulkan" repariert. Wie an jedem ersten Freitag im Dezember fand das Treffen der Schiffsingenieure und Mitarbeiter aller in Melbourne ansässigen Reparaturfirmen statt. Wir waren eine Runde von etwa 60 Gästen. Nach den üblichen Reden zum Jahresende berichtete ich vom „Vulkanesentreffen" im August 2011 in Bremen-Vegesack.

Ich bat diejenigen, die während ihrer Fahrenszeit oder Tätigkeit als Reederei-Inspektoren mit dem „Bremer Vulkan" zu tun gehabt hatten, sich für ein Gruppenfoto aufzustellen. Es kamen dreizehn Personen zusammen: von links:

Graham White, leitender Ingenieur der Containerschiffe „Act1" und „Act6",
Carsten Johow, Lehrling 936 auf dem „Bremer Vulkan" von 1967-71,
Jim Dalglaish, mit Schiffen der „Blue Star Line" zur Reparatur auf dem Vulkan,
Don Winter und Peter Wicher mit den Schiffen der „Blue Star Line" zur Reparatur und Bauaufsicht,
Colin Cook, Bauaufsicht für das Containerschiff „Australian Venture",
Ron Scott, Australian National Line,
Mike Pullen, Ltd. Ingenieur auf dem Containerschiff „Australian Venture",
Graham Smedhurst, Inspector der „Australian National Line",
Murdo Mackanzie, Inspector der „Blue Star Line", London,
Graham Coster, Ingenieur auf den Containerschiffen „Australian Exporter" und „Australian Venture"
Collin Bourke, Manager der „Australian National Line" und
Ian Hollywood, Inspector der „Australian Venture"

Nachdem das Foto im Kasten war, drehte sich das Gespräch hauptsächlich um Vegesack. Die Bar in der „Strandlust" und der Barkeeper Piet weckten amüsante Erinnerungen unter den Anwesenden. Wir hatten Tanzveranstaltungen vor Augen, bei denen sich die Australier an Dünkirchen 1940 erinnert fühlten, als eine massive Front deutscher Herren vorwärts stürmte um die Dame ihrer Wahl zum Tanze aufzufordern. Namen wie Rudolf W., der Mann, der alle Probleme lösen konnte und Dieter B. und Herr Peters fielen dabei immer wieder.

Ich brauche nicht zu erwähnen, dass unser Treffen dieses Mal länger dauerte als gewöhnlich und es würde zu weit führen, alle Erinnerungen hier wiederzugeben, die an diesem Abend „auf den Tisch" kamen – zumal einige der Bar-Episoden auch nach 40 Jahren besser nicht an die Öffentlichkeit geraten sollten. Eins steht für die Teilnehmer dieser Veranstaltung jedoch fest: Der Name „Bremer Vulkan" hat bis heute seinen guten Ruf behalten, zumindest für uns.

Der Flussverlauf macht einen langgezogenen Bogen nach Steuerbord und richtet sich bis zum Elsflether Sand in nördlicher Richtung aus. Blumenthal am rechten Flussufer mit den weiteren Ortsteilen Lüssum-Bockhorn, Rönnebeck, Farge und Rekum, ist der letzte Stadtteil auf bremischem Gebiet.

Gegenüber in Motzen war früher die Hochburg der Bootsbauer. Viele Betriebe lagen hinter dem Seedeich und schleppten, rollten und zogen ihre fertigen Boote über den Deich.

Am rechten Ufer erscheinen die noch verbliebenen Backsteinfassaden der Bremer Woll-Kämmerei (BWK), die als größter Arbeitgeber der Region Blumenthal über 125 Jahre nachhaltig geprägt hat.

> **Wissenswertes über die Bremer Woll-Kämmerei AG:**
> - 1883: Gründung der BWK mit 150 Arbeitern
> - 1896: 2.000 Beschäftigte, 1930: 3.700 Beschäftigte
> - Im 2. Weltkrieg arbeiten zusätzlich 1.200 Zwangsarbeiter in der Produktion
> - Täglich wird die Wolle von bis zu 55.000 Schafen gewaschen und gekämmt
> - Das Betriebsgelände ist mit 500.000 qm größer als der Vatikan-Staat

Von Beginn an warb die Wollkämmerei Arbeiter aus Schlesien, Ost- und Westpreußen, aus Posen und dem polnischen Grenzland an. Viele kamen auch aus Sachsen und dem Rheinland. Zu Beginn des 20. Jahrhunderts ließ man ganze

Straßenzüge mit Wohnhäusern bauen, um den bis zu 5.000 Arbeitern ein neues Zuhause zu geben.

Tami Oelfken hat in ihrem Roman „Maddo Clüver" die Bremer Wollkämmerei sehr anschaulich beschrieben, ebenso die Ankunft der ersten polnischen Fremdarbeiter in Bremen-Blumenthal.

Mit bürgerlichem Namen Maria Wilhelmine Oelfken, Jahrgang 1888, wurde sie als Tochter eines Kaufmanns der Bremer Wollkämmerei geboren, besuchte das Lehrerinnenseminar von Kippenberg und trat 1908 in den Schuldienst ein. 1918 kündigte sie den Staatsdienst, engagierte sich für Schulreformen und veröffentlichte mehrere reformpädagogische Artikel. Bekannt wurde sie durch den 1940 verfassten, autobiographischen Roman „Tine", der in der NS-Zeit verboten war und 1947 unter dem Namen „Maddo Clüver" neu erschien. Ihr schriftstellerisches Lebenswerk hat die Bremer Schriftstellerin und Biografin Ursel Habermann erst nach ihrem Tode im Nachlass entdeckt.

Hotsch, Marinka! Hotsch!

Die Blumenthaler Schriftstellerin Tami Oelfken schildert in ihrem Roman „Maddo Clüver" eine Szene, in der polnische Fremdarbeiter in Bremen-Nord eintreffen, um bei der Bremer Wollkämmerei zu arbeiten.

An einem Freitagabend wurde die Bahnverbindung von Bremen über Vegesack nach Blumenthal eröffnet, damit der erste Transport von Polen ankommen konnte. Der Bahnhofsvorsteher war stolz, dass er jetzt eine Fernsprechverbindung zu betreuen hatte und war schon seit nachmittags in heller Aufregung, ob auch alles klappen würde. Da waren sie nun auf dem Kiesplatz des neuen Bahnhofs versammelt und warteten. Tine erinnerte sich noch sehr genau, dass vor einem Jahr hier an dieser Stelle „Ol-Kark" gestanden hatte, und dass sie in Wirklichkeit hier alle miteinander auf Gräbern herumtraten. Der Bahnhof war voll von Menschen.

Herr Kopitz hatte heute seinen blauen Tuchanzug an. Sein Haar war gescheitelt und geölt, die blaue Mütze hielt er in der Hand. Heute war er bei weitem die wichtigste Person. Er trug in blauem, steifen Schutzumschlag die Liste mit den Namen. Schon viermal hatte Herr Wittjen sich nach ihm umgesehen, wenn er sich ein paar Schritte abseits hielt. Herr Wittjen war nervös, ohne Zweifel.

„Kopitz, laufen Sie nicht weg!" – „Nein, Herr Gemeindevorsteher!" – „Kopitz, haben Sie die Liste?" – „Ja, Herr Gemeindevorsteher." Er drehte seinen Schnurrbart und blieb devot neben seinem Herrn stehen. Er allein konnte Polnisch und Deutsch und war imstande, seinen Landsleuten die Wünsche des Gemeindevorstehers verständlich zu machen. Er stand da wie ein gut dressierter Hund und roch nach Bartpomade. Tine konnte ihn nicht leiden, und sie vermied es, ihn anzusehen oder gar mit ihm zu sprechen. Als sie noch alle

in wartender Aufregung standen, ertönte der eindringliche Pfiff einer Dampfmaschine, und in einem schönen Schwung kam aus dem Walde die mit Kränzen verzierte Lokomotive und zog eine unendliche Reihe von Personenwagen hinter sich her. Die legte sich wie ein gehorsames, großes, wildes Tier den Wartenden zu Füßen mit einer ordnungsgemäßen Fracht von zweihundertfünfzig Polen, die hier abzuliefern waren. Der Zug stand.

Sofort quoll aus dem Innern der Wagen eine Menge fremdes Volk heraus, junge Männer und Frauen in wildem Durcheinander. Sie redeten, gestikulierten und machten sich in einer fremden Art unverständlich und lebhaft bemerkbar. Ihre Augen nahmen in wilder Neugier den Bahnhof, die Gegend und die Menschen in sich auf, um sich dann nach hinten zu wenden, ob auch die Freunde folgen würden. Ihre Augen waren groß, goldlackfarben und von Trauer beschattet. Herr Kopitz sprach mit ihnen kurz angebunden und befehlend. Sie horchten auf, sie stockten, alles war ihnen fremd, und jetzt standen sie auf dem neuen Kiesplatz eng aneinandergedrückt, eine fremdartige Menge.

Die polnischen Frauen trugen ihre heimische Tracht, weit gefaltete Röcke und rundgeschnittene bunte Jacken mit langen, schwarzen Spitzen um die Hüften. Ein dreieckiges Kopftuch mit leuchtenden Blumen umrahmte ihre großen, gelben Gesichter. An den Füßen trugen sie hohe weiche Schaftstiefel, und beim Schwippen der Röcke sah man die himbeerfarbenen Wollstrümpfe mit handgestrickten Mustern. Auch die polnischen Jünglinge trugen diese hohen, geschmeidigen Schaftstiefel, in die oben ihre schwarzen Samthosen hineingesteckt waren. Sie hatten bunte Westen, darüber Tuchjacken mit Silberknöpfen und schwarze Mützen.

Über ihren, von der Fahrt und Ungewissheit ermüdeten, Gesichtern lag eine große Traurigkeit gebreitet. Tine konnte auch später diesen ernsten Eindruck nie wieder vergessen: die Männer finster und fremd mit der Wachsamkeit der Unterdrückten, die weitere Pein wittern; die Frauen kindlich und zutraulich, harmlos allen Eindrücken der unbekannten Veränderung hingegeben.

Mit scharfer Stimme las Kopitz die Namen aus seiner Liste. Dann warf er einen schnellen Blick auf denjenigen, der aus der Reihe trat, und bezeichnete mit einer flotten, aber eindeutigen Bewegung seines roten Bleistiftes, wohin sich der so Identifizierte zu stellen habe.

Langsam formten sich die Gruppen. Es dauerte eine Weile, bis die Frauen begriffen hatten, dass sie auf der rechten Seite bleiben sollten, von den Männern getrennt, die an der Mauer standen. Die Kasernen oben im Dorf, eine für Männer und eine für Frauen, waren seit heute morgen empfangsbereit. Stutenlena mit ihren beiden Töchtern hatte unendliche Mengen von Eisenbetten bezogen, blauweiß karierte Bezüge. Sie hatten auch unendliche Mengen von groben Handtüchern an die Nägel gehängt, die mit „BWK" bezeichnet waren und Fabrikeigentum blieben. In größter Eile waren sie knapp bis Feierabend mit dieser

Arbeit fertig geworden und kamen atemlos herzu, damit sie den Empfang der Polen nicht verpassten. Sie sahen noch, wie die Fremden sich in ihrer Hilflosigkeit immer wieder an Herrn Kopitz wandten, der sichtlich seine bevorzugte Lage genoss.
Nachdem er seine Frau und seine beiden Mädchen begrüßt hatte, ließ er sie hinter sich treten. Sie schauten von dort aus etwas trübsinnig und müde zu, wie der Vater amtierte. Jetzt schalt er aufgeregt in polnischer Sprache mit einem Mädchen, das nicht begreifen konnte, dass sie nicht zwischen den Männern stehen durfte. Hinter seinem Rücken verließ ein junger Pole seine Reihe, näherte sich schnell dem Mädchen, nahm es bei der Hand und sprach beschwichtigend auf sie ein. Herr Kopitz hatte diese Ungehörigkeit bereits bemerkt und wies ihn mit einer kurzen Kopfdrehung auf seine Seite. Aber sie klammerte sich an den Bruder, richtete ihre entsetzten Augen auf Herrn Kopitz. Ihr großes Bündel rutschte auf die Erde, sie presste die Hand vor den Mund, um einen Schrei zu ersticken.
„Hotsch, Marinke! Hotsch, Marinke!", herrschte der Dolmetscher sie an. Da setzte sich der erste Trupp der Frauen mit schaukelnden Bündeln in Bewegung. Marinka ging zuletzt. Die ganze Zeit hielt sie den Kopf zurückgewandt und ihre flehenden Augen ließen den Bruder nicht los.
Tine stand neben dem Vater. Ihr Herz war voll Entsetzen. „Vater", schluchzte sie, „wie dürft ihr das tun? Schickt doch die Leute wieder in ihre Heimat, nie können sie hier glücklich werden!" Aber der Vater hatte seine Gedanken anderswo, er war ungehalten. „Was für ein Unsinn!", sagte er, „sie werden sich hier schon eingewöhnen und werden hier mehr Geld verdienen als in Polen. „Aber nie können sie hier glücklich werden", jammerte Tine leidenschaftlich, „hier, wo ihre Menschenwürde mit Füßen getreten wird!"
Der Vater drehte sich kurz um: „Du bist ja eine ganz alberne, überspannte Deern!", sagte er. „Was steht ihr überhaupt hier alle rum, geht nach Haus!"

Die zweite „Schwimmende Brücke" kreuzt in Höhe Blumenthal und Motzen/ Bardenfleth unseren Weg. Am linken Ufer, auf dem Gelände der ehemaligen Brandt-Werft, hat der Schiffbauingenieur Carsten Standfuß über zwölf Jahre an seinem U-Boot „Euronaut" gebaut. 2012 wurde es zu Wasser gelassen.

Wissenswertes über die Euronaut:
- Weltweit größter privater Eigenbau eines U-Bootes
- 16 Meter lang, 60 Tonnen schwer, für bis zu fünf Personen Besatzung
- Höchstgeschwindigkeit 9 Knoten (etwa 17 km/h), Reichweite 500 SM, Tauchtiefe: 250 Meter

Gleich daneben kommen bei ablaufendem Wasser Restteile einer Slipanlage der Schürenstedt-Werft zum Vorschein, die hier bis 1980 ansässig war.
Hinter dem Gelände der BWK beginnt die Barsplate. Einstmals eine Insel, die von der „Diepen Au" umflossen wurde, ließ man das Fleet bei der Weserkorrektion zuschütten. Die Barsplate ist seitdem Festland und beherbergt an der einstigen Einmündung heute den Rönnebecker Sportboothafen. Das graue Bauwerk am Kopf der Barsplate stellt einen Davidsstern dar, ein Mahnmal an die Zwangsarbeiter, die hier in einem Außenlager des KZ's-Neuengamme einquartiert waren.

Eine Werft, die sich bis heute in Bardenfleth gehalten hat, ist die Fassmer-Werft am linken Ufer. Nachdem Johann Fassmer das Unternehmen 1850 für den Bau von Ruder- und Arbeitsbooten gegründet hatte, begann sein Enkel in den 20er-Jahren mit der Fertigung von Motor- und Rettungsbooten. Das Unternehmen ist bis heute in der 5. Generation familiengeführt. Neben dem Bau von Behörden- und Rettungsfahrzeugen für die DGzRS hat sich Fassmer auf den Bau von Rettungsbooten spezialisiert, die hier unter anderem für die Meyer-Werft in Papenburg produziert werden. Die Fassmer-Werft ist aber auch im Bereich der Windenergie, der Faserverbundtechnik und im Yachtbau tätig.
Nun erstreckt sich über drei Kilometer das Naherholungsgebiet „Warflether Sand"

entlang der Uferlinie. Wieder ziehen Bäume, Büsche und Weiden an uns vorüber. Die Einmündung eines kleinen Seitenarmes unterbricht die durchgehende Uferlinie – sonst nichts. Früher lief das Ufer flacher in den Fluss, sodass das Baden nicht so gefährlich war. Durch die vielen Vertiefungen der Fahrrinne ist das Ufer heute sehr steil geworden.

Lothar kommt richtig ins Schwärmen, als das Hohe Ufer von Rönnebeck an uns vorbeizieht. Dieser Uferabschnitt mit seinen schönen Villen erinnert ihn ein wenig an Blankenese. Hier ist er aufgewachsen, war mit dem Sohn von Meyer-Farge gut befreundet und lernte als kleiner Junge Alma Rogge (1894-1969) kennen, die dort oben bis zu ihrem Tod gelebt hat. Die Schriftstellerin aus Rodenkirchen mit ihrem burschikosen Erscheinungsbild und meist in Hosen gekleidet, hat Lothar schon in jungen Jahren sehr beeindruckt. Für ihn verkörperte Alma Rogge ein fremdes Wesen aus einer anderen Welt.

Wilfried erinnert sich an die abenteuerliche Jungfernfahrt mit der „Esso Bonn", einem Neubau der „AG Weser", flussabwärts. Damals verliefen noch sämtliche Hochspannungsmasten über die Weser, einer davon an dieser Stelle. Für die Durchfahrt am Hohen Ufer von Rönnebeck wurde damals zur Vorsicht das gesamte Stromnetz abgestellt. Heute sind die meisten Leitungen unterirdisch verlegt.

Linker Hand markieren zwei Backbord-Priggen die Einfahrt in den Warflether Arm. Ein kleines Sportboot kommt heute noch bei Hochwasser bis zur Warflether Kirche. Für größere Boote ist kein Durchkommen mehr. Hier kreuzt die dritte und letzte der „Stedinger Fähren" im Pendelverkehr die Weser zwischen Berne und Farge. Wilfried deutet auf die großen Ladeklappen der Fährschiffe, über die Fahrzeuge und Fußgänger aufs Schiff gelangen. Er erzählt eine Anekdote aus seiner Berufstätigkeit bei der Schutzpolizei: Durch das ewige Auf und Ab auf den betonierten Rampen ist eine solche Laderampe einmal abgebrochen und im Strom versunken. Die Wasserschutzpolizei wurde gerufen und wir begannen sofort damit, das riesige Stück Metall im Fahrwasser zu suchen, da es eine potentielle Gefahr für andere Schiffe bedeutete. Doch auch nach intensiver, tagelanger Suche mit Tauchern haben wir das riesige Stück Metall nie wieder gefunden.
Zwei große rot-weiße Seezeichen stehen backbord am Ufer. Das Ober- und Unterfeuer dient der Berufsschifffahrt für die Ansteuerung von See kommend in Richtung stadtbremische Häfen. Wenn die Steuerleute beide Türme überdeckend voraus haben, befindet sich ihr Schiff mittig im Fahrwasser und auf dem richtigen Kurs.

In alten Zeiten befand sich auch hier ein Ochsenpfad über den Fluss und der Fährmann Meyer erhielt die Lizenz für den Betrieb einer Ruderfähre. Das „Ringhotel Fährhaus-Farge" an Steuerbord ist vielen Reisenden als „Fährhaus Meyer-Farge" bekannt. Ferdinand Meyer-Farge war so freundlich, mir aus seinem reichen Schatz an Erinnerungen das Leben im Fährhaus zu schildern.

Ferdinand Meyer-Farge, Jahrgang 1936, wurde als drittes Kind und einziger Sohn im Fährhaus Meyer geboren und stieg 1958 in den Fährbetrieb seines Vaters ein. 1962, im Jahr der großen Flut, heiratete er und übernahm das Fährhaus von seiner Mutter und seinem Stiefvater. Als er das Anwesen 1994 an die Familie Stöver verkaufte, ging eine lange Tradition zu Ende, da die neuen Betreiber den alteingeführten Namen nicht übernehmen wollten. Ferdinand Meyer ließ daraufhin seinen Namen in Meyer-Farge ändern.

Die Fährgerechtigkeit

Mein Name ist Ferdinand Meyer-Farge. Ich wurde im Jahr 1936 hier im Fährhaus Farge geboren und kann auf eine lange Familientradition zurückblicken.

Am 25. April 1823 bewarb sich der Onkel meines Großvaters, Diedrich Rengsdorf, bei der Königlich-Preußischen Landrostei zu Blumenthal um die herrschaftliche Fährgerechtigkeit zwischen Farge und der Juliusplate, die damals für jeweils ein Jahr an den Meistbietenden vergeben wurde. Hier in Farge kreuzte die Heerstraße, von der Niederelbe kommend, die Weser und führte weiter nach Ostfriesland und Holland.

1898 übernahm mein Großvater Ferdinand Meyer die Fähre mitsamt dem Fährhaus von seinem Onkel. Zu seiner Zeit wurden die Bestimmungen für das „Fährregal" geändert und nun auf unbestimmte Zeit vergeben. So ergab es sich, dass dieses Recht zukünftig in unserer Familie verblieb und später auch auf mich übertragen wurde.

Weil die Einkünfte als Fährmann eher spärlich waren, betrieben meine Großeltern nebenher eine Landwirtschaft, einen Holz- und Torfhandel und eine kleine Gaststube. Sie boten ihren Gästen frische Milch, Dickmilch mit Schwarzbrot und Selbstgeschlachtetes, was bei den Besuchern gut ankam.

Mit einem einfachen Ruderboot setzte mein Großvater die Reisenden von einem zum anderen Weserufer über. Auf der gegenüberliegenden Seite war eine ausgediente Eisenbahnschiene aufgestellt, an die die Reisenden mit einem Hammer klopfen mussten um den Fährmann zu rufen. Wenn das Hochwasser besonders anstieg, musste mein Großvater den Fährbetrieb auch mal für ein paar Tage einstellen. Erst 1919 wurde ein Motorboot angeschafft.

Als meine Großmutter Johanne Schürenstedt, gebürtig aus Berne, 1899 ihr erstes Kind erwartete, gab es einen sehr strengen Winter, und die Weser war komplett zugefroren. Ein Besuch ihrer Eltern aus dem kleinen Dorf „Werderhöhle" war nicht möglich. Die besorgten Eltern verabredeten mit ihrer Tochter immer mittags um 12 Uhr ans Ufer zu kommen, um ihren Bauch in Augenschein zu nehmen und damit die Gewissheit zu haben, dass alles in Ordnung sei. Eines Tages zeigte sich Johanne stolz mit einem in Windeln gewickelten Baby am Ufer. Es war ihre erste Tochter Friederike.
1933 übernahm mein Vater Maximilian das Fährhaus mit Gaststätte, Landwirtschaft und Fähre. Die Geschäfte liefen gut, und er stellte Heinrich Dallmann als Knecht und Kalfakter ein. Ihm übertrug mein Vater 1937 die Fährrechte gegen eine jährliche Pacht. Vielleicht ahnte er, dass er uns bald verlassen würde. Als mein Vater 1939 starb, stieg Heinrich Dallmann fest in das Unternehmen ein. Er kaufte eine Hafenbarkasse, die er zum Fährmotorboot „Juliusplate II" umbaute. Mit 22 PS Motorleistung konnte er nun bis zu 30 Personen übersetzen.
1957 stieg ich in den Fährbetrieb ein und gründete gemeinsam mit Hinrich Moll von der Blumenthaler Fähre eine Gesellschaft bürgerlichen Rechts. Hinrich Moll wurde Geschäftsführer und schaffte das Fährschiff „Adler" an, das wir von ihm charterten.
Erstmals konnte ein Auto von Farge zur Juliusplate übersetzten, das allerdings nur quer auf der Fähre Platz fand. Dabei stellte ein Volkswagen kein Problem dar, wohl aber Marken wie Opel oder Mercedes. Die ragten nämlich auf beiden Seiten über die Bordwand und wir Fährleute mussten beim Anlegen sehr vorsichtig sein.
Als 1959 dann der Landkreis Wesermarsch als Gesellschafter mit „ins Boot" stieg, brach eine neue Ära an. Wir Drei waren zu 50% an der neuen Fährgesellschaft beteiligt und nach wie vor hatte ich das „Fährregal" inne. Nun aber kamen Investitionen auf uns zu, die wir als Privatleute nicht mehr bewältigen konnten. Der Landkreis Wesermarsch gab uns eine Bürgschaft für den Bau eines neuen Fährschiffes und der notwendigen Infrastruktur für einen modernen Fährbetrieb. Am 28. Mai 1960 stellten wir das neue Fährschiff „Berne - Farge" in Dienst.
Nach wie vor waren wir jedoch ein privatwirtschaftliches Unternehmen und mussten sogar den Teil der Weser vom Wasser- und Schifffahrtsamt pachten, auf dem unser Fährschiff verkehrte. Wer also die Fähre benutzte, befand sich auf unserem Privatgelände.

Als wir eine Preiserhöhung in Erwägung zogen, gebot uns die Stadt Bremen überraschend Einhalt und verwies auf eine Preisbildungsstelle, bei der wir einen Antrag zu stellen hatten. Völlig überrascht bestanden wir darauf, nicht öffentlich sondern privat zu sein, aber das nützte uns wenig. Die Preiserhöhung, die dringend notwendig war, um betriebswirtschaftlich effektiv zu bleiben und Investitionen tätigen zu können, wurde uns nicht genehmigt. Weiter behauptete die Stadt, das Fährregal beruhe auf preußischem Recht und das hätte längst ausgedient. Wir schlugen den Bremern vor, unsere Anteile zu kaufen, was sie jedoch ablehnten, weil wir keinen Gewinn machten. Es war eine sehr heikle und verfahrene Situation.

Letztendlich verkauften wir das Fährregal mit den Fährschiffen und den Landanlagen 1976 an die Stadt Bremen und bekamen nach zähen Verhandlungen einen adäquaten Ausgleich dafür.

Meyer-Farge Schiffsansage

Mein Großvater Ferdinand Meyer erkannte schon früh die Zeichen der Zeit und begann bereits 1892 neben der Landwirtschaft und dem Fährbetrieb mit einer kleinen Bauernstube. Er ließ eine einfache Veranda an das Bauernhaus anbauen, und das Fährhaus Farge entwickelte sich zu einem gern besuchten Ausflugsziel. Als mein Vater Maximilian Meyer das Anwesen 1929 übernahm, hatten die Gebrüder Otto und Franz Schreiber gerade die Binnenschifffahrtsreederei „Schreiber" gegründet (1926). Mit den Schiffen „Hanseat", „Deutschland" und „Weserstolz" entfachten sie großes Interesse an Weserfahrten, wovon das Fährhaus mit einem eigenen Anleger natürlich profitierte. Als mein Vater 1939 verstarb, hinterließ er meiner Mutter mit den drei kleinen Kindern auch die geschäftlichen Angelegenheiten.

Nach dem Krieg heiratete sie 1954 den Diplomingenieur Bruno Krüger, der 1955 bei uns im Fährhaus die Schiffsansage einführte. Er hatte an mehreren Universitäten studiert, war in mehreren schlagenden Verbindungen und hatte ein großes Netzwerk an Freunden und Bekannten. Einer dieser Kontakte führte direkt zum Schiffsmeldedienst, einer Einrichtung, bei der sich alle Schiffe, die von See kamen, melden mussten. Wenn Bruno mittags dort anrief, erfuhr er, wann welches Schiff woher kam, wie groß es war und manchmal sogar, was es geladen hatte.

Die Schiffsbegrüßungsanlage machte „Meyer-Farge" über die Grenzen Bremens hinaus bekannt. Besonders an den Wochenenden hatten wir einen großen Zulauf an Gästen. Wir erweiterten daraufhin 1962 die Terrasse und konnten im Außenbereich bis zu 300 Sitzplätze bieten. Die Schreiber-Dampfer entluden an jedem Sonntag um halb vier etwa 100 bis 150 Gäste an unserem Anleger. Zudem verbrachten viele Wassersportler das Wochenende bei uns am Ufer – zelteten oder schliefen auf ihren Booten.

Für die Landwirtschaft hatte meine Mutter Helmut Kreitz eingestellt. Es traf sich gut, dass er gelernter Schlachter war und einiges vom Wurstmachen verstand. Im Laufe der Jahre legte er noch weitere Qualitäten an den Tag.

Als ich 1962 heiratete und den Betrieb übernahm, hatten meine Eltern die Landwirtschaft bereits aufgegeben. Wir konzentrierten uns auf den Fährbetrieb und die Gastronomie. Helmut Kreitz wurde Kellner und ein hervorragender Conférencier an der Schiffsansage. Zu der Zeit kam das Modewort „Erlebnisgastronomie" auf und kein anderer verkörperte diese neue Vermarktungs-Strategie so wie Helmut.
Er arbeitete sich in das Flaggenalphabet ein und hatte Nachschlagewerke, wie das internationale Lloydsregister parat, um schnell weitere Informationen über ein Schiff einholen zu können. Seine „Sende-Station" war dekoriert mit einem sperrigen Fernrohr aus einem alten U-Boot, einem Schiffsmodell und einer großen Weltkarte. Die Erkennungsmelodie für eine neue Schiffsansage war ein Marsch. Sobald der gespielt wurde, verstummte das Publikum und wurde hellhörig.
Es passierte auch mal, dass ein Schiff unangemeldet vorbeikam. Dann musste der Conférencier sich natürlich etwas einfallen lassen, denn das Publikum war interessiert an Informationen und Unterhaltung. „The Show must go on" – auch wenn nur wenig Schiffsverkehr auf der Weser war.
„Liebe Gäste, wir begrüßen nun ganz herzlich das U-Boot „Seeteufel", das direkt von Helgoland auf dem Weg nach Bremen in diesem Moment unseren Anleger passiert."
Es folgte die Begrüßung „Hallo Seeteufel - herzlich Willkommen in Bremen" mit anschließender Musik. Natürlich war nichts zu sehen, aber es war lustig und amüsant, was Helmut sich so alles einfallen ließ um das Publikum zu unterhalten. Das brachte uns einen großen Bekanntheitsgrad ein.

Ich erinnere noch das Jahr 1967, als die Queen auf der „Britannia" von Hamburg nach Bremen kommen sollte. Ich bemühte mich, einen Kontakt herzustellen und scheute mich nicht, an den Buckingham Palace zu schreiben. Ich bat in dem Brief darum, dass sich die Queen doch bitte am Fährhaus Farge an der Reling zeigen möge, um von den Anwohnern der Weser begrüßt zu werden. Es kam ein Brief mit dem Briefkopf „Buckingham Palace" zurück, in dem geschrieben stand: „Wir bedauern Ihnen mitteilen zu müssen, dass die Queen am Abend noch diverse Verpflichtungen in Hamburg habe und die „Britannia" erst spät auslaufen würde. Vor morgens früh um acht würden sie das Fährhaus nicht passieren." Am Morgen hatte Bruno Kreitz alle Flaggen für eine Begrüßung parat, aber die Queen zeigte sich nicht. Trotz der frühen Tageszeit standen Menschentrauben bei uns am Deich und warteten vergeblich auf den majestätischen Gruß.

Die „Atlantic" bewegt sich gemächlich flussabwärts und wir mit ihr. An der roten Fahrwassertonne 116, die dicht an unserer Steuerbordseite vorbeizieht, können wir erkennen, wie stark die Strömung zweieinhalb Stunden nach Hochwasser ist.
Am rechten Ufer taucht das Kohlekraftwerk Farge auf. Gleich dahinter der Bauhof Farge. Das hier ansässige Wasser- und Schifffahrtsamt Farge ist verantwortlich für die Wartung der Seezeichen und die Instandhaltung der Uferbefestigung von Kilometer 17 bei Lemwerder bis Kilometer 40 bei Brake. Hinzu kommen die Lesum und die Wümme bis Borgfeld. 40 Mitarbeiter sorgen ganzjährig dafür, dass im, am und auf dem Fluss alles in Ordnung ist.

Auch Herbert hat vor rund 60 Jahren beim Wasserwirtschaftsamt begonnen. Mit Abschluss seiner Ausbildung wurde er aufgefordert, einen Bericht über die Funktionsweise des Motorschutensaugers „Cammin" zu verfassen, der nachfolgenden Auszubildenden eigentlich hilfreich sein sollte.
Herbert Weidemann, Jahrgang 1934, ist der Älteste unter den Flussführern. In Aschwarden geboren, absolvierte er in den Jahren 1950-52 eine Lehre zum Wasserbauer und -wirtschafter und blieb beim Wasserwirtschaftsamt tätig. Heute lebt er in Vegesack und kommt so oft es geht zu den monatlichen Treffen.

Auszug aus meinem Berichtsheft

Auf Anweisung von Herrn Regierungs-Bauinspektor Schiebel war ich im Herbst 1952 an Bord des Motorschutensaugers „Cammin", um den Grundgedanken der Arbeitsweise des Fahrzeuges kennenzulernen. Von dem an Bord amtierenden Obermaschinisten Herrn Bertram wurde ich, wie ich nachfolgend schildern werde, in den Grundgedanken eines solchen Betriebes eingeweiht.

Das Sauggerät ist im Jahre 1939 bei der Lübecker Maschinenbau-Gesellschaft erbaut. In dem vorhandenen Motoren-Maschinenraum sind die sogenannte Sand-Förderpumpe, Wasserzusatzpumpe, Dynamo für Kraftstrom und ein Dynamo für Lichtstrom mit Antriebs-Dieselmotoren der Firma „Humboldt-Deutz" eingebaut. Außerdem sind noch verschiedene Hilfspumpen und Maschinengeräte, welche aber von elektrischen Motoren angetrieben werden – letztere von der Firma Siemens-Halske, vorhanden.

Das Sandförderungsgehäuse ist aus etwa 25 mm starken Flusseisenplatten zusammengenietet bzw. –geschraubt. Dieses Pumpengehäuse ist in dem sogenannten Sauge- bzw. Druckraum mit einem zweiten Gehäuse in Form von geteilten Verschleißplatten, welche sämtlich losschraubbar sind, ausgefüttert. Dieses ist nämlich erforderlich, da das in der zu entleerenden Schute befindliche Baggergut – sei es Kies oder Sand – in der von der vorher erwähnten Zusatzpumpe zu einem Gemisch von etwa 2/3 Wasser und 1/3 Sand verwandelt ist, das in dem Inneren der Pumpe, sowie in der Rohrleitung, als grobes Schmirgel- oder Sandpapier wirkt. Die drehende Bewegung des Fördergutgemisches verschleißt somit nur die losschraubbaren, auszuwechselnden Verschleißplatten von 20 bis 25 mm Stärke und das sogenannte Pumpengehäuse bleibt von dieser schädlichen, kostspieligen Arbeitseinwirkung verschont.

Das durch den Saugrüssel des schwenkbaren Sandpumpen-Saugerohres aufgesogene Baggergutgemisch muss, bevor es in das Pumpengehäuse-Innere gelangt, den sogenannten Steinfängerkasten passieren. Dieser Kasten ist mit etwa 10 cm spaltlassenden Roststäben versehen. Ein vorhandener Scharnierdeckel bewerktätigt das Entleeren der Fremdkörper, wie größere Ufersteine und sonstige für das Pumpeninnere gefährliche größere Eisenteile usw. Wegen der Tide-Wasserhöhen-Einwirkung ist die Sandpumpen-Druckrohrleitung an Deck eingeschaltet, die im Anschluss an das Lanfverbindungsrohr, mit einem Rohrkugelgelenkstutzen nach allen Richtungen beweglich, angebracht ist.

Die sogenannte Zusatzwasserpumpe kann das von außenbords angesaugte Wasser durch, in die Druckrohrleitung eingebaute, bewegliche Klappenabsperrung, einmal in die oberhalb der zu entleerenden Schute befindlichen Spülrohrleitung, zum anderen in das Sandpumpengehäuse selbst hineinpumpen. Beim Anfang einer Entleerung einer vollen Schute wird der Wasserdruckweg zuerst nach dem Sandpumpengehäuse geöffnet. Das Sandförderpumpen-Saugerohr wird in den vollen Schutenladeraum gesenkt, sodass es auf dem Fördergut ruht und die Halte-Hebetrosse lose hat. Beim Anstellen bzw. Arbeiten der Zusatzpumpe wird ein doppelter Arbeitsprozess ausgeführt: Aus dem Sandpumpengehäuse wird mitsamt der Saugerohrleitung die vorhandene Luft herausgedrückt, während das aus dem Saugerohrrüssel heraussprudelnde Wasser ein Saugeloch wühlt, in das das im Drahtseil lose hängende Saugerohr mit der Öffnung hineinsinkt. Hat man die Annahme, dass die erwähnte vorhandene Luft entwichen und der Saugetrichter im vollen Schutenladeraum groß genug ist, wird von der Arbeitsleitstelle an Deck das Zeichen zur Inbetriebnahme der Sandförderpumpe in den Motorenraum gegeben. Hat die Fördersandpumpe den erforderlichen Saugefaden erfasst, dann werden die Zusatzpumpen-Druckrohrleitungs-Absperrklappen langsam überbrückt, sodass die Fördersaugepumpe ohne Zusatzwasser nur das Förder-Mischbaggergut aus dem Schutenraume saugt und die Zusatzwasserpumpe nur das erforderliche Spülwasser durch die Spülwasserschläuche drückt.

Der Arbeitsgang wiederholt sich während des Entleerens der vollen Schute, wenn ein Versagen des Saugens der Sandförderpumpe festgestellt wird.

Die Tanklöschanlage am rechten Weserufer entstand zeitgleich mit dem U-Boot-Bunker Valentin und Tanklagern in der Neuenkirchener Heide. Das „größte unterirdische Tanklager Europas" sollte die Treibstoffreserven der Wehrmacht sichern. Es entstand unter strengster Geheimhaltung und unter Zwangsarbeit. Riesige Pipelines verbinden die Löschanlage mit den unterirdischen Treibstofftanks.

Auf einem 320 Hektar großen, weiträumig abgeschirmten Gelände zwischen Neuenkirchen, Schwanewede und Blumenthal, dem „Wifowald", lagern unterirdisch 78 Tanks. Der Name rührt von einer nationalsozialistischen Tarnorganisation für Kriegslogistik her, der in den 1930er-Jahren tätigen „Wirtschaftlichen Forschungsgesellschaft mbH" - verantwortlich für die Durchführung dieses gigantischen Projektes. Nach 1945 wurde die Ausdehnung des WiFo-Geländes stark reduziert und „Gras wuchs über die Sache" – zumindest ein dichter Wald. 2012 entschied man, das Gelände zu verkaufen, was beinahe unmöglich scheint. Zu groß und zu unklar ist die tatsächliche Verunreinigung des Grundwassers, wie Anwohner beklagen.

> **Wissenswertes über den U-Boot-Bunker Valentin:**
> - Ausmaße: 426 m lang, 90 m breit und 24 m hoch
> - Verwendetes Baumaterial: 1 Mio. Tonnen Kies, 220.000 t Zement und 26.000 t Stahl
> - Deckenstärke 7 Meter, Wandstärke 4 Meter

Am rechten Ufer erscheint ein gigantischer Betonklotz – der U-Boot-Bunker Valentin. Seit einigen Jahren steht er unter Denkmalschutz. Das Bremer Theater nutzte die Kulisse 1999 für die erfolgreiche Aufführung des Theaterstücks „Die letzten Tage der Menschheit".

Gerd Meyer, der sich seit Jahren in der Friedensinitiative engagiert und Führungen durch den Bunker begleitet, hat eine Geschichte zum „Denkort Bunker Valentin" geschrieben.

Nie wieder Krieg

Auf unseren Unterwesertörns sind auswärtige Gäste beim Passieren von Farge weserabwärts meist beeindruckt von dem monströsen eindrucksvollen Betonklotz am rechten Weserufer. Der Anblick des Bauwerkes erzwingt Aufmerksamkeit und Neugier zugleich. Das längste Gebäude Bremens, der „U-Boot-Bunker Valentin", ist ein Ergebnis von Zwangsarbeit im Nationalsozialismus.

Die Alliierten konnten durch den Einsatz neuer Ortungsverfahren und die Entschlüsselung des deutschen Seefunkverkehrs allein im ersten Quartal 1943 über dreißig U-Boote versenken, fast ein Drittel des deutschen Bestandes. Seitdem die Luftüberlegenheit der Alliierten immer massiver geworden war, hatten die Deutschen begonnen, ihre Rüstungsindustrie zu „verbunkern". Bei der Errichtung dieser Rüstungsbauten waren die eingesetzten ausländischen Zwangsarbeiter, KZ-Häftlinge und Kriegsgefangene faktisch einer „Vernichtung durch Arbeit" ausgesetzt und mussten unter unmenschlichen Bedingungen Schwerstarbeit leisten.

Im Bunker Valentin sollten U-Boote am Fließband produziert werden und alle drei Tage ein Neubau die Bunkerfabrik verlassen. 5.000 Häftlinge hätten zeitgleich an zwölf U-Booten arbeiten können. Zum Glück wurde der Bunker nie fertiggestellt.

Für den Bau wurden von 1943 bis zum Kriegsende tausende Zwangsarbeiter eingesetzt. Hier in Farge waren bis zu 12.000 Menschen als Arbeitssklaven des Naziregimes in 12-Stunden-Schichten tätig, ohne ausreichende Ernährung und Bekleidung. Sie waren in Massenquartieren untergebracht, zu denen sie oft kilometerlange Fußmärsche zurücklegen mussten. Häufig waren sie dort der Willkür der Bewacher ausgesetzt und hatten lange Zählappelle zu ertragen – egal bei welcher Witterung. Schon die katastrophalen hygienischen und medizinischen Verhältnisse waren lebensbedrohlich. Anwohner erinnern sich, dass die Straßenkreuzungen oft über 20 Minuten unpassierbar waren, wenn die Arbeiterkolonnen durch ihren Stadtteil zogen.

Die Arbeitskräfte kamen aus dem KZ-Außenlager Neuengamme (etwa 2.500 Häftlinge), aus dem Arbeits- und Erziehungslager der Geheimen Staatspolizei in Bremen (1.000 Häftlinge) und aus weiteren Lagern in der Farger Heide, Schwanewede und der weiteren Umgebung (etwa 5-6.000 Zwangsarbeiter und Kriegsgefangene). 250 Häftlinge wurden pro Quartal wegen Arbeitsunfähigkeit in das KZ Neuengamme zurückgeschickt, viele von ihnen kamen dort um. Die Überlebensdauer der Häftlinge betrug unter den gegebenen Arbeits- und-Lagerbedingungen oft nur neun Monate.

Tausende kamen während der Bauarbeiten und den ab April 1945 veranlassten Lagerräumungen ums Leben. Die von der SS veranlassten „Todesmärsche" bedeuteten in vielen Fällen für die körperlich geschwächten Häftlinge noch kurz vor ihrer möglichen Befreiung den Tod. So kamen beim Untergang des KZ-Häftlingsschiffes „Cap Arcona" und weiterer Begleitschiffe am 3. Mai 1945 über 7.000 Häftlinge bei Neustadt in der Ostsee ums Leben, nur wenige Tage vor Kriegsende. Unter ihnen befanden sich auch Zwangsarbeiter von der Bunkerbaustelle an der Weser.

An die Leiden dieser Menschen erinnern seit den 70er-Jahren in der internationalen Friedensarbeit engagierte Personen und die „Internationale Friedensschule Bremen", in der auch ich mich seit Jahren engagiere.

Nachdem die Bunkerwerft von 1945-49 als Bombenübungsziel der Alliierten benutzt worden war, bestand der Bunker bis 1963 als ungenutzte Ruine. Ab dann unterhielt die, 1956 neu gegründete, Bundesmarine dort ein Materialdepot. Seit 2011 verwaltet die Bundesanstalt für Immobilien die Liegenschaft und ist bemüht, durch Vermietung Einnahmen für die Unterhaltung des Gebäudes zu erzielen.
Das Land Bremen verfolgt seit Januar 2011 das Vorhaben, in einem Teil des Bunkers den „Denkort Bunker Valentin" einzurichten, eine Gedenkstätte und Lernort für internationale Begegnungen verschiedener Generationen.
Mitarbeiter der Friedensschule forderten Anfang der 80er-Jahre mit einem, schon aus großer Entfernung lesbaren, Schriftzug in vier Sprachen: „Nie wieder Krieg – no more war".
Als Gruß an die Besatzungen und die Gäste der vorbeifahrenden Schiffe sollte auf die Geschichte des Betonklotzes an der Weser aufmerksam gemacht und eine grundsätzliche Friedenspolitik eingefordert werden.
Nachdem eine unbekannte Gruppe junger Friedensaktivisten eines nachts mit roter Farbe die Aufschrift "No more war" an die weserseitige Bunkerwand gemalt hatten, war der Schriftzug schon am nächsten Tag mit grauer Tarnfarbe übermalt worden. Die Bundeswehr hatte leider nicht die Courage, die Losung stehenzulassen. Nach einiger Zeit kam der rot leuchtende Schriftzug jedoch wieder zum Vorschein, woraufhin die Marinedepotleitung eine Pappelreihe anpflanzte. Letztendlich ließ Efeu „Gras über die Sache wachsen", aber das kollektive Gedächtnis bleibt aufmerksam!

Dem Bunker gegenüber markiert die Einmündung ins „Rekumer Loch" den Beginn vom Elsflether Sand. Früher konnte man mit kleinen Fahrgastschiffen noch in den Seitenarm hineinfahren. Im Rahmen des Hochwasserschutzes wurden jedoch alle Zuwegungen verschlossen. Konrad erzählt, dass das Hauptfahrwasser vor der Weserregulierung hinter dem Elsflether Sand entlanglief und die Stadt Elsfleth damals noch direkt am Weserstrom lag. Im Laufe der Jahrhunderte verschwimmt die Erinnerung an die Ursprünglichkeit der Unterweser immer mehr.

Vom Elsflether Sand nach Brake

Der Elsflether Sand ist die erste von fünf verbliebenen Weserinseln in Unter- und Außenweser. Nur selten verlaufen sich Spaziergänger an diesen Ort der Ruhe und Abgeschiedenheit, der heute unter Naturschutz steht.
Lina Walter ist auf dem Eiland groß geworden und hat für uns ihre Erinnerungen aufgeschrieben.

Lina Walter, Jahrgang 1939, stammt aus der Ukraine, von wo aus sie 1941 mit der Familie nach Westen geflohen ist – mit gerade mal zwei Jahren. Die Familie landete in Elsfleth und fasste unter schwierigen und ärmlichen Verhältnissen mit den Jahren Fuß. Lina Walter schaut mit großer Dankbarkeit auf ihr Leben zurück und ist heute als Gästeführerin und Bewahrerin der maritimen Geschichte in Elsfleth aktiv.

Neue Heimat auf dem Elsflether Sand
Einst in dem beziehungsreichen Ort Wasserreich geboren, ahnten wir nicht, dass wir eines Tages mitten im Wasser leben würden. Als Hitler im September 1941 die Ukraine eroberte, mussten wir unser Dorf verlassen. In Planwagen ging es über den Warthegau und Polen nach Schlesien. Mein kleiner Bruder und ich waren in Federbetten und den letzten Habseligkeiten im Wageninneren untergebracht. Oft lief meine Mutter neben dem Wagen her, weil das junge Pferd das Laufen an der Deichsel noch nicht kannte. Wie viele Kilometer mögen es wohl gewesen sein?
Je nach Verlauf des Krieges wurden wir von einem Lager ins andere verlegt. Drei kleine Geschwister vergrößerten während dieser Zeit unsere Familie. Als im Lager Masern ausbrachen, fürchtete man eine Epidemie. Meine Schwester und sechs andere Kinder aus unserem Dorf kamen ins Krankenhaus. Als meine Mutter meine Schwester bei einem Besuch im fieberfreien Zustand vorfand, wollte sie ihr Kind mit ins Lager nehmen, doch die Stationsschwester verbot dies, weil sie alle am Abend noch eine Spritze bekommen sollten. Am anderen Morgen waren alle Kinder tot. Wir begruben die kleine Adeline in Katscher in Oberschlesien.
Es war eine schicksalhafte Fügung, dass meine Mutter ein Gespräch zwischen Soldaten belauschen konnte, welche die Trecks zusammenstellten. Meine Mutter beschloss daraufhin, nicht nach Russland zurückzugehen. Der Lagerführer riet ihr, einfach zu sagen, dass wir aus Schlesien seien. Wir größeren Kinder wurden darauf eingeschworen, mit niemandem zu sprechen. Nun durften die Deutschen nicht wissen, dass wir aus Russland kamen und die Russen durften nicht wissen, dass wir Russlanddeutsche aus der Ukraine waren.

Brennende Städte, Tote, Bombenangriffe, Gefangene und gebrechliche alte Menschen gehören zu meinen frühen Kindheitserinnerungen. Hitler hatte Europa in ein Elend unvorstellbaren Ausmaßes gestürzt. Als der Krieg im Mai 1945 zu Ende war, sprach niemand davon. Nun wurden die Trecks zusammengestellt. Männer, Frauen, Kinder, kranke und alte Menschen wurden in Güterwaggons gepfercht. Die Züge standen sich an den Bahnsteigen gegenüber. Wir fuhren in den Westen, die Verwandten meines Vaters fuhren nach Russland zurück und wir alle einer ungewissen Zukunft entgegen.

Im Juli 1946 kamen wir am späten Nachmittag in Elsfleth an. Die Türen der Waggons öffneten sich und heraus stiegen erschöpfte, ausgehungerte und zerlumpte Gestalten. Der Bahnhofsplatz war voller Menschen, die nach neu ankommenden Familienangehörigen suchten. Die erste Nacht verbrachten wir im Tanzsaal des Hotels „Großherzog von Oldenburg". Das Deutsche Rote Kreuz hatte Feldbetten aufgestellt. Wir bekamen eine Ecke zugewiesen. Gab es etwas zu Essen oder zu Trinken – ich kann mich nicht daran erinnern.

Elsfleth hatte im Jahr 1945 2.200 Einwohner und nahm im selben Jahr 1.500 ausgebombte Kölner und Bremer auf. Im Sommer 1946 kamen 1300 Vertriebene aus den Ostgebieten hinzu. Wir staunten über die völlig intakte Stadt. Keine Bombenkrater, unversehrte Häuser mit glänzenden Scheiben. Elsfleth hatte das große Glück, dass der Krieg vor den Toren der Stadt geendet hatte.

Der Hof der Familie Kamsteeg auf dem Elsflether Sand nahe dem Leuchtturm Hohenzollern, Anfang 20. Jahrhundert

Mit sanftem Nachdruck der Stadtverwaltung wurde die Bevölkerung aufgefordert, jeden verfügbaren Raum für die Vertriebenen abzutreten. Es war für die Elsflether Bevölkerung nicht einfach, mit den vielen fremden Menschen zu leben, die in ihre „heile Welt" integriert werden sollten.

Die sechsköpfige Familie war kaum unterzubringen und unser gehbehinderter Vater war so erschöpft, dass er kaum noch laufen konnte. Wir wurden auf einen dreirädrigen Lieferwagen verstaut und an den Hafen gefahren.

Den Satz meiner Mutter habe ich noch heute im Ohr: „Nun ersäufen sie uns alle." – Nein, am Anleger wartete ein Mann in einer „Nussschale" von Ruderboot auf uns. Ängstlich kletterten wir in das schaukelnde Etwas, und der Mann ruderte uns hinüber zur Insel „Elsflether Sand". Mein Vater wartete mit den kleinen Kindern am Anleger, während meine Mutter den jüngsten Bruder (9 Monate) auf den Arm nahm und mich an die Hand. So liefen wir auf einen großen Bauernhof zu. Auf der Treppe vor dem Haus saß der Bauer in der Abendsonne. Der Hund Struppi bellte wie verrückt, als er die fremden Menschen sah. Auf der Schaukel saß ein blondes Mädchen und ein kleiner Junge spielte zu ihren Füßen.

Meine Mutter fragte den Bauern, ob er eine Unterkunft für die Familie hätte. Herr Grabhorn wies uns eine kleine Dachkammer zu. Diesen Augenblick, als er die Tür der Dachkammer öffnete, habe ich nie vergessen. Der kleine Raum lag in der Abendsonne. Weiß getünchte Wände, zartgrün gestrichene Bettstellen und blütenweiße Bettwäsche ließen den kleinen Raum erstrahlen. Unter den beiden hohen Fenstern standen zwei Stühle und ein Tisch. So etwas Heimeliges und Schönes hatte ich bisher noch nicht gesehen. Damals war ich sieben Jahre alt und fünf Jahre Flucht lagen hinter uns.

Der Mangel an Lebensmitteln, Kleidung und Brennmaterial ist heute kaum vorstellbar, zumal der Winter 1946/1947 sehr lang und bitterkalt war. Herr Grabhorn half, wo er nur konnte. Im Herbst besorgte „Onkel Grabhorn", wie wir Kinder ihn nannten, einen kleinen Kanonenofen, damit wir den Raum auch heizen konnten. Da meine Eltern sehr praktische und fleißige Menschen waren, boten sie ihre Arbeitskraft an. Mein Vater war Schuster und machte aus den alten Schuhen vom Dachboden neue. Er flickte die Aluminiumtöpfe und flocht neue Weidenkörbe. Für unsere Mutter besorgte Herr Grabhorn ein Spinnrad, das man am Tisch befestigen konnte. Nun verarbeitete sie die Schafswolle vom Dachboden. Das Garn wurde zu gleichen Teilen aufgeteilt, denn Wolle war ein begehrtes Tauschobjekt.

Eine Episode aus dieser Zeit macht noch heute die Runde. Eines Tages erschien Herr Grabhorn in der kleinen Kammer und bat meine Mutter, doch in der Mittagszeit das Spinnrad ruhen zu lassen. Seine Kammer lag direkt unter unserem Zimmer und er könne nicht schlafen. Nun, meine Mutter nutzte ihre Zeit.

Sie klemmte sich das Wollknäuel unter den Arm, wickelte sich den Zeigefinger voll Wolle, nahm den kleinen Hans auf den Arm und ging strickend auf dem Deich spazieren.

Nach einigen Tagen klopfte es wieder an der Zimmertür und Onkel Grabhorn bat meine Mutter, sie möge doch wieder in der Mittagszeit spinnen, denn ohne das Surren des Spinnrades könne er gar nicht einschlafen.

Ende 1946 lebten vier Familien mit insgesamt elf Kindern auf den Höfen des Elsflether Sandes. Der Alltag der Erwachsenen war geprägt von Entbehrungen und harter, körperlicher Arbeit. Viele Elsflether Bürger kamen zu dieser Zeit auf die Insel, um den Bauern zu helfen und waren dankbar für eine warme Mahlzeit.

Die Bilder des Krieges haben sich unauslöschlich in unseren Seelen verankert.

Der Elsflether Sand – Unser Kinderparadies

Des Schicksals Mächte waren entbrannt
und sie spülten uns an die Weser, auf den Elsflether Sand.
Hier durften wir Kindertage verbringen,
würde der Neuanfang gelingen?
Arm wie die Kirchenmäuse sind wir hier angekommen
und Rudolf Grabhorn hat uns aufgenommen.
Es war unsagbar schwer, hier Fuß zu fassen,
doch wir haben uns nicht entmutigen lassen.

Die kleine Stube hoch unter dem Dach
war für uns Kinder fast nur zum Schlafen gedacht.
Die grüne Insel wurde unser Reich.
Wir schwammen in der Weser und
wanderten bei Wind und Wetter über den Deich.
Aus bunt blühenden Wiesen stiegen Kiebitze ins blaue Himmelszelt
und der frühe Ruf des Kuckucks verzauberte unsere Welt.
Die Weiden voller Tiere waren ein Traumrevier
und dann noch in den Gräben das Getier.
Hier konnten wir Stickelstacken fischen,
um sie dann dem Hühnervolk aufzutischen.
Der Hahn krähte, die Hühner gackerten aufgeregt,
als hätten sie gerade ein Ei gelegt.
Es war ein großes Vergnügen, wenn Hahn und Henne sich in den Federn liegen,
denn die Fischlein ließen sich nicht so gern fressen.
Wir werden dieses aufregende Schauspiel nie vergessen.
Und war Petrus uns nicht zugetan, fingen wir im Stall zu spielen an.
Per Salto Mortale vom Boden ins frische Heu – mit viel Vergnügen und großem Juchei.
In der Dämmerung Verstecken spielen war hier abenteuerlich,

*denn das Klirren der Ketten und Schnauben der Kühe
wirkte in den dunklen Ecken des Stalles gespenstisch.*

*Beim Fangen spielen hinter den Kühen entlang zu flitzen
war spannend, denn manchmal fing es ganz plötzlich an, Spinat zu spritzen.
Mit der Schaukel in die Höhe zu schwingen und dabei lauthals und fröhlich zu singen,
die Kühe hörten verwundert zu, als Echo erklang ihr lautes Muh.*

*Harras will ich auf keinen Fall vergessen, er musste den kranken Struppi ersetzen.
Als Welpe kam er auf den Hof, wo man ihn später
in der Hundeschule zum Wachhund erzog.
Er sollte den Hof streng bewachen,
darüber konnten wir Kinder nur lachen.
Denn nahmen wir einen Sack und fingen an zu wetzen,
dann hat Harras seine gute Erziehung glatt vergessen.
Wir hatten viel Spaß mit dem treuen Tier,
wie oft stand er später in der Stadt vor unserer Tür.
Und – wenn man heute so auf die Jahre blickt,
können wir dankbar sagen,
Wir hatten ganz viel Glück!*

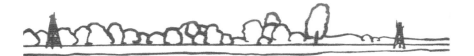

Seit der Ochtummündung verläuft die Grenze zwischen Bremen und Niedersachsen in der Mitte des Stromes verlaufen. Hier an Tonne 108 endet am rechten Weserufer das Land Bremen. Carsten behauptet, es sei genau die Stelle, an der eine Gruppe von drei Bäumen eng zusammenstehen. Konrad hält dagegen, dass dort, wo der Deich plötzlich niedriger wird, Niedersachsen beginnt, weil die ihre Deiche noch nicht konsequent erhöht haben.
Wir passieren den Elsflether Sand dreieinhalb Stunden nach Hochwasser. An Steuerbord liegt der Hamenkutter „BRA 20" knapp außerhalb des Fahrwassers vor Anker, einer der letzten Fischer auf der Unterweser. Gerade hat er seine Netze eingeholt und ein Schwarm hungriger Möwen umkreist das Boot.

Manfred erzählt, dass jedes Jahr etwa 17.000 meldepflichtige Schiffe die Unterweser befahren. „Bremerhaven Traffic" überwacht sämtliche Schiffsbewegungen über Radar. „MS Anneliese steht weseraufwärts Höhe Käseinsel!", hören dann auch andere Schiffsbesatzungen über Funk. Die genauen Positionsangaben machen es möglich, die genaue Ankunftszeit eines Schiffes im Hafen vorauszuberechnen und Vorbereitungen dafür zu treffen.

Tönnies Kamsteeg ist auf dem Elsflether Sand groß geworden und hat mir Erinnerungen aus seiner Kindheit erzählt. Tönnies Kamsteeg, Jahrgang 1939, wuchs als Sohn eines Holländers in einem der vier Bauernhöfe auf dem „Elsflether Sand" auf und verlebte dort eine wunderschöne Kindheit. Die große Flutkatastrophe 1962 bedeutete das Ende für die Höfe und die Landwirtschaft auf der Weserinsel. Heute lebt Herr Kamsteeg in Borgstede bei Varel.

Die Käseinsel

Den Elsflether Sand, auf dem ich aufgewachsen bin, nannte man früher auch „Käseinsel". Da unser kleines Eiland regelmäßig vom „Blanken Hans" überspült wurde, konnten wir keine Landwirtschaft betreiben. So grasten den Sommer über die Kühe auf unseren Weiden und gaben eine hervorragende Milch.

Der Ertrag war für uns Bewohner zu üppig, sodass wir einen Teil verkaufen konnten. Allerdings war es unmöglich, die Milch über die Hunte oder die Weser zu transportieren. In den kleinen Kähnen hätte die schwappende Flüssigkeit das Boot leicht zum Kentern gebracht. Also blieb nur eins: aus der Milch Butter und Käse herzustellen und zu verkaufen.

Selbstverständlich beteiligten wir Kinder uns an der täglichen Arbeit. Sobald wir genügend Kraft in den Armen hatten, gingen wir im Sommer mindestens einmal am Tag mit raus zum Melken – meist am Abend. Das Zentrifugieren und das Herstellen der Butter war unsere Aufgabe. Die Zentrifuge, mit der die Milch von der Sahne getrennt wurde und auch die „Butterkanne", standen in der Molkekammer, unserer kleinen Molkerei. Dort machten Mutter und unsere Nachbarin Tante Hanne einen herrlichen Käse. Beide hatten die Käserei von den Holländern gelernt, meine Mutter von ihrer aus Holland stammenden Schwiegermutter und Tante Hanne von unserem Nachbarn „Onkel Chrischon", ebenfalls gebürtiger Holländer.

Einen Teil der Ware durften wir größeren Kinder mit dem Boot rüber zum Fährhaus Meyer nach Farge bringen. Das war eine schöne Aufgabe für uns, weil Frau Meyer immer eine Tafel Schokolade oder einige Sahnebonbons für uns parat hatte. Oft kamen auch Segler aus Bremen oder dem sonstigen Umland zu uns auf die Insel und kauften Käse.

Mutter und auch Tante Hanne stammten vom Festland und konnten weder rudern noch schwimmen. Unser Vater meinte, dass sie es auch nicht zu lernen bräuchten, schließlich hätte sie ja ihn und später uns Kinder, die sie bringen und holen könnten, wann immer sie es wollten. Und so ist es dann auch gekommen.

Obwohl es mehrere Kinder auf der Insel gab, wurde es zu meiner Aufgabe, die beiden Tanten nach Elsfleth zu bringen. Ich war etwa zehn Jahre alt, hatte aber für mein Alter schon gute Fertigkeiten mit dem Ruderboot. Jedenfalls behaupteten die beiden, sie würden am liebsten mit mir fahren. Es war aber auch lohnend für mich, denn von meiner Mutter bekam ich als Dank Himbeerbonbons und von Tante Hanne jedes mal 50 Pfennige, was damals viel Geld für mich war. Zudem hat mir der „Job" Anerkennung eingebracht, nicht nur bei den Älteren.

Die Tour beinhaltete nicht nur die Überfahrt, sondern auch den Transport der Ware. So musste ich die schweren Körbe voller Butter und Käse einen guten Kilometer von unserem Hof bis zum Inselanleger tragen, dann etwa 500m mit dem Boot über die Hunte setzen und anschließend in Elsfleth noch einige Wege zu den Kunden bewältigen. Nachdem alles verkauft war, wurden Lebensmittel für eine Woche eingekauft. Dabei fiel auch bei Tante Hanne noch eine Tüte Himbeerbonbons für mich ab. Das kam zwar selten vor, ist deswegen aber umso mehr in Erinnerung geblieben.

Einmal bin ich auf einer Tour aus Unachtsamkeit oder aus Überlastung am Anleger *gestolpert und ins Wasser gefallen. In jeder Hand hielt ich einen Korb mit Käse fest, den ich natürlich nicht verlieren wollte, dessen Gewicht mich aber nach unten zog. Schnell war ich mit meinen Kräften am Ende. Ich glaubte zu ertrinken. Doch so schnell gab ich nicht auf, ließ mich einige Meter tief unter Wasser sinken und stieß mich dann mit aller Kraft vom Grund ab. Dies wiederholte ich noch ein, zwei mal bis ich das rettende Land erreichte. Als ich meinem Bruder Jan-Henry davon erzählte, lachte er mich fürchterlich aus, obwohl ich die ganze Sache als lebensbedrohlich erlebt hatte.*

Auf der Hunte war damals, besonders nach einer Sturmflut oder starken westlichen bis nordwestlichen Winden, eine starke Strömung, und das Queren war „nicht ohne". Solange man die Strömung „mit" hatte, war das gut. Aber wehe man hatte sie von „vorn" und auch noch die schwergewichtige Tante Hanne hinten im Boot. Ich kann mich gut erinnern, dass ich einmal aus Verzweiflung geweint habe, als ich einfach nicht „gegenan" kam. Als Tante Hanne dann aber mit anpackte und wir die Riemen mit vereinten Kräften gemeinsam durchs Wasser drückten, konnten wir die Schlengen doch noch überwinden. Zuhause angekommen erzählte sie überall, wie sicher sie sich bei mir gefühlt habe. Soviel Lob machte mich vor Stolz einen Kopf größer, glaubte ich zumindest. Später als ich tatsächlich einen Kopf größer war, bekam ich schon mal den Auftrag, die Käsetour alleine zu fahren. Das war eine große Verantwortung, da ich ja eine stattliche Summe Geld mit mir herumtrug.

Auf diese Art und Weise verdienten wir auf dem Elsflether Sand unser Geld. Obwohl das alles eine große Plackerei war, haben wir gerne hier gelebt und wir hätten mit niemandem tauschen mögen.

Vielleicht kann man aus meinen Schilderungen erahnen, wie schwer uns der Abgang vom „Sande" im Jahre 1962 gefallen ist. Nach der großen Sturmflut blieb nur noch der Grabhornsche Hof für die Bewirtschaftung des Elsflether Sandes erhalten. Noch heute veranstalten wir dort Familientreffen, um unseren Kindern und Enkelkindern die alte Heimat zu zeigen. Diese Treffen finden traditionell am Geburtstag unserer Mutter statt.

Mein Schulweg

Ich bin auf dem „Elsflether Sand" zusammen mit neun anderen Kindern auf vier Höfen aufgewachsen. Obwohl wir in einem traumhaften Paradies lebten, mussten wir natürlich, wie alle Kinder, täglich zur Schule gehen. Doch war es für uns „Insulaner" ungleich aufwendiger und musste wohl organisiert sein.

Da wir kein fließendes Wasser hatten, sprangen wir morgens erstmal in den Fluss und schwammen eine Runde um den Leuchtturm „Hohenzollern" herum. Von klein auf lernten wir das Wasser zu achten und uns am und auf dem Wasser sicher zu bewegen. Einen kleinen Kahn über die Hunte zu rudern, hatte jeder Bengel mit acht Jahren raus. Da wir auf unserer Weserinsel hautnah mit dem Gezeitenstrom und den wechselnden Jahreszeiten aufwuchsen, lernten wir früh, dass das Wasser zwar helle Freuden, aber auch große Gefahren in sich bergen konnte.

Blick von der Elsflether Pier über die Hunte zum Elsflether Sand. Im Hintergrund das letzte noch bewirtschaftete Gehöft der Insel.

Unseren Schulweg nach Elsfleth traten wir morgens alle gemeinsam an und zum Übersetzen über die Hunte nahmen die Älteren die Jüngeren mit. Da wir je nach Alter unterschiedlich lange Unterricht hatten und die Jüngeren früher fertig waren, ergab es sich, dass sie schon mal ein oder mehrere Stunden an der Kaje warten mussten. Aber es gab ja immer viel zu sehen am Wasser. Wenn die großen Schiffe an der Kaje an- und ablegten, Holz oder Kies verladen wurde, zerrann die Zeit wie im Fluge.

Rüber zur Schule mussten wir immer und bei jedem Wetter. Es gab nur eine Ausnahme und das war „Eistreiben". Dann hatten wir eine glaubwürdige Entschuldigung und wurden sogar, falls wir gerade in der Schule waren, abgeholt. Wir lernten sehr früh und mit allem Ernst, wie wir uns zu verhalten hatten, falls wir doch mal vom Eis überrascht wurden. Sollten wir mit dem Boot im Eis stecken bleiben, musste das Boot beständig geschaukelt werden, damit es nicht festfror. Das hätte nämlich zur Folge gehabt, dass das Boot vom Eis zerdrückt worden wäre. Ein weiterer Grund war *dabei, dass wir uns körperlich warm hielten. Schließlich konnte so eine Situation schon mal mehrere Stunden dauern.*

Sobald die Weser aber „stand", das heisst keine Bewegung mehr war, mussten wir am anderen Morgen wieder zur Schule. Auch beim Überqueren des Eises ließen wir höchste Vorsicht walten. Meist begleitete uns Rudolf Grabhorn über die Hunte. Er legte eine Leiter auf das Eis und band unsere Schlitten darauf fest. Die Kleineren saßen, die Größeren schoben. Für das gegenüberliegende Ufer in Elsfleth hatten wir eine zweite Leiter dabei, um die Kaje erklimmen zu können. So gab es für uns Inselkinder schon am frühen Morgen vor der Schule das erste große Abenteuer.

In der frostigen Jahreszeit kamen viele Menschen zu uns auf die Insel. Ein eisiger Winter war für die Erwachsenen ein eindrucksvolles Naturereignis – für uns Kinder war es Abenteuer pur.

Aus Erzählungen weiß ich, das man früher auch schon mal mit dem Pferdewagen auf der zugefrorenen Weser unterwegs war um Kuhmist vom Elsflethersand nach Farge zu den dortigen Gärtnereien zu bringen. Zu meiner Zeit wurde der Mist jedoch von „Jan vom Moor" aus der Lesum abgeholt. Wenn der Torfkahn das Heizmaterial entladen hatte, nahm er auf der Rücktour unseren Kuhmist mit nach Bremen um ihn dort zu verkaufen. Der Torf war ein begehrtes Heizmaterial für unsere Stuben und Küchen. Ansonsten blieb uns nur das Holz, das von den Schiffen „entsorgt" und an den Strand geschwemmt wurde.

Viel schöner war natürlich der Sommer bei uns auf dem „Sande". Da konnte unser Schulweg schon mal mehrere Stunden dauern, bis wir zuhause ankamen. Das hatte aber meist zur Folge, das ordentlich geschimpft wurde, weil wir zu spät kamen. Es gab immer irgendetwas zu sehen, zu entdecken oder zu tun. So angelten wir "Stickelstacken" (Stichlinge), entdeckten ein Boot, was zu reinigen war oder versuchten im Schlick nach Aalen zu greifen. Diese Dinge mussten sofort erledigt werden, denn zu einem späteren Zeitpunkt wäre das Wasser entweder auf- oder abgelaufen und die Situation eine ganz andere gewesen.

Im Sommer bekamen wir auch öfters Besuch von Schulfreunden aus der Stadt, was wegen der beengten räumlichen Verhältnisse im Winter nicht möglich war.

Die ständig wechselnden Wasserstände bestimmten unseren Alltag und bereiteten uns so manche Probleme. Als wir älter waren und schon mal alleine in die Stadt wollten, kam es vor, das wir unser Boot nicht benutzen konnten. Entweder weil es nach ablaufend Wasser hoch auf dem Strand trocken lag oder weil es bei Flut fernab vom Strand im Wasser dümpelte. Bei Hochwasser konnten wir es wenigstens schwimmend erreichen und zogen uns kurzerhand die Hosen aus. Schwierig wurde es, wenn das Boot trocken auf dem Sand lag, denn dann ging ohne Hilfe gar nichts mehr.

Waren wir zu zweit, schoben wir Pfähle unter das Boot um es dann „auf Rollen" ins Wasser zu schieben. Manchmal wurde es auch mit Pferden ins Wasser gezogen. Das war zwar die einfachste Methode, für das Boot jedoch die Schlechteste, weil das Schleifen über den Sand den Boden des Bootes sehr beanspruchte.
Der Weg vom Haus zum Anleger war nicht gepflastert oder anderweitig befestigt. Wenn wir mit „gutem Zeug" in die Stadt gingen, trugen wir zunächst Gummistiefel. Am Anleger zogen wir dann die feinen Schuhe an und versteckten die Stiefel unter dem Steg.
Zwischenzeitlich lief das Wasser auch mal etwas höher auf und unsere Stiefel liefen voll Wasser. Bei unserer Rückkehr hatten wir dann die Wahl, entweder in die nassen Stiefel zu schlüpfen oder barfuß nach Hause zu gehen. Das war mitunter ganz schön kalt.
Wir waren froh, wenn es im Sommer mal längere Zeit nicht geregnet hatte oder im Winter richtiges Frostwetter war. Dann konnten wir mit Schuhen über die Insel laufen oder sogar mit dem Fahrrad fahren.
Oft haben uns die Elsflether bemitleidet, wenn wir noch in der Nacht über die Hunte nach Hause mussten, aber uns hat das nichts ausgemacht. Hier auf dem Sande standen ja schließlich unser Tisch und Bett. Trotz all der Widrigkeiten war der Elsflether Sand für uns Kinder ein Paradies, das wir in unseren Erinnerungen nicht missen wollen.

Wissenswertes über Elsfleth:
- 1624: Einführung des Weserzolls durch Graf Anton Günther
- Mitte des 19. Jahrhunderts: Elsfleth ist zweitwichtigster Hafen des Landes Oldenburg
- Ende 19. Jahrhundert: Heimathafen von über 100 Segelschiffen, acht Werften und 22 Reedereien
- 1832: Gründung der Navigationsschule

Als 1978 das Hunte-Sperrwerk gebaut wurde, verlegte man die Mündung ein Stück flussaufwärts. Im alten Weserarm ist heute der Elsflether Sportboothafen beheimatet.
Hinter dem Sperrwerk sehen wir in einiger Entfernung die Masten des 3-Mast-Gaffelschoners „Großherzogin Elisabeth", der an der Huntekaje seinen Heimathafen hat. Im Gegensatz zum „Schulschiff Deutschland" geht die „Lissy", wie sie liebevoll von ihren vielen Freunden genannt wird, noch auf Reisen und ist auf Nord- und Ostsee unterwegs. Der Reeder Horst Werner Janssen hatte sie für

die Ausbildung junger Seeleute gestiftet. Noch heute sammeln angehende Offiziere, unter anderem von der Aida-Reederei, Praxiserfahrung an Bord der „Lissy".

Der 3-Mast-Gaffelschoner „Großherzogin Elisabeth" an der Huntekaje im Elsflether Hafen

Die Hunte ist bis Oldenburg ebenfalls Seeschifffahrtsstraße. Mit einer Breite von 54 Metern ist sie jedoch nicht für alle Seeschiffe befahrbar. Auf dem Weg nach Oldenburg gibt es eine Verengung, an der sich Binnenschiffe größerer Länge über Funk verständigen müssen, um gefahrlos aneinander vorbei zu kommen.

Das Sperrwerk wird stündlich einmal geschlossen und ermöglicht damit Radfahrern und Fußgängern den Übergang auf den Elsflether Sand. Radelt man quer über die Insel, gibt es am anderen Ende eine Brücke ans Festland.
Die drei Sperrwerke an Ochtum, Hunte und Lesum wurden unmittelbar nach der großen Flutkatastrophe 1962 parallel geplant und zeitgleich in Betrieb genommen, da es unmöglich gewesen wäre, zwei Flüsse zu schließen, während einer noch offen blieb. Das gesamte überschüssige Wasser wäre in den einen Fluss gelaufen.
Manfred erinnert sich an sein erstes Schiff, den Klütenewer MS „Grauerort", mit dem Grubenholz von Schweden direkt ins Ruhrgebiet transportiert wurde. Von der Elbe und dem Nord-Ostsee-Kanal kommend, musste er hier bei Elsfleth den Mast legen, bevor es weiter in die Hunte und in Richtung Dortmund-Ems-Kanal ging.

Wie alles begann

Angefangen hatte alles in Wolgast. Dort stand ich 1943 als Achtjähriger mit meiner Mutter am Hafen und schaute zu den hohen Masten eines großen Segelschiffes empor. Die „Seute Deern", eine Bark, damals noch Schulschiff, jetzt Museums- und Restaurantschiff in Bremerhaven, machte auf mich einen so gewaltigen Eindruck, dass ich beschloss, später einmal Seemann zu werden.

Durch die Kriegsereignisse in die Lüneburger Heide verschlagen, weit ab von Wasser und Schiffen, blieb doch immer mein Berufswunsch bestehen. Trotz der Empfehlung des Berufsberaters, doch lieber Bergmann zu werden, man suchte dringend Nachwuchs für den Bergbau, hielt mich nach Abschluss der Mittelschule nichts mehr davon zurück, im März 1952 nach Hamburg zu fahren, um so schnell wie möglich auf ein Schiff zu kommen.

Ich zog ins Seemannsheim Altona, wo wir angehenden Schiffsjungen oben unterm Dach einquartiert und von Seemannspastor Kieseritzky und seinen Mitarbeitern sehr gut betreut wurden. Nach einigen Tagen hielt ich nach Erledigung aller bürokratischen Formalitäten sowie der Untersuchung auf Seediensttauglichkeit, überglücklich mein Seefahrtsbuch in der Hand. Nun konnte es endlich losgehen.

Natürlich wollte ich die nautische Laufbahn anstreben, um eines Tages als Offizier oder sogar Kapitän auf der Brücke eines großen Schiffes zu stehen, Voraussetzung für den späteren Besuch der Seefahrtsschule waren vier Jahre Fahrtzeit im Decksdienst, davon 18 Monate auf einem Segelschiff. Nun gab es ja leider 1952 kaum deutsche Schiffe und schon gar keine Segelschiffe. Man konnte deshalb ersatzweise die Segelfahrtzeit auf einem Küstenmotorschiff ableisten. Das wurde dann später auch anerkannt. Wir hoffnungsvollen „Kapitänsanwärter" mussten also versuchen, eine Chance auf einem so genannten "Klütenewer" zu finden. Dabei handelte es sich meistens um ältere Schiffe, von etwa 100-400 Tonnen Ladefähigkeit, die vom Eignerkapitän gefahren wurden.

Die Vermittlung auf ein Schiff erfolgte durch die seemännische Heuerstelle. In Hamburg gab es zwei davon, eine für die Groß-, eine andere in Altona für die Küstenschifffahrt. Dort saß ich also auf dem „Stall", wie man unter Seeleuten allgemein die Heuerbüros nannte, mit der Sehnsucht nach der weiten Welt im Herzen zwischen vielen anderen, ähnlich fühlenden Jungens und wartete auf meine „Schangs". Jedes Mal, wenn sich die Klappe zwischen Büro und Warteraum der Heuerstelle öffnete, schlug mein Herz schneller. Dann rief der Heuerbaas laut „een Lichtmatros" oder „een Matros", manchmal auch nach einem „befahrenen Decksjung". Die Seefahrtsbücher flogen durch die Klappe, und derjenige, der seine „Schangs" erhielt, war glücklich und wurde von allen anderen mit großem „Hallo" verabschiedet. Der Andrang der „unbefahrenen Jungs" war groß und ich war einer von ihnen. Manchmal wurde einer vermittelt, verließ dann das Heuerbüro, glühend beneidet von uns anderen.

Nach tagelanger Warterei, meine Ungeduld war kaum noch zu ertragen, öffnete sich am späten Nachmittag die Klappe und die Stimme des Vermittlers rief laut: „Dor brukt een Kaptein een Jung' de Platt schnacken kann!" Während die meisten wohl zögerten, überlegte ich nicht lange und schrie „hier!" – „So", fragte der Heuerbaas, „du kannst also Platt schnacken?" – „Jo", antwortete ich und das war eigentlich nur halb gelogen, denn auf der einklassigen Dorfschule, die ich eineinhalb Jahre in Pommern besucht hatte, sprachen außer mir alle anderen Kinder platt. So hatte ich doch wenigstens gelernt, diese Sprache zu verstehen.

Endlich erhielt ich den lang ersehnten „Heuerschein". Da stand es nun schwarz auf weiß: Ich sollte als Deckjunge auf dem Motor-Segelschiff MS „Grauerort", Fahrtgebiet Küstenfahrt, anmustern. Am nächsten Morgen sollte ich mit dem Zug nach Stade fahren. Am Bahnhof würde ich abgeholt und dann sollte dort auf dem Seemannsamt die Musterung erfolgen. „Stade, hier ist Stade!", schrie der Mann mit der roten Mütze auf dem Bahnsteig. Ich quälte mich mit meinem riesigen Seesack aus dem Abteil der 3. Klasse und folgte den wenigen Fahrgästen, die hier den Zug verließen, durch die Fahrkartenkontrolle.
Der Himmel war grau in grau an diesem Märznachmittag, aber das konnte meine erwartungsfrohe Stimmung nicht trüben. Doch mit dem gewaltigen Gepäck auf der Schulter hatte ich beim Laufen so meine Probleme. Der Seesack enthielt schließlich meine komplette Ausrüstung, die meine Mutter gemeinsam mit mir beim Schiffsausrüster in Hamburg am Baumwall erstanden hatte. Dazu gehörten u.a. Arbeitszeug, Ölzeug,

Gummistiefel, Arbeitsschuhe, Wolldecke, Troyer, warme Unterwäsche, Waschzeug, Handtücher, kurzum alles, was nach unserer Meinung ein Seemann mit an Bord nehmen muss. Ich glaube, ich hätte die Sachen gar nicht mitbekommen, wenn meine Mutter nicht geradezu eine geniale Packerin gewesen wäre.
„Büst du de Jung' for de „Grauerort?", hörte ich plötzlich eine Stimme neben mir. Ich wuchtete den Seesack von der Schulter und blickte in das Gesicht eines jungen Mannes mit Schippermütze. Ob das wohl der Steuermann ist, dachte ich, aber da sagte er schon: „Ick bün de Kaptein." Oh Gott, das geht schon gleich los mit dem Platt und ich kann´s gar nicht sprechen, schoss es mir durch den Kopf und darum stellte ich mich lieber gleich auf Hochdeutsch vor. Kapitän Waller, so hieß er, ließ sich nicht anmerken, ob er enttäuscht war oder nicht. „Dann loot mi mol mit anfooten", meinte er nur und spürte wohl, dass ich dafür dankbar war. Gemeinsam den Seesack tragend, gingen wir zunächst zum Seemannsamt im Stader Rathaus. Dort wurde ich angemustert und damit hatte ich nun amtlich im Seefahrtsbuch stehen: „Decksjunge auf Motorsegelschiff Grauerort".
Auf dem Weg zum Hafen erkundigte sich Kapitän Waller nach Schule, Familie usw., während ich voller Spannung darauf wartete, einen ersten Blick auf „mein" Schiff werfen zu können und mich fragte, wie mich wohl die übrige Besatzung empfangen würde.
Am Hafen angekommen sah ich zunächst gar nichts, dann einen einsamen Mast, der einige Meter über die Pier ragte. Sollte das etwa die Erfüllung meines Fernwehs, meiner Träume von der weiten Welt sein? Der Kapitän muss mir wohl meine erste Enttäuschung angemerkt haben und fragte trocken: „Hest die dat Schipp woll´n beeten grötter vorstellt?" Ich beeilte mich zu antworten: „Nein, nein!", aber was ich da bei Ebbe einige Meter unter mir im Wasser liegen sah, kam mir doch sehr winzig vor. Später lernte ich, dass die „Grauerort" ein Plattbodenschiff war, eine so genannte „Tjalk", 24,5m lang, mit 150 Tonnen Ladefähigkeit.
Zunächst aber tauchte aus dem Laderaum ein Junge auf, das war Dieter, Leichtmatrose, wie der Kapitän ihn mir vorstellte. Dieter war 17, wie sich herausstellte, der übrige Teil der Besatzung und damit auch mein unmittelbarer „Boss".
Also zunächst mal ins Logis, der Mannschaftsunterkunft im Vorschiff. „Smiet dien Seesack man dol", meinte Dieter nur, als ich nicht wusste, wie ich mit dem unhandlichen Gepäckstück durch die Tür der „Kapp", dem Niedergangseinstieg, kommen sollte. Ich kletterte hinter ihm her und stand, unten angekommen, in einem dämmerigen Raum von etwa zwei mal vier Metern. Links und rechts je zwei Kojen übereinander, an der vorderen Wand etliche Türen von Einbauschränken, eine lange Bank, ein Tisch davor, außerdem ein eiserner Ofen, ein Ständer mit einer Waschschüssel und einer Petroleumlampe aus Messing.
Na, dachte ich, ist doch ganz gemütlich und geräumig, da begann auch schon mein Vorgesetzter mich mit meinem Quartier vertraut zu machen: „Die obere Steuerbordkoje

ist meine, darunter sind die Segel verstaut. Du schläfst in der oberen Backbord-Koje, in der Koje darunter befinden sich die Positionslaternen. Du bekommst das äußerste Backbordspind, ich habe die zwei an Steuerbord. In allen anderen Schränken ist Werkzeug, Farbe und anderes Material. Der Kasten unter der Bank ist unterteilt, ein Fach für Kartoffeln, das andere für Kohlen. So, nun zieh dich schnell um, wir wollen gleich auslaufen und müssen dann den Laderaum fegen."

Die Fahrt ging nur eben auf die Elbe raus und dann um die Ecke nach Abbenfleth, unserem Heimathafen, dem Wohnsitz des Kapitäns. Irgendwann lag ich spätabends ungewaschen und kaputt auf dem durchgelegenen, dünnen Strohsack auf meiner Koje und fiel sofort in tiefen Schlaf. Das Abenteuer Seefahrt hatte begonnen.

In den nächsten Tagen und Wochen lernte ich „mein Schiff" und meine Aufgaben als „Moses", wie der Schiffsjunge allgemein genannt wurde, schnell kennen. „Learning by doing", wie man heute so schön sagt, und das im Eiltempo.

An Bord der „Grauerort" gab es keinen Generator, somit kein elektrisches Licht, kein Radio, geschweige denn Peil- oder Funkgerät. Gekocht wurde auf einem Kohleherd, Positionslaternen und übrige Beleuchtungskörper wurden mittels Petroleum betrieben. Die gesamte navigatorische Ausrüstung bestand aus einem Magnetkompass, die Kompassrose noch in der alten Strich-, nicht in der modernen Gradeinteilung, sowie einem „Kieker" (Fernglas) und einem Handlot, sowie natürlich den notwendigen Seekarten.

Es gab kein fließendes Wasser, die Toilette bestand aus einem 20-Liter-Eimer im Maschinenraum. Ein Holzkasten darüber, mit rundem Deckel, gab den nötigen Sitzkomfort. Das Leeren des Toiletteneimers gehörte zu meinen ersten Pflichten. Stellen Sie sich, liebe Leser, einen noch recht schmächtigen, seekranken Jungen vor, der aus einem engen, heißen, Dieseldunst geschwängerten Motorenraum, einen leider meistens übervollen Blecheimer über eine senkrechte Eisenleiter nach oben balanciert, sinnigerweise damit noch durch Kombüse und Ruderhaus muss, bis der stinkende Inhalt endlich über die Verschanzung in die See gekippt werden kann. Sie dürfen mir glauben, da fühlt man sich doch sehr weit entfernt von romantischen Palmenstränden und Südseeabenteuern.

Eine andere Aufgabe, die mir manchen Kummer bereitete, war das Setzen der Positionslaternen. Vor Einbruch der Dämmerung kletterte ich in das Mannschaftslogis hinab, wo die Lampen aufbewahrt wurden. Zunächst wurde der Docht zum Anzünden nach oben geschraubt, dann brennend wieder soweit zurück gedreht, dass einerseits die Flamme das richtige Licht abgab, sich andererseits aber nicht soviel Hitze entwickelte, dass der nun aufgesetzte Glaszylinder zersprang.

Anschließend wurde dann die Topplampe in den Mast gezogen, die Backbord- und Steuerbordlaterne an den seitlichen Lampenbrettern und die Hecklaterne an der Rückwand des Ruderhauses angebracht. Leider misslang mir immer mal wieder das richtige

Trimmen des Dochtes, die Flamme brannte zu hoch und schon war es um den Zylinder geschehen. Jedes mal musste ich dann zum Kapitän gehen und um Ersatz bitten. Die Kommentare unseres sparsamen Schiffseigners gingen dann von „dösbaddeliger Jung" über „to´n schieten to doof" bis „du wüllt mi woll in´t Armenhus bring". Das führte dazu, dass ich, der ewigen Meckerei leid, eines Tages in Bremerhaven bei Schiffshändler Graue von meiner Schiffsjungenheuer (44,50 DM im Monat), zehn Zylinder kaufte, das Stück für 50 Pfennige, die ich mir als eiserne Reserve für besonders kritische Situationen weglegte. Wurde nun das Intervall zwischen den zersprungenen Zylindern zu kurz, oder hatte der „Alte" mal besonders schlechte Laune, vertuschte ich den Schaden einfach durch Entnahme aus meinem heimlichen Bestand.

Ja, sparsam war unser Kaptein, wie ein „Klütenschipper", und sehr ungehalten, wenn an Bord etwas kaputt oder verloren ging. Beim Deckspülen rutschte mir mal der Tampen der Pütz aus der Hand. Da bin ich in Badehose so lange zum Hafengrund getaucht, bis ich den Eimer wiedergefunden hatte. Auf den meisten „Kümos" musste der Moses auch kochen. Das blieb mir zum Glück erspart. Zwar musste ich Kartoffeln schälen, Gemüse putzen, Backschaft machen (abwaschen), Feuer im Herd anmachen und vieles andere mehr – die eigentliche Kocherei aber übernahm der „Alte" persönlich. Das Essen war gut, kräftig und reichlich.

Im Übrigen war unser Kapitän ein wirklich guter und letztendlich auch geduldiger Lehrmeister. Schon nach wenigen Wochen gingen mir viele Arbeiten leichter von der Hand. Ob Rost klopfen, malen, Luken schalken, spleißen oder auch Koks, Kohle oder Getreide trimmen, Ladung laschen usw. Die täglichen seemännischen Arbeiten wurden mir schnell vertraut. Besonders schön fand ich es, wenn wir bei achterlichen Winden das große, braune Gaffelsegel setzen konnten. Während meiner Ruderwache träumte ich dann von der Fahrt auf großen Segelschiffen. Unsere Reisen führten uns in viele Häfen an Nord- und Ostsee.

Mein erster Landgang in einem ausländischen Hafen, es war in Kopenhagen, werde ich nie vergessen. Ich fühlte mich rundherum glücklich. Eine Reise ins Ausland – das war schon etwas im Jahre 1952. Da konnte man Eltern und Freunden zuhause in der Lüneburger Heide viel erzählen. Heute fliegen wir Bundesbürger mal eben in den Urlaub nach Florida, Bali oder den Kanarischen Inseln. Damals aber, wenige Jahre nach dem Krieg, da war ein Aufenthalt in einem dänischen oder schwedischen Hafen schon etwas ganz Besonderes.

Oftmals führten uns unsere Reisen auch über Flüsse und Kanäle ins deutsche Binnenland. So gingen wir zum Beispiel mit Grubenholz von Schweden direkt bis ins Ruhrgebiet. Da kam man dann von der Ostsee durch den Nord-Ostsee-Kanal über die Elbe zur Weser. In Elsfleth wurde der Mast gelegt und dann ging´s weiter über Hunte, Oldenburger Küstenkanal, Ems, Dortmund-Ems-Kanal bis unter die Kräne irgendeines Zechenbetriebes. Da auf den Kanälen nachts von 22 Uhr bis sechs Uhr morgens nicht geschleust wurde, kamen wir zu vielen „Bauernnächten", das heißt wir konnten etwa sieben Stunden durchschlafen. Natürlich versuchte der Alte immer noch um kurz vor 22 Uhr die letzte Schleuse zu passieren und dann noch bis vor die nächste Schleuse weiter zu fahren. Dort mussten wir aber auf jeden Fall für die Nacht festmachen. Am nächsten Morgen wurde sofort um sechs Uhr geschleust und die Reise fortgesetzt.

Das Festmachen vor den Schleusen entwickelte sich für mich schnell zu einer sportlichen Übung. Mit langsamer Fahrt fuhr der Alte möglichst nah parallel zur Spundwand, Dieter, der Leichtmatrose, schob mit einem Schwung „dat Stegg", eine etwa vier Meter lange Holzplanke zum Ufer und ich turnte so schnell ich konnte mit dem Festmacherdraht darüber hinweg an Land, wo ich dann das Auge der Leine über den Poller werfen musste. Wehe, man war zu langsam, das Schiff fuhr weiter, die Planke rutschte ab und man selbst fiel ins Wasser. Auch in der Schleuse verlangte das Bedienen der Leinen größte Aufmerksamkeit.

Insbesondere wenn es abwärts ging, bestand die Gefahr, dass sich der Draht durch Unachtsamkeit auf dem Deckspoller verklemmte und brach, oder sich sogar das Schiff in der festgeklemmten Leine aufhängte. Zu dem Schaden gab es dann natürlich noch ein kräftiges „Donnerwetter" des Kapitäns. Wen wundert es da, dass Leichtmatrose und Moses ihren größten Ehrgeiz darein setzten, die Schleusenmanöver reibungslos ablaufen zu lassen. Insgesamt gesehen waren diese Reisen durch das Binnenland eine schöne Abwechslung für uns Seeleute. Wir genossen es, durch die Landschaft zu fahren, oftmals links und rechts von uns grüne Wiesen mit Kühen, Schafen oder Pferden. Manchmal waren die Brücken so niedrig, dass wir auch noch unser Ruderhaus abbauen mussten. Dann steuerte man unter freiem Himmel und hatte die frische Luft aus erster Hand.

Als Rückfracht wurde dann oft Kohle für einen norddeutschen Hafen geladen. Ich erinnere mich, dass wir einmal für Hamburg bestimmt, schon auf der Elbe bei strömendem Regen, die Luken öffneten. Am Löschplatz wurde die Kohle über eine Waage entladen. Natürlich hatte sich das Gewicht der Ladung durch die Aufnahme des Regenwassers erhöht. So blieben bei Erreichen des korrekten Löschgewichtes etliche Zentner Kohlen im Laderaum unter Deck liegen – von oben nicht sichtbar zwischen Vor- und Großluk. Damit wurden anschließend im Heimathafen die Brennstoffreserven des privaten Kapitänshaushaltes aufgefüllt. Auch Leichtmatrose und Schiffsjunge kamen dabei nicht zu kurz und wurden mit einem kleinen Taschengeld an diesem „Regensegen" beteiligt. So kamen wir durch Kohle zu zusätzlicher „Kohle", die am Wochenende beim Tanz im Abbenflether Fährhaus gleich wieder auf den Kopf gehauen wurde.

Kaum haben wir Elsfleth hinter uns gelassen, mündet am rechten Ufer ein kleiner Seitenarm und markiert den Beginn der zweiten Weserinsel "Harriersand".
Die längste bewohnte Flussinsel Europas konnte mit ihrem langen, weißen Sandstrand in den 20er-Jahren durchaus dem Vergleich mit mondänen Orten wie Sylt oder Norderney standhalten. Bis heute ist die Insel ein beliebtes Ausflugsziel geblieben und in den Sommermonaten tummeln sich hier tausende von Gästen. Das Baden ist noch erlaubt und die Wasserqualität gut. Jedoch ist die Strömung auch hier durch die ständigen Vertiefungen des Fahrwassers gefährlich geworden. Von Brake aus erreicht man das Eiland mit der Personenfähre „Guntsiet" und seit 1965 verbindet eine Brücke bei Rade die Insel mit dem Festland.

Der bekannteste Bewohner ist sicherlich der Holzschnitzer Klaus Hartmann, dessen Gallionsfiguren auf den Weltmeeren unterwegs sind. Lothar verbringt seit zwölf Jahren jedes Weihnachtsfest bei den Hartmanns auf der Insel. Zu den Feierlichkeiten im Kaminzimmer schlüpft er immer gerne in die Rolle des Weihnachtsmanns. Bei mehreren feierlichen Enthüllungen der Gallionsfiguren überzeugte er als Pirat „Käpt´n Säbelzahn".

Wir wenden uns nun Brake am linken Ufer zu. Das Gelände der alten Lühring-Werft zieht vorbei. Johann Conrad Lühring hatte hier 1873 mit dem Bau hölzerner Segelschiffe für den Walfang begonnen und eine spezielle Schiffsform für Gaffelsegler entwickelt. 1988 ging die Werft in Konkurs.
Der Kirchturm von Kirchhammelwarden ist zu sehen. Hier auf dem Friedhof der Braker Kirche ist der Befehlshaber der 1. Deutschen Reichsflotte, Admiral Karl Rudolf Brommy (1804-1860) beigesetzt.
Manfred weiß einiges über ihn zu berichten: In Leipzig als Karl Rudolf Bromme geboren, legte Brommy eine beachtliche Karriere hin. Mit 14 Jahren fuhr er zur See, wurde Marineoffizier und gelangte auf Seglern bis nach Mittelamerika.

Ab 1822 heuerte Brommy auf amerikanischen Seglern an und kam mit 22 Jahren als Captain auf einen Segler nach Südamerika. Hier änderte er seinen Namen von Bromme in „Brommy". Später leitete er die Marine-Akademie in Piräus und lernte dort Senator Duckwitz aus Bremen kennen. Er heiratete eine Tochter der Familie Müller aus Brake und verantwortete als „Admiral Brommy" 1848 den Flottenaufbau bei der Gründung des Deutschen Reiches. Auch wenn in der Schlacht gegen die Dänen lediglich ein Schuss von Helgoland aus abgefeuert wurde, gelangte Admiral Brommy zu Ruhm und Ehren. Seine letzten Lebensjahre verbrachte er in St. Magnus an der Lesum, wo er am 9. Januar 1860 starb. Der „Admiral-Brommy-Weg", mit einer Büste des Admirals bestückt, führt zwischen den Ortsteilen Lesum und St.Magnus ein gutes Stück an der Lesum entlang. Auf Betreiben der Familie Müller wurde der Admiral in Brake beigesetzt.

Bei Kilometer 39 passieren wir den Bauhof Brake, der als Wasser- und Schifffahrtsamt für diesen Teilabschnitt der Unterweser zuständig ist. Auch hier wird ganzjährig am Erhalt der Seeschifffahrtsstraße gearbeitet. Neben den Fahrwassertonnen werden die Buhnen und Dämme kontrolliert, die Sommerdeiche gewartet und die Sommer- und Winter-Betonnung je nach Jahreszeit ausgetauscht.
Die Seezeichen finden bei Laien nur wenig Beachtung. Für die Schiffsführer auf den Brücken großer Frachter ebenso wie für Freizeitkapitäne sind sie jedoch überlebenswichtig, um den Strom gefahrlos zu befahren. Neben den Fahrwassertonnen in rot und grün geben die großen Richt- und Leuchtfeuer an Land, Untiefentonnen, Buhnenzeichen und Priggen erfahrenen Seeleuten großer und kleiner Schiffe Orientierungshilfen bei schlechter Sicht.
An Steuerbord dümpelt ein Fischkutter außerhalb des Fahrwassers, der sich

mit einem schwarzen Ball als Ankerlieger kenntlich zeigt. Es ist einer der letzten Stromfischer an der Unterweser. Die seitlich ausgebrachten Netze kennzeichnen ihn als „Hamen-Fischer", der zum Fischen den Tidenstrom nutzt.
Harry übergibt das Ruder an Hannes um uns eine Anekdote vorzulesen, die sich auf der „Atlantic" während einer Regatta hier bei Brake zugetragen hat.
Harald Hanse, Jahrgang 1941, ist in Bremen-Aumund geboren und allen bestens als Harry Hanse bekannt. Mit zehn Jahren zog er mit seiner Mutter nach Mönchengladbach und kam erst 1963 zurück in den Bremer-Norden. Harrys Traum war es um die Welt zu trampen und Ende der 60er-Jahre machte er sich tatsächlich auf den Weg. Er kam bis nach Japan und über Thailand zurück nach Bremen. 1982 erfüllte er sich einen zweiten Traum und kaufte die „Biomaris-Atlantic". Seit 1989 fährt Harald Hanse mit vielen Seefahrtsbegeisterten durch Nord- und Ostsee, zur Kieler Woche und natürlich immer wieder mit den Flussführern die Unterweser entlang.

Übergewicht

Es muss vor etwa acht Jahren gewesen sein, als ich mit der Belegschaft einer Firma aus Bremen-Nord zu einer Tagesfahrt auf der Weser unterwegs war. Es sollte eine Begleitfahrt zu der bekannten „Commerzbank Regatta" werden. Bei strahlendem Sonnenschein glänzte die herausgeputzte „Atlantic" in der Sonne und alle Teilnehmer waren bester Laune. Der Start der Regatta erfolgte in Brake, das Ziel war Vegesack. Am frühen Morgen machten wir bei ablaufendem Wasser die Leinen los, um am Mittag in Brake den Start miterleben zu können. Viele Segelschiffe hatten sich eingefunden und als der Startschuss fiel, setzte sich auch der Tross der Begleitboote in Bewegung. Wir folgten den Seglern und feuerten die Mannschaften vom Vorschiff aus mit lauten Rufen an.
Nach guten zwei Seemeilen erschütterte plötzlich ein gewaltiges Getöse und Geschäpper unser Schiff. Mit einem kräftigen Ruck standen wir auf einmal still, und die „Atlantic" drehte sich ganz langsam um 180 Grad. Mir war sofort klar, dass hier etwas Ungewöhnliches geschehen war. Ich stoppte den Motor und rannte aufs Vorschiff. Schon erkannte ich den Schaden: Die Steuerbord-Ankerkette hatte sich gelöst und war samt Anker ausgerauscht und mit großem Geratter in die Weser gefallen. Wir hatten ungewollt mitten in der Weser geankert und das auch noch direkt in der Fahrrinne der großen Frachtschiffe.
Der hektische Versuch, den Anker mit der elektrischen Winde wieder hoch zu holen scheiterte. Der E-Motor funktionierte nicht. Nun war guter Rat teuer. Als erstes rief ich die Revierzentrale über Funk an und meldete den Vorfall, um die Schifffahrt zu warnen. Die großen Schiffe waren also über uns als Hindernis mitten in der Weser informiert.
Nun ging es ans Improvisieren, denn die Technik konnte uns in dieser heiklen Situation keine Hilfe sein. Menschenkraft war gefragt. „Alle Mann an die Kette", war mein erstes

Regattafeld auf der Weser mit dem Klüverbaum der TS „Atlantic" im Vordergrund

Kommando, aber soviel wir auch zerrten und zogen, die Kette rührte sich kein Stück. Nach mehreren vergeblichen Versuchen zeigten sich erste Schwielen an den Händen meiner Gäste und die sonntagsweißen Hemden hatten bereits Flecken bekommen. So ging es offenbar nicht. Wir nahmen also das Fockfall zur Hilfe, und nachdem vier starke Männer Hand angelegt hatten kamen wir langsam frei. Stück für Stück begann sich die Ankerkette zu heben.

Nach über drei Stunden schweißtreibender Arbeit war die „Atlantic" wieder fahrtüchtig. Wir hatten Glück, dass am Wochenende kein großer Verkehr auf der Weser war und uns kein größeres Schiff hatte passieren müssen.

Die Segelregatta, die Begleitung des Regattafeldes nach Vegesack, das Anfeuern der Mannschaften – alles war vergessen. Sicher hatten die Segler schon längst ihr Ziel erreicht. Aber trotz des Schadens und der Gefahr, in der wir uns befunden hatten, war die Stimmung meiner Gäste ungetrübt. Das Wetter ließ nichts zu wünschen übrig und die Biervorräte waren noch nicht verbraucht. Wir machten uns auf die Rücktour.

Aber wie war das Malheur überhaupt entstanden? Ein etwa 180 kg schwerer Gast hatte sich beim Anfeuern der Boote auf die Ankerspillbremse gestellt, um die Regatta besser verfolgen zu können. Er muss wohl so unglücklich gestanden haben, dass sein gewaltiges Gewicht die Bremse gelöst hatte und die Ankerkette frei ausrauschen konnte. Fazit: Lass niemals einen Menschen über 125 kg Körpergewicht auf der Kettenbremse des Ankerspills stehen.

An der Anlegestelle in Brake hat die „Oceana", ein Fahrgastschiff der Halöver-Reederei, festgemacht. Hier pendelt auch die Fähre „Guntsiet" zwischen Harriersand und dem Festland. Die Flussführer kennen Kapitän Eberhard Diekmann bestens. Seit 29 Jahren fährt er die 900 Meter zur Weserinsel und legt dabei pro Jahr etwa 3.000 Seemeilen zurück. Im Sommer ist die Fähre von morgens 9 Uhr bis abends 20 Uhr im Einsatz. Im Winter wird der Dienst von Ende Oktober bis Mitte März eingestellt und der Fährmann kann Urlaub nehmen.

Wissenswertes über Brake:
- Um 1600 als kleiner Sielhafen gegründet
- „Brake" leitet sich von Brakwasser ab, einer Vermischung von Salz- und Süßwasser
- Johann Müller gründet 1821 ein Unternehmen für Getreidehandel und Futtermittel
- 2013: Der Braker Hafen ist zweitgrößter Umschlagplatz Niedersachsens

Wir schauen auf ein Gebäude des Schifffahrtsmuseums Brake. Dieter betont voller Stolz, dass hier einige Schiffsmodelle seines Vaters Kurt Meyer ausgestellt sind, die dieser dem Museum überlassen hat. Manfred deutet auf den „Semaphor", einen alten Telegrafenmast auf dem Dach des Turmes: 1846 konstruierte ein Kapitän Wendt den optischen Telegrafen, der Schiffsmeldungen über mehrere Stationen von Bremerhaven bis nach Bremen übermitteln sollte. Die Apparatur konnte in einer Minute 40 Buchstaben übermitteln und war eine echte Alternative zu Reitern und Kurieren. Doch nur ein Jahr später wurde die Funk-Telegrafie erfunden und die Neuerung wurde hinfällig.

Manfred denkt an den Beginn seine Laufbahn als Hamburger Seemann. Durch Unwissenheit, wie sie nur „grüne Jungens" haben, landete er auf einem „Schiff von der Weser" der M/S „Seetramper" der Reederei Carl Borm aus Brake.

Als Hamburger Seemann auf einem Schiff von der Weser

Nach fast vierjähriger Fahrenszeit hatte ich zum ersten Mal wieder Weihnachten zu Hause erlebt und die friedlichen erholsamen Wochen im Kreise von Familie und alten Bekannten genossen. Und ich hatte Wilhelm wiedergetroffen, meinen besten Freund seit Kindertagen. Er war schon knapp zwei Jahre vor mir zur See gegangen, und wenn wir uns auch kaum gesehen hatten, waren wir doch brieflich immer in Kontakt geblieben. Das war nicht ganz einfach, denn wenn er vielleicht gerade in Bombay war, schipperte ich irgendwo vor der Ostküste Südamerikas und so waren die Grüße des einen manchmal Monate unterwegs, bevor sie den anderen erreichten.

Diesen Heimaturlaub hatten wir langfristig geplant und uns fest vorgenommen, anschließend bis zum beabsichtigten Besuch der Steuermannsschule gemeinsam auf einem Schiff anzumustern. Kaum hatte das neue Jahr begonnen, wir waren so gerade von den Nachwehen der ausgiebigen Sylvesterfestivitäten genesen, da setzte auch schon diese innere Unruhe ein, diese Sehnsucht nach Salzwasser, Ferne und Weite. Es wurde Zeit für uns, wieder ein Schiff unter die Füße zu bekommen.
Auch wenn wir in der Lüneburger Heide wohnten, wir waren Hamburger Seeleute. Jeder, der in Hamburg seine seemännische Laufbahn begann, wurde ein Hamburger Seemann, egal ob er aus München, Hannover oder Köln kam. Hatte man in Bremen angefangen, wäre man eben ein Bremer Seemann geworden. Hamburger Seeleute fuhren auf Hamburger Schiffen, Bremer Seeleute auf Bremer Schiffen. Man wechselte nicht von Hamburg nach Bremen oder umgekehrt, das verstieß gegen die Tradition und hatte fast etwas Ehrenrühriges. War man bayrischer Hamburger, ließ man sich in Hamburg auf ein Schiff von der Elbe vermitteln, war man rheinländischer Bremer, ging man auf ein Schiff von der Unterweser. Zusätzlich gab es noch viele Seeleute, die nur bei bestimmten Reedereien fuhren. Dabei gab es dann feine Klassenunterschiede. Wollte man in Bremen zur „Creme de la Creme" gehören, fuhr man beim Lloyd, oder doch wenigstens bei der Hansa. In Hamburg war man bei der HAPAG oder Hamburg-Süd, vielleicht auch noch bei den Afrika-Linien.
Wilhelm und ich gehörten nicht zu diesen handverlesenen Seeleuten und hatten bisher

Seefahrtsbuch von Manfred Haarhaus mit einem Eintrag für die Heuer auf der MS „Seetramper", 1956

mit jedem neuen Schiff auch den Reeder gewechselt. Nun saßen wir also im Warteraum der seemännischen Heuerstelle Hamburg oberhalb der St.-Pauli-Landungsbrücken, dem „Stall", wie es kurz im Jargon der Seeleute hieß und warteten auf eine „Schangs". So einige hundert Jahre Seefahrt waren da wohl versammelt. Mit uns saßen, standen qualmend, klönend etwa fünfzig bis sechzig Männer vom jüngsten Moses bis zum ältesten Heizer und hofften auf die Vermittlung einer Heuer. Die Luft war zum Schneiden dick. Ab und zu öffnete sich eine kleine Klappe zum nebenliegenden Büro. Das allgemeine Stimmengewirr verstummte sofort, wenn der Heuerbaas dann z.B. rief: „Ein Heizer, ein Trimmer für Dampfer „Tilly Russ", Nordostseefahrt" oder „ein Matrose, ein Schmierer, zwei Reiniger, ein Messesteward für Motorschiff „Montan" nach Südamerika" oder ähnliches. Von allen Seiten flogen die Seefahrtsbücher in die kleine Luke, und wenn dann nach einiger Zeit ein paar Namen aufgerufen wurden, wusste jeder, das waren die glücklichen Kollegen, auf die die Wahl gefallen war, sie bekamen den Job. Je nach Angebot und Nachfrage konnte die Warterei auf eine Heuer schon mal mehrere Tage dauern. Wir hatten diesmal mit dem Wunsch, auf das gleiche Schiff zu kommen, unsere Vermittlungsmöglichkeiten natürlich selbst eingeschränkt.

Matrose Manfred Haarhaus mit seinem Kollegen Wilhelm an Deck der „Seetramper", 1956

Hoffentlich würde es trotzdem bald klappen. Wieder öffnete sich das kleine Fenster. Die Stimme rief: „Matrosen für `nen modernen Spanienfahrer." Blitzschnell war Wilhelm mit unseren Büchern am Schalter. „Aber nur zusammen, Hannes", erinnerte er den Heuerbaas nochmal.
Der nickte kurz, aber dann wurden doch wieder andere Namen aufgerufen. Zwei Mann verschwanden im Büro, wo Minuten später lautstark und erregt diskutiert wurde. „Denn eben nicht!", hörten wir schließlich Hannes schreien, „ober denn köönt ji nu ook lang töben bi mi op ne annere Schangs!" Ziemlich geknickt kamen die Beiden wieder raus. In der Klappe erschien das wütende, stark gerötete Gesicht vom Heuerbaas: „Matthies und Haarhaus, mol no achtern in't Kontor komen," rief er. Schon standen wir vor seinem Schreibtisch. „Hab' da ´nen netten kleinen Frachter für euch", meinte er, „gut 1.000 BRT, fast werftneu. Schiff liegt in Frankreich, Musterung erfolgt dort beim Deutschen Konsulat." Wilhelm und ich sahen uns kurz an und nickten zustimmend. Jetzt bloß keine dummen Fragen stellen, bei der schlechten Laune vom Heuerbaas. Wir erhielten ein paar Mark Spesen, zwei Fahrkarten 2. Klasse Hamburg – Paris – Caen, das ist ein Hafen in der Normandie, sowie unsere Heuerscheine für den Dienstantritt.
Kaum hatten wir sie in den Händen, wurde uns plötzlich alles klar. Deshalb also die erregte Diskussion, deshalb hatten die beiden Anderen das Schiff abgelehnt. Da stand es schwarz auf weiß: „Matrose für MS „Seetramper", Reederei Carl Borm, Brake." Brake stand da, nicht etwa Hamburg oder doch wenigstens Stade oder Cuxhaven. Als wir in den Warteraum zurückkamen, hatte sich die Angelegenheit schon herumgesprochen. Empörte, mitleidige und spöttische Blicke trafen uns und fast fühlten wir uns als Verräter, als ein alter Kohlenheizer ziemlich verächtlich das ausdrückte, was die meisten in jenem Moment damals dort auf dem „Stall" dachten: „Hamburger Seeleute auf´m Schiff von der Weser – das ist ja schlimmer als Fremdgehen."

 Bei Flusskilometer 40 schauen wir in die Schleuse zum Braker Binnenhafen. Alle in der Runde schwärmen von der Fischbraterei der Familie Hullmann, die hier in der vierten Generation existiert, und die man bei einem Besuch nicht verpassen darf. Die neunzig Meter hohen Getreidesilos der „Müller AG" ragen in den Himmel und markieren den Beginn einer langen Pier, die Jahr für Jahr in Richtung Norden wächst. Längst ist die graue Silhouette zum Wahrzeichen der Stadt geworden. Brake ist als Logistikstandort für Agrarprodukte europaweit führend. Gerade erst wurde die Niedersachsen-Pier für den Umschlag von Stahlprodukten und Windkraftanlagen um 180 Meter verlängert und ein neuer Großspeicher für Getreide- und Futtermittel fertiggestellt.

Vor den Silos liegt das zypriotische Frachtschiff „Widor", das wohl Futtermittel löscht. Auch auf einigen Binnenschiffen, die an der Pier liegen, wird fleißig gearbeitet. Man erkennt es an den Staubwolken, die über den Luken stehen.

Neben Getreide werden hier Papier, Stahl, Holz, Dünger, Schwerlasten und Schwefel in flüssiger und fester Form umgeschlagen. Die Infrastruktur für den Weitertransport mit der Bahn, Küsten- und Seeschiffen ist hervorragend aufgestellt.

Die „J. Müller AG" ist ein in der sechsten Generation familiengeführtes Unternehmen. Jan Müller, derzeitiger Vorstandschef, hofft auf eine weitere Weservertiefung um ganze 90 Zentimeter auf 12,70 Meter, damit der Braker Hafen auch zukünftig konkurrenzfähig bleibt. Momentan können hier Schiffe bis zu einem Tiefgang von 11,40 m festmachen. Einen Teil ihrer Ladung löschen sie meist schon in Amsterdam, Rotterdam oder Antwerpen, bevor sie Brake anlaufen. Jeder Zentimeter mehr an Tiefgang bedeutet 70 bis 100 Tonnen mehr Ladung. Wenn Ostwind das Wasser aus der Weser drückt, liegen die Frachtschiffe manchmal tagelang vor Wangerooge auf Reede, bevor sie ihre Ladung im Hafen löschen können. Das verursacht natürlich zusätzliche Kosten und das macht kein Reeder lange mit.

Unmittelbar vor der Container-Pier in Brake ist eine weitere Schiffswendestelle, die Frachtern bis zu 270 Metern Länge genügend Raum bietet, um ihren Bug vor dem Anlegen in Richtung See auszurichten, wie es Vorschrift ist. Sollte ein Schiff dennoch aus technischen Gründen einmal anders herum anlegen, muss dies sofort dem Wasser- und Schifffahrtsamt gemeldet werden.

Manfred erzählt weiter von seinen Erlebnissen auf der MS „Seetramper".

Achterrutseilt

Anfang Januar 1956 reisten Wilhelm und ich per Bahn nach Caen in der Normandie und traten dort unseren Dienst als Matrosen auf der M/S „Seetramper", Heimathafen Brake an. "Seetramper", ein kleiner, moderner Frachter von 1500 BRT, war erst im Vorjahr von der Werft „Abeking & Rasmussen" an die Reederei „Carl Borm" abgeliefert worden. Die gute Qualität der Yacht- und Bootsbauer zeigte sich in vielen Details. Unser neues Schiff trug im Schornstein die Buchstaben UIM. Das stand für „Union Industrielle et Maritime", denn an diese französische Reederei waren wir verchartert. Wir fuhren im Frankreich-Portugal Verkehr und klapperten, im Norden mit Rouen beginnend, diverse Atlantikhäfen ab, wie Caen, Brest, La Rochelle, St.Nazaire, Bordeaux, Bayonne, sowie in Portugal Porto, Leixoes, Lissabon, im Süden endend mit Setubal. Nach Portugal brachten wir Stückgüter aller Art, meistens Maschinen und Stahl und Chemieprodukte, zurück nach Frankreich Pyrit, ein stark schwefelhaltiges Eisenmineral, Portwein, Cherry, Korkrinden in großen Ballen und wiederum Stückgut aller Art.

Manfred Haarhaus vor der MS „Seetramper", 1956

Die Reisen waren sehr interessant, bedeuteten aber speziell in den Wintermonaten in der rauen, stürmischen Biscaya für uns und unser kleines Schiff oft elende Schaukelei und Rollerei. Dafür entschädigt wurden wir durch häufig mehrtägige Liegezeiten in den wirklich schönen Häfen. Unter allen war natürlich Lissabon unser Traumhafen. Das galt nicht nur für uns, sondern für alle Seeleute in diesem Fahrtgebiet. Traumhafen, um ehrlich zu sein auch deshalb, weil es hier in der Altstadt in einer Unmenge von kleinen Kneipen und Tanzbars die attraktivsten und nettesten Animiermädchen auf der gesamten iberischen Halbinsel gab.

Wilhelm und ich hatten in der „Europa Bar" unsere festen „Damen". Betraten wir das Lokal, spielte die Music Box sofort unseren damaligen Lieblingshit „Rock around the clock" und wie auf einen unsichtbaren Wink erschienen wenig später Maria und Elisabetha. Nach der stürmischen Begrüßung wurde stundenlang getanzt, gelacht und getrunken. Irgendwann drängten Wilhelm und ich aus sicherlich verständlichen Gründen auf Ortsveränderung und wir landeten alle vier in der uns schon gut bekannten kleinen Pension am Hafen. Auf die folgenden heißen Umarmungen brauche ich hier wohl nicht näher einzugehen.

Jedenfalls, bevor wir schließlich erschöpft in den Schlaf fielen, schärften wir den Mädchen ein, dafür zu sorgen, dass wir spätestens um fünf Uhr geweckt wurden, denn pünktlich um sechs Uhr sollte unser Schiff auslaufen.

Ich erwachte durch das klappernde Geräusch des hölzernen Fensterladens, den Elisabetha gerade öffnete. Helles Sonnenlicht fiel in das Zimmer. Das Mädchen sah hinunter zu den Hafenschuppen und sagte lachend: „Euer Schiff ist nicht mehr da, jetzt können wir uns einen schönen Tag machen!" – „Oh Gott, wie spät ist es?", fragte ich. Sie antwortete fröhlich: „kurz vor acht." Ich sprang aus dem Bett, riss die Tür zum Nebenzimmer auf, in dem mein Freund und Maria noch im Tiefschlaf lagen und rüttelte die beiden wach. „Mensch Wilhelm, „Seetramper" ist weg, ohne uns ausgelaufen, wir sind achterraus gesegelt!"

Achterraus gesegelt oder achterrutseilt war der seemännische Begriff für die Situation, wenn Janmaat die Abfahrt seines Schiffes verpasste. Achterraus segeln kann für den Seemann eine sehr unangenehme Angelegenheit werden, denn er kann für alle Kosten haftbar gemacht werden, die entstehen durch z.B. längere Wartezeit des Schiffes, zusätzliche Formalitäten und Sicherheitsleistungen gegenüber Behörden, Heranschaffen eines Ersatzmannes, eigenen Heimtransport usw., usw.

Wir stürzten uns in unsere Klamotten und verabschiedeten uns Hals über Kopf von den Mädchen. Was nun tun? Zunächst zum Makler. Der wird uns helfen, dachten wir. Uns war bekannt, dass unser Schiff, vor Antritt der Rückreise nach Frankreich, noch eine kleine Ladungspartie in Setubal übernehmen sollte. Setubal, das bedeutete nur ein paar Seemeilen nach Süden, eben um die Ecke. Für ein Taxi oder selbst für ein öffentliches Verkehrsmittel hatten wir kein Geld mehr. Die letzten Escudos hatten wir gestern Abend auf den Kopf gehauen, aber der Makler würde es schon richten. Konnte uns ja mit dem Wagen hinüber fahren nach Setubal.

Der Clerk im Maklerbüro – ein richtig geschniegelter Lackaffe in Schlips und Kragen – empfing uns ziemlich von oben herab. Wir wurden schon erwartet, bedeutete er uns. Wir sollten erstmal Platz nehmen, dabei wies er uns mit einer abschätzigen Handbewegung zu ein paar wackeligen Holzstühlen in einer Ecke des Raumes. Wer hockte dort schon zu unserer Überraschung mit leicht glasigen Augen und offensichtlich dickem Kopf? Bernie, unser Schiffskoch. „Total versackt letzte Nacht, verdammter Portwein. Häng´ hier bei diesem Affen schon fast ´ne Stunde ´rum und hab keine Ahnung wie es weitergeht.", brummte er.

Das sollten wir aber nun schnell erfahren. Kaum fünfzehn Minuten nach unserer Ankunft erschienen zwei uniformierte Polizisten, verfrachteten uns in ihren Streifenwagen und brachten uns aufs Revier. Wir mussten zu Protokoll geben, wo und wie wir die letzten Stunden verbracht hatten und man gab uns zu verstehen, dass unsere Angaben zunächst überprüft wurden, um festzustellen, ob wir uns nicht irgendeiner kriminellen Handlung schuldig gemacht hatten. Man dachte wohl an Zechprellerei oder ähnliches.

Dann sperrte man uns in eine vergitterte Großraumzelle. Dort standen, hockten oder lagen auf dem nackten Betonfußboden schon etwa zwanzig andere Männer aller Altersstufen, Hautfarben und Nationalitäten. Überbleibsel der vergangenen Nacht. Penner, Säufer, Seeleute, Verbrecher, wer weiß? Verhaftet, aufgelesen oder einfach wie wir ohne Papiere und Geld achterraus gesegelt. Nach einigen, uns endlos erscheinenden, Stunden in dieser deprimierenden Umgebung, unter dieser trostlosen Gesellschaft von Gestrandeten, durften wir das Gefängnis verlassen. Man war wohl inzwischen von unserer strafrechtlichen Unschuld überzeugt. Zwei Beamte in Zivil brachten uns im Linienbus nach Setubal. Dass es sich um Polizisten handelte, war nur zu offensichtlich und unsere Mitreisenden starrten uns dementsprechend geringschätzig, mitleidig, schadenfroh, auf jeden Fall aber interessiert an.

Bei Ankunft in Setubal waren die Ladearbeiten auf unserer „Seetramper" bereits abgeschlossen. Das Schiff hatte die Pier schon verlassen und wartete vor Anker draußen auf der Reede. Die Beamten begleiteten uns bis an Bord. Dort empfing uns wutschnaubend der 1.Offizier an Deck. Kein Wunder, dass er sauer war, hatten ihm doch durch unser Fehlen für die Ausführung aller Arbeiten, den ganzen Tag lang, nur noch ein Matrose und die Decksjungen zur Verfügung gestanden. Mindestens eben so schlimm war aber, dass durch die Abwesenheit des Kochs die Küche auch noch kalt geblieben war.

Der Kapitän begrüßte uns in gewohnter Souveränität. Er machte uns ruhig und sachlich darauf aufmerksam, dass wir uns ja sicherlich über die Folgen unseres Verhaltens im Klaren seien und falls Kosten irgendwelcher Art geltend gemacht würden, diese von uns zu tragen seien. Er habe den Vorfall der Reederei melden müssen und wisse nicht, ob wir in Frankreich entlassen würden. Kapitän Völker war wirklich ein netter, anständiger älterer Herr. Er hatte in seiner langjährigen Berufslaufbahn u.a. als Walfangkapitän sicher alles Mögliche und Unmögliche erlebt, sodass ihn so leicht nichts überraschen konnte.

Eigentlich schon im Ruhestand, war er kurzfristig als Vertretung für den Stammkapitän an Bord gekommen, der einige Wochen zuvor in Frankreich schwer verunglückt war. Vielleicht sah der Alte deshalb die Dinge schon sehr viel gelassener. Ich meinte sogar, ein kleines Schmunzeln um seine Lippen zu erkennen, als wir ihm unsere Geschichte erzählten. Vielleicht dachte er dabei an seine eigene Jugend. Eine viertel Stunde später wurden die Anker gelichtet, Kurs Nord Richtung Frankreich. Zu unserer großen Erleichterung blieb für uns die ganze Angelegenheit ohne Konsequenzen. Vielleicht hatte unser Kapitän die Sache heruntergespielt. Wir machten noch mehrere Reisen nach Portugal und genossen so manchen Landgang, auch in Lissabon.

Achterrutseilt sind wir aber nie wieder. Dafür sorgte die Investition in einen guten Reisewecker mit entsprechend kräftigem Geläut.

Von Brake nach Bremerhaven

Vier Stunden nach Hochwasser, um kurz nach 13 Uhr, befinden wir uns am Ende der Braker Pier. An Backbord passieren wir den Sportboothafen „Klippkanne". Segler, Behördenfahrzeuge und Baggerschuten fallen jetzt trocken und werden für die nächsten Stunden „auf Schiet" liegen.
Die Firma „Wilmar International" ist eine der führenden Agrarkonzerne Asiens und weltgrößter Verarbeiter und Vertreiber von Palm- und Laurinölen. Hier in Brake wird Rapsöl gelöscht. Wilfried erinnert sich an seine beruflichen Anfangsjahre in Brake, als die Fettraffinerie kurz vor ihrem Niedergang noch einmal aufblühte. Hier wurde Tranfett von großen Walfangschiffen gelöscht. Der begehrte Grundstoff diente bis zur Erfindung des Petroleums der Beleuchtung. Aber auch Reepschläger nutzten Tranfett beim Fertigen von Schiffstauen und Schiffbauer als Beimischung für Farbe und Teer. Tran war ein wichtiger Grundstoff für Seifen, Salben, Gelatine und Speisefette. Aus den Knochen und Zähnen der Wale wurden Gegenstände des täglichen Gebrauchs, wie Spazierstöcke, Pfeifenköpfe, Zigarettenspitzen, Miederstangen für Korsetts, Garnwickler, Nadelbehälter, Spielwürfel, Spielsteine, Schreibgeräte, Löffel, Besen und Kämme hergestellt. Zum Glück haben heutzutage andere Stoffe den Tran ersetzt, so dass ein Überleben der letzten Wale zu hoffen bleibt.

Bei Kilometer 44 endet an Steuerbord die Insel Harriersand. Hinter dem Deich zeigt sich der Kirchturm von Sandstedt.
An der nun folgenden Fährverbindung zeigen am linken Weser-Ufer das Ober- und Unterfeuer „Klippkanne" den weseraufwärts fahrenden Schiffen den Weg. Hier verkehrt das Fährschiff „Kleinensiel" zwischen Golzwarden und Sandstedt. Nach dem Bau des Wesertunnels wurde die Fährverbindung Kleinensiel-Dedesdorf zunächst eingestellt. 2005 übernahm Kapitän Peter Schulze die Fähre in Eigenregie. Besonders die LKW-Fahrer auf dem Wege von Bremen zum Braker Hafen schätzen das Angebot als Alternative zur Tunneldurchquerung, da sie ganze 30 Minuten Fahrtzeit sparen.
Auf einer unserer Weserfahrten von Vegesack nach Bremerhaven lernten wir den Sandhauser Landwirt Harm von Hollen kennen, der mit seiner Frau die nähere Umgebung entlang der Unterweser auf einem Traditionsschiff erleben wollte. Er war begeistert von der dreitägigen Fahrt und schrieb uns daraufhin eine Geschichte über die Reeternte in Sandstedt.

Harm von Hollen wurde Mitte der sechziger Jahre in der Osterstader Marsch geboren und wuchs mit Rindern, Gemüse und Reet auf. Als Landwirtschaftsmeister betreibt er mit seiner Familie einen Hof bei Sandstedt. Seine große Leidenschaft sind das Surfen und Wasserski fahren auf der Weser und das stille Genießen der Landschaft. „Vom Boot aus sieht der Schilfgürtel der kleinen Weser wie ein Paradies aus".

Goldstängel am Weserufer
Sie sprießen im Mai aus dem Schlick und werden in drei bis vier Wochen mannshoch. Beim Durchwandern glaubt man, im Dschungel zu sein. Im Spätsommer bildet sich die Zellulose im Halm und die Herbststürme lassen die Blätter abfallen, sodass die goldfarbenen Halme sich sanft von Wind und Wasser wiegen lassen. Die Rede ist vom Reet an der Weser.

Die Weser in Höhe Sandstedt ist noch weitestgehend in seiner Ausdehnung naturbelassen und mit einem breiten Reetgürtel umsäumt. Hier wachsen sie, die Goldstängel zwischen Deich und Fluss. Bei normalem Tidehub werden die Reetflächen nicht überflutet. Aber im Schnitt einmal im Monat bei Mondwechsel haben wir „sprängen" (Springflut), dann fällt die Flut schon mal einen halben bis einen Meter höher aus. Das ist ausreichend, um den Schlick mal wieder so richtig zu tränken, sodass das Reet keinen Niederschlag braucht, um zu gedeihen.
Der 15 Kilometer lange Reetgürtel zwischen Offenwarden und Indiek ist im Grundbesitz

in schmale Streifen aufgeteilt. Diese Flächen wurden in der ersten Hälfte des 19. Jahrhunderts vom Staat an die Deichbauern verteilt. Wer viele Helfer für den Deichbau gestellt hatte, bekam z.B. 200m Außendeichland. Wer nur alleine mit seinem Spaten zu den Kleiputten auf der Binnenseite des Deiches gekommen war, erhielt eben nur 20m Reetfläche. Aber jährlich im Winter geerntet reichte auch das, um sein kleines Haus mit Reet zu bedecken. Die großen Bauern mit vielen Knechten und Mägden brauchten für ihre großen Scheunen entsprechend mehr Reet. Im Laufe der 70er- und 80er-Jahre gaben immer mehr Reetbauern die Ernte auf, da sie sich eine Hartbedachung auf das Haus oder den Stall machen ließen und ihnen die harte Arbeit bei der Maht zu anstrengend wurde.

Nur wenige Bauern hielten durch, bis der technische Fortschritt Einzug hielt. Wurde das Reet früher mit der „Sägen", einer kurzen Sense für einen Arm, gemäht, kamen in den 70er-Jahren die kleinen zwillingsbereiften Schlepper mit Fingermähwerk auf. So blieb nur noch das Reinigen und Bündeln als reine Handarbeit und man schaffte das drei- bis vierfache der Menge. So konnten die aufgegebenen Flächen wieder mitgeerntet werden. Wenn wir mit unserem kleinen Deutz dicht am Weserufer ernteten, fuhr man sich schnell mal in den Prielen fest. Man musste immer auf der Hut sein. Aber unser Traktor war hart im Nehmen. Mit einer neuen Batterie ausgestattet, sprang er immer wieder an und munter ging es weiter, denn bis März musste die Mahd abgeschlossen sein – so sieht es das Naturschutzgesetz vor.

Am meisten Spaß machte die Arbeit bei Frost und Sonnenschein, aber so sahen die Winter hier ja nicht immer aus. Bei Tauwetter kam unser Deutz auf den Reetstoppeln nur mühsam voran und wir selbst hatten auf dem nassen Schlick unsere Last hinterherzukommen. Am Abend sahen wir dann aus, als hätten wir uns im Schlamm gesuhlt.

Ende der 90er-Jahre wurde die erste selbstfahrende Maschine in Dänemark entwickelt. Damit schafften wir das Doppelte am Tag und arbeiteten mit drei Mann auf der Maschine. Auch wenn wir nicht mehr völlig verdreckt nach Hause kamen, blieb die Arbeit ein „Knuffjob" und meist fingen wir schon früh am Abend in der Stube an „zu Sägen". Da man diesen Job über Wochen kaum durchhielt, waren Erntehelfer immer gern gesehen.

In den letzten fünf Jahren hat sich die Ernte wieder etwas gewandelt. Eine neue Erntemaschine bürstet die Reethalme vor dem Bündeln aus und lässt das kurze „Bruchreet" gleich auf dem Feld zurück. So brauchen wir die Bunde zum Nachreinigen nicht mehr zu öffnen. Es hat die Arbeit wieder ein Stück leichter gemacht und das lässt hoffen, dass es auch in Zukunft Weserreet auf schönen alten Fachwerkhäusern gibt.

Der Ort Sandstedt liegt versteckt hinterm Deich. Man mag kaum glauben, dass er in Sachen klassischer Musik auf internationalem Parkett eine Rolle spielt. Die Italienerin Assia Cunego hat dort mit ihrem Mann, Pastor Joachim Paulus, die „Harp-Academy" gegründet. Neueinsteigern und Profis wird hier die Möglichkeit einer Aus- und Weiterbildung mit internationalen Gastdozenten geboten. Vielleicht hört man also dann und wann zarte Harfenklänge über den Weserdeich schallen.

Bei Kilometer 45 mündet an Backbord die „Schweiburg" ins Land, die die „Strohauser Plate" als dritte der fünf Weserinseln umfließt.

Wissenswertes über die Strohauser Plate:
- Im 16./17. Jahrhundert aus Sandbänken entstanden
- 1836 erstmalig besiedelt
- 1890 im Rahmen der Weserkorrektion aus mehreren Inseln zusammengelegt
- Fläche: 470 Hektar, Länge: 6 Kilometer
- Seit 2007 Natur- und Vogelschutzgebiet

An Buhne 76 zieht am rechten Ufer der Campingplatz Rechtenfleth vorbei. Die Ferienhäuser vor dem Deich stehen allesamt auf Pfählen, da hier kein Hochwasserschutz besteht. Im Rechtenflether Siel versteckt sich ein kleiner Sportboothafen. Gegenüber im Absersiel – vom Fluss aus nicht einsehbar – liegt das Dielenschiff „Hanni", ein originalgetreuer Nachbau des Schiffes, das früher die Bauernhöfe in der Wesermarsch mit Waren beliefert hat. Mit geringem Tiefgang und einem klappbaren Segelmast gelangte es ohne Schwierigkeiten durch alle Siele und unter allen Brücken hindurch. Heute sind die vielen kleinen Nebenarme und Zuflüsse für einen effektiven Hochwasserschutz mit Spundwänden abgedichtet oder verlegt und lassen sich nur noch erahnen.

Hinter der Strohauser Plate, vom Wasser aus nicht erkennbar, liegt der Ort Rodenkirchen, mit 4.000 Einwohnern seit 1974 zur Gemeinde Stadland gehörig. Seit den 70er-Jahren steht hier Deutschlands ältestes Kernkraftwerk, das 2012 als Folge des Unglücks von Fukoshima abgestellt worden ist.
Über den Stadlander Heimatverein lernte ich Klaus Boyksen kennen. Er wurde 1939 in Rodenkirchen als Sohn einer Kapitänsfamilie geboren und fuhr ab 1955 zur See. Nach zwei Jahren an Bord eines Kümos wechselte er als Matrose zum Norddeutschen Lloyd und legte an der Elsflether Seefahrtsschule sein A5-Patent und später das Kapitänspatent für Große Fahrt ab. Er berichtet von seiner Kindheit am Strohauser Siel und den Anfängen seiner Seefahrerei.

Kindheit am Strohauser Siel

Mein Name ist Klaus Boyksen. Ich wurde 1938 hier in Rodenkirchen in eine Kapitänsfamilie hineingeboren, und nach alter Tradition war es mein Schicksal, Kapitän auf Großer Fahrt zu werden.
Ich habe meine Kindheit am Strohauser Siel im Hause unserer Oma Frieda erlebt. Wir Kinder nannten sie „Oma Siel". Wir bewohnten die linke und Oma die rechte Wohnung des Hauses, die wir über eine hohe Steintreppe in der Hausmitte erreichten. Die Kellerräume lagen bodengleich zur Straße. Somit lebten wir sturmflutsicher. Seit 1951 war der Ort Rodenkirchen an das Trinkwassersystem angeschlossen, und wir waren nicht mehr auf das Regenwasser aus der Zisterne angewiesen. Gewaschen haben wir uns in der Küche, ein Badezimmer wurde erst später installiert. Wir haben nichts vermisst. Alles war gut so.
Ich erinnere mich gerne an die netten und lustigen Geschichten unserer Oma. Wir saßen gemeinsam auf der Torfkiste vorm Fenster mit Blick auf den Deich und das Storchennest schräg hinterm Haus. An der Wand hing Omas Gewitterlampe. Sie erzählte uns, dass sie die Petroleumlampe bei jedem Gewittergrollen anzündete, falls der Strom ausfallen sollte. Diese Lampe hängt heute bei uns im Esszimmer und lenkt meine Gedanken von Zeit zu Zeit zu „Oma Siel".
Die Kriegszeit war nicht schön. Ich erinnere mich an die vielen Tieffliegerangriffe, die Bombergeschwader am Himmel, die Flakabschüsse, die nächtlichen Alarme, das Flüchten in den nassen Keller. Einmal klingelte ein französischer Kriegsgefangener an unserer Haustür und bot meiner Mutter ein Stück Seife zum Tausch für ein Hemd an. Mutter hat es getan – trotz Verbot. Nach Kriegsende lagen überall Munition, Granaten, Leuchtmunition, etc. herum. Wir Kinder haben damit hantiert und gespielt, ohne die Gefahr zu erkennen. 1945 wurden am Strohauser Hafen mehrere Schiffe mit Munition beladen und diese wahrscheinlich in der Außenweser versenkt. Von den amerikanischen Besatzern lernten wir die Anfänge der englischen Sprache im Tausch gegen Schokolade.

Trotz all der Widrigkeiten verlebten wir Kinder eine herrliche Kindheit am Strohauser Siel. Es war eine Welt voller Erlebnisse und Abenteuer. Natürlich angelten wir ohne Angelschein; Baden vor dem Deich hieß tauchen quer durch den Siel mit einem „Köpper" von den hohen Dalben herunter. An den groben Holzpfählen entlang der Kaimauer holte man sich schnell mal einen Holzsplitter, wenn man abrutschte, aber das gehörte dazu. Einige wenige „Helden" tauchten sogar unter dem Deich hindurch zur Binnenseite des Siels, wenn zugewässert wurde, also „mit Strom". Im Binnensiel lernten wir Kleinen schwimmen. Die einstige Lage dieses Siels ist heute durch den Strohauser Dorfplatz symbolisch dargestellt.

Und erst die Winterzeit! Was hatten wir früher für strenge Winter! Mehrmals waren Siele, Gräben und die Schweiburg zugefroren, ideal zum Schlittschuhlaufen. Es war der Winter 1953, als ich mit ein paar Freunden bis zum nördlichen Strohauser Plate-Leuchtturm gelaufen bin. Wir kletterten auf den Leuchtturm, und als wir oben waren, wurden die Eisschollen durch den Sog eines vorbeifahrenden Schiffes vom Turm weggetrieben. Wir saßen fest! Zwei von uns schafften es zurückzulaufen und alarmierten über unsere Eltern die Wasserschutzpolizei. Allerdings brauchte sie nicht mehr zu kommen, denn einige Eisschollen waren zu uns herüber getrieben, und wir konnten springenderweise das rettende, feste Eis erreichen. Zuhause gab es ein gewaltiges Donnerwetter.

Eine kleine private Erinnerung vom 22. Dezember 1954: Es war Sturmflut und Weihnachten stand vor der Tür. Unsere Mutter hatte schon den Weihnachtsklaben gebacken. Da wir Erfahrung im Umgang mit Fluten hatten, wurde vor Einsetzen der Sturmflut alles im Keller hoch gelagert, damit wir die Räume anschließend leichter von Wasser und Schlick reinigen konnten. Unser Gemüsekeller lag jedoch noch etwas tiefer, und genau dort hatte Mutter den Klaben gelagert. Nach der Flut standen hier noch etwa 20 Zentimeter Wasser und auf der Wasseroberfläche schwamm unser Klaben. Ich nahm ihn auf die Plattschippe und sagte: „Sü – den hept wi vorgetten", – bums, bekam ich die letzte Mutterbackpfeife meines Lebens.

Unser Strohauser Siel war ein beliebtes Ausflugsziel für Segler aus Bremen, Bremerhaven und Nordenham. Sielwärter Hinrich war den Seglern allerdings wenig freundlich gesonnen. Des Öfteren und mit Vorliebe öffnete er die Sielschotten sehr plötzlich, um bei Niedrigwasser das Binnensielwasser abzulassen und so den Außensiel zu spülen. Dabei geriet so mancher Segler mit seinem Boot in arge Not.

Im Monat September erschien der Schipper Fresemann mit seinem Torfkahn bei uns im Hafen. Sein Spitzname war „Jan vom Moor". Mit seinem kleinen Kahn landete er weißen und schwarzen Torf für den Kohlenhändler Bohemann an. Das Ruderhaus am Heck war für den langen Fresemann viel zu klein, weshalb er immer das Dach hochgeklappt hatte, um seinen Kopf durch die Öffnung stecken zu können.

So hatte er freie Sicht nach vorne. Geschlafen hat „Jan vom Moor" im sehr kleinen Maschinenraum direkt neben der Maschine. Oma Siel kaufte immer den schwarzen Torf von ihm, und wir Kinder stapelten alles auf dem Hausboden.

Weiterhin landete Wilhelm Ficke mit dem MS „Rosette" Sand von der Oberweser bei uns an. Oft saß ich am Ufer und schaute dem gemächlichen Treiben zu. Der Sand war mit einem Bagger aus dem Flussbett direkt auf das Schiff verladen worden und dementsprechend nass und schwer – „messnatt" sagte man. Entladen wurde per Hand mittels einer Schaufel. Es lag also ein dickes, breites Brett über dem Lukensüll mit einer Karre darauf. Ein Arbeiter wuppte den nassen Sand von unten aus dem Laderaum hoch in die Karre. Ein Anderer schob die volle Karre zu einem 20 Meter entfernten Sandhaufen an Land. Es dauerte so seine Zeit bis das Schiff entladen war. Abschließend wurde das Wasser im Laderaum mittels einer Saugpumpe nach außenbords gepumpt.

Meinen Vater lernte ich erst mit acht Jahren kennen, als er 1947 aus holländischer Internierung in Surinam (Südamerika) zurückkehrte. Er war dort als Offizier auf dem Dampfschiff MS „Goslar" für den Norddeutschen Lloyd entlang der amerikanischen Küste unterwegs gewesen, als der Krieg ausbrach. Zum Schutz vor feindlichen Truppen hatte sich die „Goslar" Ende 1939 in der niederländischen Kolonie Surinam im Hafen von Paramaribo verschanzt. Nachdem die deutsche Wehrmacht aber am 10. Mai 1940 die Niederlande angegriffen hatte, war die Besatzung in unmittelbarer Gefahr und versenkte ihr Schiff noch in derselben Nacht im Hafen von Paramaribo, wo es bis heute liegt. Sämtliche „Reichsdeutsche" wurden daraufhin interniert. Mein Vater war im Jahre 1947 einer der letzten Heimkehrer.

Ich erinnere mich noch sehr gut an seine Rückkehr. Er brachte für uns Kinder eine große Tüte bunter „Knicker" mit, kleine Murmeln aus Ton, die wir uns üblicherweise aus einem Gemisch aus Ton und Lehm im Backofen selber machten. Diese jedoch waren herrlich rund und rollten hervorragend, es waren wertvolle Tauschobjekte für uns Kinder.

Alles in allem hatte ich eine glückliche Kindheit, die reich an Abenteuern war und uns im kindlichen Spiel vieles gelehrt hat. Wie dann meine berufliche Laufbahn begann, schildere ich in einer zweiten Geschichte.

Vom Moses zum Jungmann auf der „Christoph Kleemeyer"

Ein halbes Jahr vor Abschluss der Realschule fragte mein Vater, was ich denn einmal werden wolle. Es war wohl eher eine rhetorische Frage, denn als ich ohne langes überlegen „Sportlehrer" entgegnete, sagte er: „Dat kümmt gornech in Froag! Doarmit verdeenst du keen Geld!" Also wurde ich Seemann. Tradition verpflichtet.

Mit einem Realschulabschluss bewarb ich mich bei der Heuerstelle in Brake und bestieg 1955 mit 16 Jahren als Moses mein erstes Schiff – die „Christoph Kleemeyer", ein kleines Kümo mit 314 Tonnen Ladegewicht.

Als ich mit gepacktem Seesack abreisefertig vor unserer Haustür stand, gab meine Mutter mir zum Abschied mit auf den Weg: „Un pass mi in'n Hoaben op de Deerns op!" Das war Sexualaufklärung im Jahr 1955.

Die „Christoph Kleemeyer" lag in Bremen direkt hinterm Weserstadion, wo die Verladestation der Firma Kleemeyer für Kies und Sand war. Unser Schiff pendelte unter anderem zwischen Bremen und Helgoland und lieferte Baumaterialien für den Wiederaufbau der Hochseeinsel. Ich machte während meiner einjährigen Fahrenszeit 15 Reisen dorthin.

Die „Kleemeyer" war ein Vorkriegsmodell Baujahr 1934, gebaut auf der Lühring-Werft in Hammelwarden (Bau-Nr. 181). 1951 war sie auf der Elsflether Werft verlängert und erhöht worden. Bei einer Länge von 39 Metern und einem Tiefgang von 2,65m hatte unsere Maschine gerade mal 290 PS. Neben dem Kapitän und dem Steuermann gab es drei weitere Besatzungsmitglieder, mit denen ich vorne in der Back unterm Steven untergebracht war. Wir hatten je zwei Kojen übereinander an der Back- und Steuerbordseite. Ein kleiner Kanonenofen, mit Kohle beheizt, brachte uns tagsüber etwas Wärme. Allerdings mussten wir ihn spätestens um 18 Uhr ausgehen lassen, wegen der hohen Kohlenmonoxidbelastung. In dem sehr harten Winter 1956/57 waren wir in Itzehoe an der Stör eingefroren, Wasser mussten wir mit der Pütz von einem Haus holen, und nachts schliefen wir in voller Montur mit dickem Pullover, Pudelmütze, Handschuhen und dicken Socken in unseren Kojen. Es kam schon mal vor, dass unsere Bettdecke am Morgen an der Bordwand festgefroren war, aber das hat uns nicht weiter gestört. Krank war ich in all den Jahren nie.

Bis 1956 gab es für die Verpflegung der Seeleute noch eine offizielle „Proviantrolle", nach der sich auch unser Kapitän richtete. Er hatte eine Waage, auf der die wöchentlichen Zuteilungen pro Besatzungsmitglied genauestens abgewogen wurden. Wir bekamen pro Woche jeweils 250g Wurst und Käse, 2 Eier, eine kleine Dose Kondensmilch, Brot und Fett. Bohnenkaffee gab es grundsätzlich nicht, wir tranken „Muckefuck" – Getreidekaffee. Für wöchentlich zugeteilten Proviant hatte jedes Besatzungsmitglied sein eigenes, abschließbares Schapp. Wer sein Schapp unten hatte war etwas besser dran, weil Butter und Wurst bei hohen Temperaturen schmolzen und nach unten tropften. So sagten wir!

Die „Kleemeyer" konnte gerade mal zwei Tonnen Frischwasser bunkern, sodass jeder Tropfen wertvoll war. Trotz der harten Arbeit an Bord und der dreckigen und öligen Tätigkeiten im Maschinenraum stand uns Vieren gerade mal eine Pütz Wasser, also acht Liter pro Tag zum Waschen, zur Verfügung. Beim Reinigen unserer Wäsche banden wir alles an eine Leine und zogen es zum Spülen durchs Fahrwasser um kostbares Wasser zu sparen.

Unsere Arbeit begann morgens früh um sechs Uhr. Natürlich war die Kombüse mein erster Arbeitsplatz, ich hatte für sechs Mann zu kochen. In der ersten Zeit half mir der Steuermann, denn ich hatte ja keine Ahnung. Gekocht wurde achtern und gegessen haben wir gemeinschaftlich vorne unterm Steven. Das Essen musste also einmal übers lange Deck transportiert werden. Mit der Zeit bekam ich es raus, den großen Topf auch bei rauer See dorthin zu befördern. Ich wartete jede dritte Welle ab um dann schnell nach vorne zu laufen, nur so hatte ich eine Chance.

Als Moses musste ich auch einkaufen gehen. Dafür bekam ich eine Handtasche, abgezähltes Geld vom Kapitän und die Order: „Kopp mi bloss nich den ganz düren Krom, un nur de Vierfruchtmarmeload!", mit auf den Weg.

Neben dem Kochen arbeitete ich aber auch an Deck und half bei Maschinenarbeiten. Bei so einer kleinen Mannschaft packt jeder überall mit an. Den Winter nutzten wir zeitweise für die Überholung der Maschine. Mir fiel auch sehr bald die unliebsame Aufgabe zu, nachts um drei Uhr nochmals die Maschine abzuschmieren. All das habe ich nie als besondere Belastung angesehen, es war eben mein Job. Mein Anfangslohn betrug 57 Mark brutto im Monat. Das war schon was, denn ein Bäckergeselle verdiente nur knapp die Hälfte. Überstunden wurden nicht bezahlt und natürlich arbeiteten wir auch an den Wochenenden. Vom ersten ersparten Geld kaufte ich mir eine Armbanduhr beim Juwelier Grüttner in der Bremer Sögestraße. Meine zweite Anschaffung war eine grün-karierte Jacke mit passender Hose im Kaufhaus Lage in Itzehoe. Die übrige Heuer wurde eisern für den Besuch der Seefahrtsschule in vier Jahren gespart. Die gesamten Kosten für den Besuch der Schule mussten wir selbst bezahlen. Bafög gab es noch nicht. Wir hatten 12 Tage Urlaub im Jahr.

Wenn wir von Bremen-Hemelingen ein- und ausliefen, hieß es jeweils: „Mast runter!" – „Mast aufstellen!" Eine mühsame und kräftezehrende Angelegenheit, bis wir unter den Brücken hindurch waren. Der gleiche Vorgang wiederholte sich beim Ein- und Auslaufen nach Hamburg-Moorfleth. Unterstützung durch einen Motor gab es nicht. Auch für die Ankerkette gab es noch keine Motorwinsch – all das bewältigten wir mit reiner Muskelkraft. Was hatten wir damals für Mukkis!

Mit unserem kleinen 290PS-Motor kamen wir in der Wesermündung ab „Windstärke 5 gegenan" nicht mehr voran. Dann mussten wir auf der Blexen-Reede vor Anker gehen oder in der Geeste bzw. im Fischereihafen in Bremerhaven festmachen. Ebenso war es auch in Cuxhaven. In diesen Jahren waren viele Schiffe unserer Größe unterwegs, also waren auch die Reeden und Warteplätze bei Schietwetter immer voll. Dann standen die Kapitäne zusammen auf der Mole und rätselten. „Dat weit wit! – Geit dat oder geit dat nich?", hieß es, wenn Windstärken von sechs bis acht Beaufort weiße Schaumkronen auf den Wellen entstehen ließen.

Nach der kriegsbedingten Evakuierung Helgolands war ein Teil der Bewohner bereits wieder zurückgekehrt, aber nach wie vor war die Insel zerbombt und voller Blindgänger und Granaten. Einige Holzhütten waren schon wieder aufgebaut und besonders erinnere ich mich an die „Kantine Süd", wo es leckere belgische Schokolade in 250g-Platten billig zu kaufen gab. Mein persönlicher Rekord im „Schokolade essen" lag bei sieben Tafeln in einem Rutsch.

Die Anlegestelle auf Helgoland war circa 50 Meter lang. Jeden Morgen um neun Uhr und nachmittags um vier mussten wir den Hafen für die Sprengungen der Blindgänger verlassen und auf See abwarten.

Bei den Überfahrten stand ich oft oben auf der Brücke „am Paddel" und ließ mich vom Kapitän in terrestrischer Navigation, Schiffsverhalten und Technik unterrichten. Das meiste lernte ich während meiner Fahrenszeit durch „Learning by doing". Wenn mir in der Nähe des Niederganges zur Maschine beim Kartoffelschälen der Dieselgeruch in die Nase kroch, wurde ich fürchterlich seekrank. „Kau man duchtig dör, denn hest du ok mehr davon!", war der Kommentar unseres Kapitäns.

Zurück in Bremen, überließ unser Kapitän das Beladen des Schiffes und die gesamte Vorbereitung für die nächste Fahrt gerne seinem Steuermann und der Mannschaft. Er ging derweil nach Hause zu seiner Familie und verabschiedete sich mit den Worten: „Ek möt eben no min Olsch hen." So kam es schon mal vor, dass wir das Schiff kurzfristig alleine verholen mussten. Zusammen mit meinem Kumpel, einem 18-jährigen Leichtmatrosen, habe ich schon mit 16 Jahren das Schiff durch die Oslebshauser Schleuse in den Bremer Industriehafen verholt. So lernte ich sehr früh den Umgang mit dem Schiff. Die Behörden hatten da keinerlei Einwand, was man sich heute kaum mehr vorstellen kann.

Schon nach drei Monaten wurde ich zum Jungmann befördert und nach einem halben Jahr war ich Leichtmatrose. Ich verließ die „Kleemeyer" nach 12 Monaten. Es war ein raues und hartes Leben, das ich mir ausgesucht hatte, aber ich empfand die Anforderungen an mich nie als Belastung.

Nach vielen weiteren Schiffen, dem wiederholten Besuch der Seefahrtsschule in Elsfleth und der Fahrenszeit als Matrose beim Norddeutschen Lloyd und als Offizier bei der Bremer Reederei Carl Meentzen auf den Schiffen „Mieke Legenhausen" und „Carl Meentzen", legte ich mein A6-Patent in der Seefahrtsschule Elsfleth ab und wurde Kapitän auf Großer Fahrt.

Wir passieren das stillgelegte Kernkraftwerk Esensham. An dem Betonklotz im Wasser war früher der Kühlwasseraustritt. Gleich daneben liegt die Zufahrt in die Schweiburg nach Rodenkirchen und ins Strohauser Sieltief. Der Rückbau und Abriss des Atommeilers soll sich noch bis ins Jahr 2028 hinziehen, obwohl die Anwohner schon jetzt ungeduldig darauf warten, dass der Bau endlich verschwindet.

An Buhne 83 deutet Gerd bei Kilometer 53 auf einen gelben Radarturm am rechten Ufer. Am gegenüberliegenden Ufer steht das Pendant dazu. In dieser Achse verläuft seit 2004 der Wesertunnel etwa elf Meter unterhalb des Wesergrundes.
Das Dorf Kleinensiel liegt etwas abseits vom Weserstrom und gehört im niedersächsischen Landkreis Wesermarsch zur Gemeinde Stadland. Mit etwa 800 Einwohnern ist es der kleinste Ort der Gemeinde. Die Ortschaft verfügte seit dem mittleren Mittelalter über eine Fährverbindung nach Dedesdorf. Mit dem Bau des Tunnels wurde der Fährdienst Kleinensiel-Dedesdorf 2004 eingestellt.
Ein großes Seezeichen markiert die Einfahrt zum Sportboothafen Großensiel am linken Weserufer. Wie bei allen kleinen Häfen entlang der Unterweser, ist auch dieser bei Niedrigwasser für einige Stunden nicht befahrbar. Die Boote liegen zwei Stunden vor und nach Niedrigwasser „auf Schiet".
Ruderboote haben mit Wasserständen und Tiefgang weniger Probleme. Auf sie lauern vielleicht andere Gefahren, die Führer großer Schiffe gar nicht in Betracht ziehen.
Der Chronist des Vegesacker Rudervereins, Klaus Sieg, hat im Vereinsarchiv die Beschreibung einer Rudertour auf der Unterweser gefunden. Der Verfasser Dr. Hans Kohlmann war Leiter der Ruderriege „Wiking" des Realgymnasiums Vegesack, die von den Nationalsozialisten im Rahmen der Gleichschaltung der Sportvereine aufgelöst wurde. Sein Bericht erschien 1935 in der Zeitschrift "Jugend im Boot". Hier ein Auszug daraus:

Rudertour auf der Unterweser – 1936

In der Ausgabe Juli 1936 der Zeitschrift „Jugend im Boot" erklärt Dr. Hans Kohlmann, der Leiter der Ruderriege „Wiking" des Realgymnasiums Vegesack, die Begriffe Ebbe und Flut:

Der Wechsel der Gezeiten ist das erste, was die Nordseeflüsse anderen Wasserläufen voraushaben. Vom Mond hervorgerufen, laufen die Ausläufer der Flut gleichsam wie eine Brandungswelle die Flussläufe aufwärts, in der Weser bis zum Weserwehr etwas oberhalb Bremens, wobei die Zeiten von Hoch- und Niedrigwasser sich von Tag zu Tag und von Ort zu Ort verschieben. In Bremerhaven setzt die Flut ungefähr zweieinhalb Stunden eher ein als in Vegesack. In den Nebenflüssen läuft das Wasser länger auf als in der Weser. Die Hochwassertabelle ist somit hier für den Ruderer das wichtigste Buch. Wehe dem, der sich verrechnet hat! Statt zehn Kilometer fährt man gegen den Ebbstrom – besonders, wenn auch noch der Südost das Wasser in die Nordsee treibt – nur vier Kilometer in der Stunde.

Für den Wanderruderer ist Vegesack das gegebene Standquartier. Gleich bei der Fähre die Jugendherberge mit Tagungsräumen, von deren breiten Fenstern man das Leben auf dem Strom vor sich hat; 200 Meter abwärts, hinter dem Dampferanleger, der Ponton des Vegesacker Rudervereins mit dem Bootshaus, in dem auch die Schülerruderriege „Wiking" des Realgymnasiums untergebracht ist; und auf dem Schönebecker Sand, in zwei Minuten mit der Fähre zu erreichen, das neue Strandbad mit 400 Metern Badestrand. Hier mündet auch die Lesum, die aus Hamme und Wümme entsteht. Beide Flüsse eignen sich zu Tagesfahrten.

Weitere Fahrten von Vegesack aus gehen nach Elsfleth an der Hunte, nach Oldenburg, weserabwärts je nach Zeit und Wetter und in die Nebenarme, sodass man schon eine Woche herumbringt, ohne über Langeweile klagen zu brauchen.

Bei Vegesack bekommt nun die Weser ein etwas anderes Gesicht. Die Flussbreite ist auf 300 Meter gestiegen; die genannten Nebenflüsse, denen bei der Stromregulierung bewusst die Rolle von Wasserspeichern zugedacht ist, verstärken den Gezeitenstrom so sehr, dass es, je weiter man nach unten kommt, immer schwerer wird, gegen den Strom zu rudern. Man richtet sich bei seinem Tagesplan also nach den Gezeiten. Die steinernen Uferbefestigungen fallen jetzt fort und es bleiben nur die Schlengen, die teils als Längs-, teils als Querschlengen gebaut sind. Besonders bei den letzteren, die schon bei mittlerer Flut unter Wasser sind, muss man sich etwas vorsehen und sie vorsichtig oder lieber gar nicht überfahren. Ihr Ende nach der Fahrwasserseite zu wird durch einen Stock, eine sogenannte Pricke, bezeichnet. Etwas weiter davor liegt auch gewöhnlich eine kleine rote Tonne. Der Kundige ist also gewarnt. Beim Baden in der Nähe von Schlengen muss man vorsichtig sein. Hier an der Weser kommt noch etwas hinzu: die Sorge um das Boot. Große Dampfer, die mit wenig Wasser unter dem Kiel vorbeifahren, haben eine solche Sogwirkung, dass *zunächst das Wasser bei flach abfallendem Strand 20 Meter und mehr fortlaufen kann, um gleich darauf um so stärker den Strand zu überfluten und das Boot vollzuschlagen. Wie oft sind bei solchem Anlass schon Schuhe und Kleider, sorgfältig aufgestapelt, selbständig auf Reisen gegangen. Man scheue also nicht die kleine Mühe, das Boot aus dem Wasser zu nehmen und ein Stück den Strand aufwärts zu tragen. Dort liegt es trocken und sicher; bei Flut kommt das Wasser bis zur Abfahrt von selber hinterher.*

Sonst ist über das Verhalten auf dem Fluss für Mannschaften, die einige Erfahrung und den nötigen gesunden Menschenverstand haben, nicht viel zu sagen. Dass man nicht dicht an fahrende Schiffe herangeht, teils wegen des Sogs, teils wegen der Wellen, sollte selbstverständlich sein. Persennings vorn und achtern sind zu empfehlen. Läuft der Wind gegen den Strom, so entsteht ein unangenehmer Seegang, bei dem die Wellen sich besonders mitten im Fahrwasser leicht überschlagen. Man bleibt dann in der Nähe des Ufers, wo der Strom geringer und die Wellen flacher sind.

Von Vegesack mit der größten Heringsfischerei Deutschlands geht es an der Schiffswerft „Bremer Vulkan", der Bremer Wollkämmerei in Blumenthal und einigen kleineren Werften vorbei, und dann hat uns mit der schön am Strand gelegenen Jugendherberge Blumenthal wieder ganz die Natur aufgenommen. Vor uns recken sich die beiden 100 Meter hohen Überlandleitungsmasten von Farge in den Himmel. Die Weser geht von westlicher langsam in nördliche Richtung über, und hier kann es uns nun blühen, dass die Ruderfahrt zum ersten Mal ein Ende hat, dann nämlich, wenn ein rauer Nordwest um die Farger Ecke bläst und die Weser Schaumkämme hat. Dann fasse man sich in Geduld und warte in Blumenthal auf besseres Wetter. Weht dann am nächsten Tag ein leichter Süd und ist die Weser blank wie Öl, das Ganze eine Symphonie in Blau und Gelb, in Grün und Rot, so bekommt man unterhalb von Farge bei der ehemaligen Lachsfischerei Hohenzollern auch zum ersten Male einen Begriff von der Größe der Erde.

Geradeaus zwischen dem in der Ferne sichtbaren Silo von Brake und den roten Dächern vom Harriersand stößt der Wasserhorizont direkt an den Himmel, die Erdkrümmung macht sich bemerkbar. Wir fahren am Leuchtfeuer der Huntebarke vorbei. Von hier aus kann man Hunte aufwärts nach Oldenburg und dann durch den Küstenkanal zur Ems kommen.

Wir wollen aber den Ebbstrom ausnützen. Doch was ist da? Dampfer, die uns entgegenkommen, scheinen über dem Wasser in der Luft zu fahren! Über Nacht sind Wälder entstanden, wo gestern noch Weidegebüsche wuchsen. Hier handelt es sich um eine der verschiedenen Arten der Luftspiegelungen, die jeden verblüfft, der sie zuerst sieht. Sie sind eine Begleiterscheinung heißer, windstiller Tage, die, dem Segler ein Gräuel, den Ruderer beglücken.

Die Breite des Flusses ist jetzt schon so erheblich geworden, dass wir es uns, wollen wir nicht nutzlos Kraft und Zeit vergeuden, nicht leisten können, bald die rechte und bald die linke Seite zu befahren, ganz abgesehen davon, dass unregelmäßiger Kurs die Mannschaft zum Quaken bringt, wenn sie nämlich vom Steuern etwas versteht.

So benutzen wir als Zielpunkte für das Steuern entweder die roten Spierentonnen, die jetzt schon eine erhebliche Größe aufweisen und sich mit ihrer leuchtenden Farbe gut abheben, oder wir fahren, wenn das Wasser soweit gefallen ist, dass mit stärkerem Großschifffahrtsverkehr nicht zu rechnen ist, in der Leuchtfeuerlinie. Sie wird jeweils von einem kleineren weißen und einem großen schwarzen oder roten Leuchtturm bezeichnet, die in Linie, d.h. einer vor dem anderen, zu halten sind. Man sollte sich nicht das Geld verdrießen lassen, eine entsprechende Karte zu kaufen und mit ihr etwas praktische Nautik zu treiben.
Auf der Strecke von Farge abwärts muss aber noch etwas anderes erwähnt werden. Es sind die alten Weserarme, die gegenüber der Steingutfabrik Witteburg in Farge beginnen, von dort bei Elsfleth in die Hunte, gegenüber der Huntemündung auf der rechten Seite an Aschwarden vorbei bis Sandstedt und dann wieder links über Rodenkirchen zur Bekumsielbake führen. Ist man nicht mehr für die breite Straße des Stromes, so kann man sich in diese Nebenarme zurückziehen, durch die ebenfalls, wenn auch weniger stark, die Gezeiten strömen, und da fährt man dann in aller Ruhe zwischen rauschendem Reet entlang, so recht etwas für beschauliche Naturen.

Diese Arme sind Überbleibsel aus der Zeit, als um 1880 herum die Weser ganz verwildert und in viele Arme gespalten war, ohne dass auch nur einer von ihnen genügend Wasser für die Großschifffahrt geführt hätte, sodass selbst die Personendampfer von Bremerhaven öfter nicht in einer Tide Bremen erreichen konnten. Erst die Pläne des Strombaudirektors Franzius und seiner Nachfolger haben hier Wandel geschaffen. Wir haben Brake mit seinen Silos erreicht. Wieder sind wir der See ein Stück näher gekommen. Es gibt schon Leuchtbojen, und man muss jetzt wirklich ruhiges Wetter haben, wenn man weiter will.
Ist diese Vorbedingung erfüllt, so kommen wir dann an Sandstedt, Rechtenfleth, der Heimat des Marschendichters Hermann Allmers, und Dedesdorf, dem lieblichen oldenburgischen Kirchdorf auf der rechten Seite, vorbei, auf der linken an Nordenham und Blexen. Schon von Dedesdorf an sehen wir rechts über der Luneplate die Türme von Bremerhaven auftauchen, dem wir uns nun schnell nähern. Wir laufen in die Geeste ein, um von hier aus durch den Kanal vielleicht nach Bedakesa weiter zu rudern.

An der roten Fahrwassertonne 62 beginnt die „Große Luneplate", ehemals Überschwemmungsgebiet, auf dem das Vieh benachbarter Bauern weidete.
An der gegenüber liegenden Seite beginnt die Stadt Nordenham. Bei einem Gebietstausch zwischen Bremen und Preußen im Jahre 1905 wurde vereinbart, dass im Hafen von Geestemünde (Bremerhaven) weder Werften noch Industrieanlagen gebaut werden durften. Nordenham profitierte von dieser Vereinbarung, da sich so der Privathafen Nordenham-Einswarden zu einem bedeutenden Industriestandort entwickeln konnte, der er bis heute geblieben ist.

Wissenswertes über Nordenham:
- Mit 26.416 Einwohnern größte Stadt im Landkreis Wesermarsch
- 1857: Bau der „Ochsenpier" für Viehtransporte nach England
- 1877: Erweiterung der Hafenanlagen für dem Import von Petroleum und Getreide
- 1891-97: Abfertigung der Schnelldampfer nach New York für den NDL während in Bremerhaven der Kaiserhafen entsteht

Die Nordenhamer Pier beginnt mit der Union-Pier, Anlegestelle für Fahrgastschiffe direkt neben dem Nordenhamer Ruderverein. Die Midgard-Pier mit den Containerbrücken ist heute Hauptumschlagplatz für Schüttgut (Kohle), Edelhölzer und Schnittholz. Für die Weiterfahrt auf der Weser werden hier die Frachter geleichtert, das heißt ein Teil der Ladung wird gelöscht um den Tiefgang zu reduzieren, oder die Kohle wird auf Binnenschiffe umgeladen.
Wir passieren das Betriebsgelände der „Seekabelwerke Nordenham". Lange Förderbandanlagen ziehen sich entlang der Pier. Das Unternehmen gründete sich 1899 aus der „Felten & Guilleaume Carlswerk AG" und der „Deutsch-Atlantischen Telegraphengesellschaft". Legendär ist die Verlegung des ersten isolierten transatlantischen Untersee-Telekommunikationskabels, das 1904 über 7.993 Kilometer von Borkum über die Azoren nach New York verlegt wurde.

Dieter berichtet von einer Fahrt auf einem Raddampfer mit dem Geschäftsführer des Werkes, als er selbst auf der Brücke stand. Der ihm unbekannte Fahrgast wünschte in Nordenham auszusteigen, woraufhin Dieter ihn belehrte, dass Nordenham ein Privathafen sei und das Anlegen somit verboten. Der Gast ließ nicht locker und warf ganz nebenbei ein, dass er der Geschäftsführer der Seekabelwerke sei und ihm dieser Anleger gehöre. Natürlich gab Dieter klein bei und legte an.

Blick auf die Nordenhamer Pier: im Vordergrund die Union-Pier mit dem Nordenhamer Ruderverein

Es folgt das Betriebsgelände der „Weser-Metall", ein Unternehmen für Zink- und Bleiverarbeitung, das seit 1906 hier ansässig ist. Im Herstellungsprozess werden verschiedene chemische Stoffe freigesetzt, unter anderem Schwefel-phosphate. Die neongelb leuchtenden Berge verleihen dem tristen Grau der Hafenanlegen einen fröhlichen Farbtupfer.

Auf dem Gelände der Firma Stührenberg wurde früher das Düngemittel „Guano" gelöscht und verarbeitet, das inzwischen durch moderne Düngemittel zum Teil vom Markt verdrängt worden ist. Hannes erzählt uns, dass der Rohstoff Guano von der Westküste Südamerikas importiert wurde und auch heute noch wird. Der Humboldtstrom ist dort sehr kalt und zieht tausende von Fischen an. Die Fischschwärme lockten wiederum die Vögel zu Tausenden an, deren Hinterlassenschaften meterdick an den Felsen klebten. Dies war und ist der Guano, der schon früher per Segelschiff die Unterweser erreichte. Alles Schiete!

Die Hallen der „Premium AeroTec", einer Tochtergesellschaft von Airbus, erstrecken sich entlang dem Ufer. Hier werden die Flügel für die Flugzeugtypen

A320 und A380 gefertigt und in Spezialcontainern zum Hauptwerk von Airbus nach Hamburg-Finkenwerder verschifft. Eigens dafür wurde die Ro-Ro-Verladerampe gebaut und der Spezialfrachter „Kugelbake" konstruiert.
Auf der gegenüberliegenden Seite, angrenzend an die Luneplate, entsteht auf der ABC-Halbinsel der Industriepark Luneplate. Der Bau eines vorgelagerten Offshore-Terminals wurde 2013 vom Bremer Senat beschlossen. Der Standort für die noch junge Offshore-Branche bietet einen erheblichen Vorteil vor anderen Häfen und soll sich zum Basishafen für Windenergieanlagen entwickeln.

Die Fähre „Bremerhaven" passiert uns an der Backbordseite und macht am Anleger Blexen fest. Das wunderschöne Fährhaus erinnert an beschauliche, längst vergangene Zeiten. Der nun folgende Uferabschnitt wurde erst kürzlich neu bebaut. Die blau-weißen Hallen dienen der Produktion von Windkraftanlagen, für deren Verladung die neuen Kajen angelegt werden.
Bei guter Sicht eröffnet sich uns ein wunderschöner Panoramablick auf die Wesermündung bei Niedrigwasser. Die Schifffahrtsstraße ist klar erkennbar. Das linksseitige Ufer gleicht einer sandigen Hügellandschaft, auf der die beiden Weserinseln Langlütjen I und II thronen. An der Containerkaje reiht sich ein Schiff an das andere wie an einer Perlenkette aufgezogen. Wir genießen den Blick auf die Skyline von Bremerhaven, vom Kaiserhafen über die „Havenwelten" und die Einfahrt in die Geeste bis hin zum Fischereihafen.
Die riesigen „Elefantenfüße", die hier auf ihren Abtransport warten, sind einmalig in Europa. Damit die dreibeinigen „Tripoden", die Fundamente für die Windanlagen, überhaupt gelagert werden können, mussten spezielle Fundamente gegründet werden. Die Böden waren für derlei schwere Lasten überhaupt nicht ausgelegt. Noch warten die Stahlriesen im Fischereihafen auf ihren Abtransport zum 180 Kilometer entfernten Windpark „Global-Tech", dessen Bau im Jahre 2012 begonnen wurde. Die gigantischen Errichterschiffe, die speziell dafür entwickelt wurden, bringen beim Beladen auf jedes ihrer vier Stützbeine mit einer Grundfläche von 12 Quadratmetern eine Last von 7.200 Tonnen.

Ein Blick auf die Weite der Wesermündung und die Stromkaje von Bremerhaven

65 An dieser Stelle macht die Unterweser einen engen Bogen nach Nordwest und breitet sich auf den letzten Kilometern mächtig aus. Bei Hochwasser kann man das nahende Meer förmlich riechen und wenn Wind und Tide gegeneinander wirken, ist hier ein raues, kabbeliges Wasser. Rechts auf der Blexen-Reede liegen der Tanker „Oraholm" und der holländische Frachter „Hoogvliet" vor Anker. Wahrscheinlich warten sie auf neue Order zur Weiterfahrt in einen der Häfen an der Unterweser – oder auf besseres Wetter für die Fahrt nach buten.
Dazu erzählt uns Manfred eine Geschichte, in der ein strammer Nord-West-Wind eine Weiterfahrt unmöglich machte.

Vor Wind in Bremerhaven

„Dammi nochmol, dat weiht jo düchtig", knurrte Kapitän Waller. Der „Alte", eigentlich war er erst 29, aber an Bord eines Schiffes ist der Kapitän immer der „Alte", hing missmutig über dem Kartentisch und starrte durch die Steuerhausfenster weserabwärts. Wir waren man gerade in Höhe Nordenham, aber unser betagter Motorsegler steckte schon jetzt seine runde Nase tief in die kabbeligen Wellen und nahm Spritzwasser über Deck und Luken. Wir kamen mit 150 Tonnen Kohle aus dem Ruhrgebiet und die Ladung war für Hamburg bestimmt. In den vergangenen Tagen hatten wir die Fluss- und Kanalfahrt genossen, bescherte sie uns doch, da nach 22 Uhr nicht geschleust wurde, eine Reihe von Bauernnächten. Es gab keine „Hundewachen" von Mitternacht bis 6 Uhr in der Früh, sondern sieben Stunden Schlaf im Stück – herrlich. Nachdem wir morgens in Elsfleth, mit Hilfe des

altersschwachen, hustenden Decksmotors über den Jütbaum den Mast aufgestellt hatten, verließen wir den Hafen mit einsetzender Ebbtide. Bis dahin hatte auf der Reise eigentlich alles gut geklappt und nun das, ein steifer Nordwest, der ständig zunahm.

Die Laune unseres Alten wurde zusehends schlechter. Bei diesem Wetter aus der Weser raus und über See in die Elbe zu laufen, war für unsere kleine, tief abgeladene Tjalk unmöglich. Zum besseren Verständnis: Eine Tjalk ist ein Plattbodenschiff mit geringem Tiefgang und wenig Freibord. Wegen der runden Bug- und Heckform wurden diese Schiffe an der Küste deshalb auch leicht verächtlich „Arschbackenkreuzer" genannt.

Man sah unserem Kapitän an, wie es in seinem Kopf arbeitete, wie er, als Schiffsführer und Eigner die wirtschaftlichen Einbußen durch Zeitverlust und die Risiken der Weiterreise bei zunehmendem Schlechtwetter, gegeneinander abwog. Dann hatte er seine Entscheidung getroffen.

„Giff mi mol dat Roar", sagte er zu Dieter, der ihm daraufhin das Steuerrad übergab, „und denn mook mit Manfred de Liens kloar, wi goht no Bremerhoben rin". Dieter, der Leichtmatrose, 17 Jahre alt und ich der „Moses" – Decksjunge hieß das offiziell im Seefahrtsbuch – 16 Jahre alt, bildeten den Rest der Besatzung. Wir beiden zwinkerten uns zu. Der Alte wollte also in Bremerhaven Schutz suchen, dort vor Wind liegen bleiben. Prima, das bedeutete für uns mit Sicherheit Landgang, Musik, Schwoof, Mädchen. Im Geeste-Vorhafen direkt vor Schiffshändler Graue lagen schon etliche andere „Klütenewer". So bezeichnete man damals diese kleinen Küstenschiffe zwischen 50 und 200 Tonnen Tragfähigkeit, von denen es Anfang der 50er-Jahre wohl noch einige Hundert an den deutschen Küsten gab, „Klütenewer" deshalb, weil eines der Hauptgerichte an Bord neben fettem Speck, die Klüten waren.

Wir gingen bei der „Anna" aus Bützfleth längsseits. Die Kapitäne kannten sich und nach kurzer Begrüßung waren sie sofort beim Thema Wetter. „Dat ward noch schlechter", meinte der Schipper der „Anna" – „dat Radio meldt vör hüt Nacht Nordwest acht bit negen." Und dann klagten die beiden über die Ungerechtigkeit dieser Welt im Allgemeinen und dass speziell kleinen Küstenschiffseignern durch die Unbilden der Natur ihr karges Einkommen wegen „Vorwindliegen" noch weiter geschmälert würde. Ich aber, die bevorstehenden Landgangsfreuden vor Augen, dachte, von mir aus könnte der Sturm ruhig ein bisschen andauern.

Am Abend zogen wir jungen Leute von den verschiedenen Schiffen gemeinsam an Land und während wir uns amüsierten, hockten die Kapitäne auf der „Emmy von Holt", die schon ein Radio an Bord hatte, um das Gerät herum und hörten den Wetterbericht. Da viele kleine Küstenschiffe damals noch keine eigene Stromversorgung hatten, war ein Bordradio noch etwas ganz Besonderes. Auch bei uns an Bord gab es nur Petroleumbeleuchtung und Betrieb und Wartung der Lampen war eine meiner wichtigsten Aufgaben. Erst nach zwei vollen Tagen flaute der Sturm langsam ab. Am darauf folgenden Morgen hörten wir den Alten in seinen Holzpantinen im Laufschritt über Deck klappern. Er steckte seinen Kopf in unser Vorschiffslogis und schrie: „Geit los, Reise, Reise, Dieter smiet de Maschien an, Manfred kloar an Deck to'n lossmieten!"

Und dann setzte im Hafen große Hektik und Gedränge ein. Motoren wurden gestartet, Leinen losgeworfen. Alle hatten es plötzlich unheimlich eilig. Ein Schiff nach dem anderen verließ die Geeste und tuckerte weserabwärts.

Aber hier draußen sah es doch noch ganz anders aus. Zwar hatte der Wind stark nachgelassen, aber bereits vor der Columbuskaje empfingen uns ungemütliche, kurze, hackige Wellen, sodass bei Fort Brinkamahof schon die kleinsten Schiffe mit den schwächsten Motoren beidrehten und in den Hafen zurückliefen.

Nach und nach wurde der Pulk der Schiffe immer kleiner und einer nach dem anderen drehte um. Zum Schluss knüppelten wir nur noch zu dritt seewärts – zwei größere Fahrzeuge und wir. Unser Alter war nicht der Typ, der so leicht aufgab, aber immer häufiger fragte er: „Dieter, wat meenst du, schüllt wi wiederfohrn?" Der meinte jedes Mal „Klar Kaptein, wir schaffen das schon", mit der vollen Überzeugung und ganzen Weisheit eines Leichtmatrosen, der schließlich an Bord nach dem Kapitän die längste seemännische Erfahrung hatte. Also kämpften wir uns weiter voran. Endlich bekamen wir den Leuchtturm „Roter Sand" in Sicht.

Aber jetzt ging wirklich nichts mehr. Unsere Tjalk stampfte sich mit ihrem stumpfen Vorschiff in der hohen Kreuzsee fest und grünes Wasser brach über Back und Schanzkleid auf Deck und Luken. Wir machten keine Fahrt mehr. Der Alte übernahm das Ruder, sagte knapp: „Wi mööt bidreihn", und brachte uns mit äußerster Vorsicht auf Gegenkurs. Als letztes Schiff liefen wir schließlich in die Geeste ein, wo die anderen Kollegen schon lange wieder längsseits lagen. Die Stimmung unseres Kapitäns war endgültig auf dem Nullpunkt. Stundenlang hatte er umsonst Brennstoff verpulvert und nun begrüßte ihn der Schipper der „Anna", der lange vor uns umgekehrt war, mit kaum versteckter Schadenfreude: „Na, Hein, scheun 'n beeten spaziernfohrt?"

In den Hafenanlagen des Fischereihafens, die den Meisten heute als „Schaufenster Fischereihafen" bekannt sind, findet nach wie vor ein großer Fischumschlag statt, allerdings kaum noch per Schiff, sondern größtenteils per LKW und Flugzeug. Hannes erzählt, dass hier die europaweit größte Herstellerfirma für Fischstäbchen ansässig ist, deren tägliche Produktion, der Länge nach aneinander gelegt, eine Strecke von 600 Kilometern ergibt.

Er erinnert sich an seine Zeit bei der Bremerhavener Fischerei, als er bei jedem Wetter von hier aus als Zweiter Steuermann auf einem Fischdampfer hinaus zu den Fanggründen gefahren ist.

Hannes, ein Vegesacker Fahrensmann

Ich bin Bremer Junge, Jahrgang 1939, aufgewachsen in Vegesack, das bis heute meine Heimat geblieben ist. Auch wenn mein Vater nicht bei der Seefahrt war, komme ich doch mehr oder weniger aus einer Seefahrerfamilie. Mein Bruder ist kurz nach dem Kriege auf einem Kutter zur See gefahren. Er wurde über Bord gespült und blieb verschollen. Meine Schwester war mit einem Seemann verlobt, den man in Spanien erschossen hat, als er im Hafen von Malaga unschuldig mit dem Zoll in Streit geraten war.

Zur Zeit meiner Schulentlassung gab es wenige Lehrstellen in Deutschland. Viele junge Leute hegten den Traum von der Seefahrt in die große, weite Welt, so auch ich. Zwei Tage vor meiner Konfirmation, im April 1954 sollte meine Laufbahn zum Steuermann auf einem schwedischen Schiff hier von Bremen aus beginnen. Ich war fünfzehn Jahre alt und etwa einsfünfzig groß. Da mein Seesack größer war als ich, begleitete meine Mutter mich an Bord dieses Seelenverkäufers.

Ich begann im untersten Dienstgrad in der Schifffahrt als Moses – offiziell Decksjunge genannt. Ich arbeitete in der Kombüse und der Messe, hatte die Kojen und Betten zu machen, den Tisch aufzudecken und nach dem Essen alles wieder abzuwaschen. Rost klopfen war auch eine beliebte Aufgabe für Neue. Ich war eine echte Dienstmagd. Drei Jahre war ich mit dem Schweden in der Handelsschifffahrt und auf Großer Fahrt unterwegs. Wir befuhren Indien und Levante, das Mittelmeer und Westafrika. In diesen drei Jahren habe ich mich durch alle Dienstgrade vom Jungmann über den Leichtmatrosen bis zum Matrosen auf Großer Fahrt hochgedient.

Dann ging ich zur Vegesacker Fischerei – gerade zur Glanzzeit des Unternehmens. Um mich in das neue Metier einzuarbeiten, fuhr ich meine ersten beiden Törns als Leichtmatrose auf Loggern. Auf der dritten Reise meinte mein Kapitän: „Jung, dick bruk wi! Du geist for mie op de Störmannsschul." So ging ich 1961 zur Steuermannsschule nach Windheim an der Weser wo ich meine spätere Frau kennenlernte. Noch im gleichen Jahr machte ich in Bremerhaven mein großes Patent und fuhr als Zweiter und später Erster Steuermann auf Fischdampfern von Bremerhaven aus zu den Fanggründen.

Als Steuermann hatte ich die Mannschaftsliste aufzustellen. Wir waren etwa siebzehn Leute an Bord: der Kapitän, Erster und Zweiter Steuermann, ein Maschinist mit Assistenten, Matrosen, Leichtmatrosen, ein Koch et cetera. Nach Absprache mit dem Kapitän meldete ich die Besatzung für die Tour an und besprach mit dem Koch die Proviantliste. Für die ersten Wochen wurde Frischgemüse, Brot und Frischfleisch gebunkert, später ernährten wir uns von Konserven. Jedes Besatzungsmitglied bunkerte seine eigene Ration an Brot, Wurst, Butter und Margarine im eigenen Schapp. Die Fahrensleute aus dem Weserbergland, aus der Mindener Gegend, brachten immer deftiges Selbstgeschlachtetes von zuhause mit. Vorräte wie Salz, Kohle und Frischwasser wurden in den Kantjes verstaut, die auf der Rückfahrt hoffentlich mit Heringen gefüllt waren.

Wenn das Frühjahr näher rückte, war im Hafen ein geschäftiges Treiben. Die Heringssaison begann im Mai mit dem beliebten „Vegesacker Matjes". Wir fuhren hoch zu den Shetland Inseln, wo die Heringsschwärme aus dem Nordwesten langsam Richtung Nordsee trieben. Unterwegs nahm ich die Einteilung der Besatzung vor. Jeder Dienstgrad zur See wurde auch beim Fang und der Verarbeitung eingesetzt – dabei war keine Hand zuviel. Bei der Verteilung der einzelnen Aufgaben musste ich die Körpergröße und die Kraft der Leute berücksichtigen.

Am Fangplatz angekommen, setzten wir die Netze aus, die hintereinander an einem langen Reep befestigt waren. Wie eine kilometerlange Perlenkette markierten einzelne Ballons an der Wasseroberfläche den Verlauf unserer Netze. Die Wachablösung passierte im Stundentakt. Um Mitternacht, wenn die Heringsströme direkt unter der Wasseroberfläche schwammen, holten wir die Netze ein. Jetzt mussten alle Mann mit ran. Erst wenn wir die vollen Netze an Deck gehievt hatten, sahen wir, wie erfolgreich unser Fang war.

Sofort wurde mit der Verarbeitung der Heringe begonnen, denn das Markenzeichen des Vegesacker Herings war „Auf See gekehlt, auf See gesalzen". Die Loggersalzung war das A und O, denn dadurch blutete der Hering schnell aus und behielt sein helles Fleisch.

Ich als Steuermann war für das Salzen zuständig, das bei Salz- und Matjes-Hering unterschiedlich ist. Für Salzheringe rechnete man ein Verhältnis von eins zu fünf, also auf fünf Fass Heringe ein Fass Salz. Bei Matjes war das Verhältnis eins zu zwölf. Ich stapelte die Fische also

Das Markenzeichen des Vegesacker Herings: Auf See gekehlt, auf See gesalzen! – Hannes Lühr auf der BV 83 – „Thüringen", 1955

lagerweise in die Fässer, immer mit einer Streuung Salz dazwischen. Später im Hafen würden die Fischfrauen die Heringe vor dem Verkauf noch einmal Lage für Lage ordentlich in die Fässer stapeln.

Nachdem wir die prall gefüllten Kantjes im Bootsrumpf verstaut hatten, wiederholten wir den Vorgang so lange, bis der Schiffsraum gefüllt war. Je nach Größe des Schiffes bedeutete das 750 oder 1.500 Fässer zu füllen, bevor wir die Heimreise antreten konnten.

Am Morgen mussten die Fangergebnisse an die Reederei durchgegeben werden. Nun war es ja so, dass keiner seinen guten Fangplatz verraten wollte. Nach einem erfolgreichen Fang, mit dem wir beispielsweise hundert Kantjes füllen konnten, gaben wir nur eine verminderte Quote an, um die anderen Fischdampfer und Logger nicht auf unsere gute Position aufmerksam zu machen. Wenn wir dann überraschend die Heimreise antraten, hieß es verächtlich: „Kiek di es an, her logen, he löcht, he löcht!" So haben wir uns eben durchgeschummelt.

Jedes Besatzungsmitglied war, nach Dienstgrad gestaffelt, am Fang beteiligt. Allen war klar: Je schneller wir das Schiff voll Kantjes bekamen, je eher konnten wir die Heimreise antreten. Die Mannschaft musste sich während dieser Wochen arrangieren und um einen reibungslosen Ablauf bemühen. Hatte sich doch mal ein Außenseiter verirrt, der nicht in die Gemeinschaft an Bord passte, merkte man das schnell. Dem klopfte ich dann auf die Schulter und sagte: „Sportsfreund, für die nächste Reise bleibst du besser zuhause!"

Als Steuermann war ich für die Mannschaft verantwortlich und Bindeglied zum Kapitän, was nicht immer einfach war. Seine Anweisungen hatte ich an die Mannschaft weiterzugeben und darauf zu achten, dass sie auch umgesetzt wurden. Auch Gewalt war ein Thema an Bord. Schließlich bekam jeder aus der Mannschaft mal einen Koller, sei es durch Heimweh, Seekrankheit oder den gnadenlos anstrengenden Arbeitsrhythmus auf der Fischerei.

Mitte der Fünfziger, als ich anfing, gab es noch viele deutsche Seeleute. Als jedoch der Abbau der Fischerei durch die Begrenzung der Fangquoten und der Hoheitsgebiete begann, blieben viele von ihnen an Land und wechselten in die Industrie. Es kamen mehr und mehr ausländische Seeleute, größtenteils Portugiesen, die das Bordleben nicht einfacher machten. Letztendlich konnte ja keiner weglaufen. Wir saßen im wahrsten Sinne des Wortes „Alle in einem Boot". Wir waren eine Gemeinschaft und konnten nur zusammen erfolgreich sein. Von einer Ellenbogengesellschaft sprach damals noch niemand. Es dominierte immer noch die Kameradschaft an Bord und eine gewisse Demut, da alles im Gefüge von Zeit und Naturgewalten eingebunden war. Das hat mich für mein Leben geprägt. Für mich gilt noch heute: „Etwas mehr WIR und weniger ICH, dann kommt man viel besser durch!"

Ich hörte 1966 aufgrund des Abbaus der gesamten Fischerei auf. Die letzte Fangsaison der „Bremen-Vegesacker Fischereigesellschaft" ging 1969 von Bremerhaven aus. Das war das Ende einer 75-jährigen Ära.

66 Bei Kilometer 66, an der Steuerbordtonne 61 und vis-á-vis des Deutschen Schifffahrtsmuseums endet die Unterweser. Wir haben unser Fahrtziel Bremerhaven erreicht. Harald fährt mit seiner „Atlantic" und uns weiter entlang der Hafenanlagen von Bremerhaven.

Wissenswertes über Bremerhaven:
- 1827: Gründung von Geestemünde als seewärtiger Bremer Hafen
- Anfang 19. Jahrhundert: Bau der Hafenbecken „Alter Hafen" und „Neuer Hafen"
- Die „Havenwelten" entstehen: Deutsches Schifffahrtsmuseum (1975), Zoo am Meer (2004), Deutsches Auswandererhaus (2005), Klimahaus „8 Grad Ost" (2009), Atlantic-Hotel Sail-City (2009)

Der Fähranleger am Auswandererdenkmal und die Schleuse zum „Neuen Hafen" ziehen an uns vorüber. In der großen Kaiserschleuse wird ein Frachtschiff in das dahinter liegende Hafenbecken geschleust. Im Hintergrund liegt ein gigantischer Autotransporter an der Kaje. Der Automobilumschlag in Bremerhaven ist europaweit führend. Wenn solch ein riesiger Stahlkoloss an einem vorbeizieht, kommt man sich selbst auf der 21 Meter großen „Atlantic" verschwindend klein vor. Was für ein Gefühl muss es erst auf einem kleinen Segler sein.

Die 4-Mast-Bark „Krusenstern" an der Seebäderkaje Bremerhaven

Rolf Kühn, Jahrgang 1940 und gebürtig aus Nordenham, hat uns eine Geschichte über ein missglücktes Hafen-Manöver geschrieben. Von 1955–57 absolvierte Rolf eine Lehre zum Maschinenschlosser. Danach ging er zur Seefahrt – sein Arbeitsplatz wurde der Maschinenraum. Anfangs fuhr er auf Großer Fahrt, machte dann eine See-Maschinisten-Ausbildung und wechselte schon bald in die Schleppschifffahrt, der er bis zum heutigen Ruhestand in seiner Heimatstadt Nordenham treu geblieben ist.

Festmacherwagen in Seenot

Man schrieb das Jahr 1991. Wir machten unseren Job als Schlepperfahrer – wie immer. Schlepperfahrer der Seefahrt, versteht sich. Nicht Ackerschlepper. Reine Routine. Aber an diesem Tag lief alles etwas anders.

Wir hatten den Auftrag, einen Frachter unter amerikanischer Flagge zum Kaiserhafen in Bremerhaven zum Schuppen A zu bringen und dort mit Hilfe der Festmacher-Kollegen „festzumachen". Eine Landratte würde sagen: Den Dampfer am Ufer festbinden. Ich stand als Schleppermaschinist mit auf der Brücke, bereit mit anzupacken, falls es erforderlich sein sollte.

Der amerikanische Frachter wurde also von der Weser mit einem Kopf- und einem Heckschlepper zum Kaiserhafen manövriert. Wie gesagt, ein ganz normaler Vorgang, täglich ein paar Mal praktiziert. Nachdem das Schiff am Südende des Schuppens angekommen war, begann das Manöver zum Anlegen. Die Steuerbordseite sollte die Landseite sein.

Am vorderen und hinteren Ende des Schiffes stand jeweils ein Festmacherwagen mit zwei Männern bereit. Es war ein Unimog mit einem hydraulischen Spill auf der Ladefläche, also einer Seilwinde mit Antrieb.

Auf dem hinteren Schlepper, der „Midlum III", befanden sich der Schlepper-Kapitän und ich auf der Brücke. Unsere Schleppleine war, von dem amerikanischen Frachter kommend, durch die Mittelklüse auf einem Poller befestigt. Die Seeleute auf dem Amerikaner mussten nun die unterarmdicke Heck-Leine – auch Achterleine genannt – an Land bringen, um das Schiff damit festzumachen. Zu dem Zweck wird eine Wurfleine benutzt und mit Hilfe des Spills auf dem Unimog an Land gezogen.

Die Schmeißleine mit dem Manilatau wurde von der Backbord-Klüse des Amifrachters vom Festmacherwagen über den Spillkopf durchgeholt. Dieses Manilatau lief aber über unsere Schleppleine und da kann sich so ein Festmacher schon mal verhaken oder „vertüdeln", wie die Seeleute sagen.

Das Unglück kam sozusagen auf zwei Wegen auf den Unimog zu. Am Spillkopf war die Einholleine übergelaufen und hatte sich vertüdelt. Der Kollege Festmacher versuchte, die Leine wieder zu klarieren. In dieser Phase muss das Lotsenkommando:

„Midlum III" – abtauen!", gekommen sein. Wir tauen also ab und das Manilaauge der Achterleine, das gerade vor unserer Schleppleine hing, verhakt sich mit unserer Schleppleine und zieht den Unimog blitzschnell über die Kaimauer ins Hafenbecken. Die Lichter am Unimog waren eingeschaltet, und im ersten Moment war ich von der Beleuchtung unter Wasser beeindruckt. Als aber mit zunehmender Wassertiefe die Lampen immer schwächer zu sehen waren, ergriff auch mich Panik. Der Kapitän ließ vermelden: „Da ist noch einer im Wagen!"
Damit veränderte sich die Situation dramatisch. Was war zu tun? Der Lotse war sogleich verständigt worden. Der Festmacherkollege an Land war außer sich. Es dauerte dann. Für uns auf dem Schlepper stand die Zeit für einige Minuten still – Schrecksekunden. Dann machte es direkt neben der „Midlum" flupp und der Kollege Festmacher aus dem Unimog trieb in etwa zwei Meter Abstand neben uns im Hafenbecken. Mein Kollege an Deck und ich versuchten, ihn zu fassen und an Bord zu ziehen, aber er war nicht zu packen. Ganz offensichtlich war er etwas „durch den Wind", also leicht in Panik.
Zwei bis drei Mal schwamm er zur Pier und dann wieder zu uns zurück. Endlich bekam er die Pierleiter zu fassen und wurde von seinen Kollegen in Empfang genommen. Ein Krankenwagen brachte ihn zur Untersuchung in eine Klinik.
Das Schiff wurde vertäut, während die Lampen des Unimog auf dem Hafengrund immer schwächer wurden.

An der Columbuskaje machen die Kreuzfahrtschiffe fest, die Bremerhaven anlaufen. Von hier aus haben sich Tausende Auswanderer auf Schiffen des Norddeutschen Lloyds auf eine ungewisse Reise nach Amerika begeben. Im Auswandererhaus lässt sich diese Völkerwanderung eindrucksvoll nachempfinden.

Konrad hatte auf einem Schiff der Bremer Reederei angeheuert, der MS „Bieberstein" und auch ein Gedicht über den Norddeutschen Lloyd verfasst.

Himmel und Hölle auf der MS „Bieberstein"
Die MS „Bieberstein" war ein Stückgut-Frachter von etwa 152 m Länge, 1953 auf dem „Bremer Vulkan" mit der Baunummer 824 gebaut. Mit 5.547 Brutto-Register-Tonnen (BRT) und 8.300 Ladetonnen war es für damalige Verhältnisse ein großes Schiff. Es gab fünf Laderäume, drei vor der Brücke und zwei nach achtern, 14 normale Ladebäume und einen 50-Tonnen-Schwergutbaum mittschiffs.
Bis 1972 fuhr die „Bieberstein" mit dem gelben Schornstein unter der Flagge des Norddeutschen Lloyds. Nach Zusammenschluss der beiden großen Reedereien wurde

sie von Europa aus im Linienverkehr zur Westküste Süd- und später Nordamerikas eingesetzt und war im Panama-Kanal bestens bekannt.
Ende der 60er-Jahre, als Heino und ich die Ehre hatten, fuhr die „Bieberstein" als Schwergutfrachter mit 40 Mann Besatzung – 41 mit dem chinesischen Wäscher. Zwölf Mann waren allein für die Maschine zuständig, eine MAN mit 7 Zylindern und 7.800 PS. Wir konnten bis zu 16,5 Knoten fahren. Von dieser Höllenmaschine wird später noch die Rede sein.
An Deck fuhren 22 Leute: der Kapitän, der 1. Steuermann und zwei weitere Steuerleute (2. und 3. Offizier), ein Funker, ein Offiziersanwärter (OA), ein Bootsmann, ein Zimmermann, zehn Matrosen, zwei Leichtmatrosen, ein Moses und der Jungmann Heino an Deck und auf der Brücke.

Ein unbekannter Maschinist an seiner Maschine

Ebenfalls zur Besatzung gehörten der „Purser", dessen Aufgabe die allgemeine Verwaltung für Küche, Geld, Schnaps und Zigaretten und die besondere Versorgung des Kapitäns war. Weiterhin der Koch, der Schlachter, der Bäcker und zwei Stewarts – und dann war da noch Max. Unser chinesischer Wäscher arbeitete auf eigene Rechnung und war nur seinem „Ober-Max" mit Sitz in Bremerhaven zahlungsverpflichtet – nochmals sieben Leute.
In der Maschine fuhren 12 Leute: der leitende Ingenieur (Chief), ein 2. Ingenieur und zwei Wachingenieure, ein Storekeeper, vier Reiniger und drei Ingenieur-Assistenten. Einer davon war ich, Heinz-Konrad Reith.
Von den 41 Mann Besatzung sahen also 29 Mann ständig den blauen Himmel, plus des Chiefs, des leitenden Ingenieurs, der nur alle paar Wochen einmal in den Maschinenräumen gesehen wurde. Erstens hatte er eine schwere Arthrose in der Hüfte, die ihm den Spitznamen „Excenter-Joe" eingebracht hatte und zweitens war sein Hobby die Geschichte der Vereinigten Staaten von Amerika; seine Schränke in der recht komfortablen Chiefs-Kammer waren voll mit billigen Wild-West-Romanen. Zudem war er schließlich Chief und da man den Kapitän auch nie an Deck seines Schiffes sah, gab es keinen Grund, warum man den Chief in der Maschine hätte sehen sollen. Außerdem hätte er sich ja seine schöne Khaki-Uniform ernsthaft verschmutzen können.
Die übrigen elf Leute bewegten sich regelmäßig im Keller – im Maschinenraum. Und während sich die 29 Männer die frische Luft um die Nase wehen ließen, durften diese elf Leute einen großen Teil ihrer Zeit in tropischen Temperaturen mit hoher Luftfeuch-

tigkeit und deutlich riech- und fühlbaren Ausdünstungen von Diesel-, Schmier- und Schweröl verbringen.

Nun könnte man natürlich sagen, dass dieses berufsbedingt eben so war und die Maschinisten sich einen anderen Beruf hätten aussuchen können. Das ist prinzipiell auch richtig. Aber bei Gottes eigener Reederei liefen die Uhren anders. Oder es lag an der Maschinen-Leitung auf der „Bieberstein", der das Leben der Assis zur Hölle machte.

Nun muss man wissen: Der Schiffsbetrieb läuft sieben Tage pro Woche, 24 Stunden. Im normalen Wachrhythmus heißt das vier Stunden Wache und acht Stunden frei. Macht 7 x 8 = 56 Stunden pro Woche Wachdienst. Das war aber nur die Grundlast.

Bei Revierfahrten von der Hochsee in die Flüsse und Häfen kamen durch sogenannte Manöverwache jeweils zwei Stunden vor und nach der Wache hinzu. Das machte dann schon manchmal 16 Arbeitsstunden pro Tag – immer im Maschinenraum versteht sich.

In Europa gab es nur Revierfahrten. Rein nach Le Havre, raus aus Le Havre, einmal um die Ecke und rein nach Antwerpen. Raus aus Antwerpen, einmal um die Ecke und rein nach Rotterdam. Raus aus Rotterdam, einmal um die Ecke und rein nach Bremen. Raus aus Bremen, einmal um die Ecke und rein nach Hamburg. Und so weiter und zurück über Bremen, Southampton, Le Havre bis zur Ausfahrt aus dem englischen Kanal.

Dann waren die Manöverwachen zwar vorbei, aber dann begann das „Zutörnen". Das waren tägliche Überstunden zum Wohle „Gottes eigener Reederei" und der körperlichen und seelischen Befriedigung des Chiefs und des 2. Ingenieurs. Darunter fielen so sinnvolle Arbeiten wie das Blankputzen der Kupferrohre. Dazu muss man wissen, dass damals noch alle Wasser führenden Rohre aus Kupfer bestanden und davon gab es viele. Das Zutörnen ging dann bis zum Panama-Kanal, wo wieder die Manöverwachen begannen und, durch den Kanal und entlang der amerikanischen Küste, der „Westküste Nord", beibehalten wurden.

Auf diese Weise kamen Monat für Monat zwischen 120 bis 130 Überstunden zusammen, zu den ohnehin schon 56 Stunden „normaler" Arbeitszeit pro Woche. Es ergab sich also eine wöchentliche Arbeitszeit von ca. 90 Stunden bei einer Mindestheuer von 560 Mark – einschließlich aller Überstunden. Bei einem US-Dollar-Kurs von DM 4,20 pro US-Dollar ergab das einen Monatslohn von circa 130 US-Dollar – und die Westküste von Nordamerika war auch damals schon recht teuer.

Nun muss man sich das Wache gehen im Maschinenraum nicht so vorstellen wie es heute üblich ist. Es gab damals keine klimatisierten Überwachungsräume, auch keine Fernanzeigen durch elektrische oder elektronische Übertragungseinrichtungen. Wenn der Wachingenieur die aktuellen Abgastemperaturen für das Tagebuch wissen wollte, hatte der Assi mit Papier und Schreibgerät die Hauptmaschine zu erklimmen und die Temperaturen auf der Zylinderdeckel-Station abzulesen – regelmäßig alle Stunde. Die Dampfdrücke und Temperaturen des Abgaskessels mussten im Schornstein abgelesen werden, die Seewassertemperaturen ganz unten im Schiff. So war der Assi vier Stunden lang auf den Beinen, immer in Bewegung, wenn er nicht zwischendurch einen „Separator" zu reinigen oder eine Pumpe zu reparieren hatte, oder eine Einspritzpumpe oder… oder… oder.

Und dann waren da noch die ungeplanten Arbeiten, wie zum Beispiel ein Kolbenfresser in der Mitte des Atlantiks, wo eine Werft gerade nicht in der Nähe und der Atlantik auch gerade nicht ruhig zu stellen war. Das dauerte dann schon einmal 36 Stunden ohne Pause, also auch ohne Schlaf – denn das Gefährlichste für ein Schiff auf hoher See ist das Fehlen des Antriebs.

Während sich das Schiff richtig einschaukelte und die tonnenschweren Zylinderdeckel und Kolben hin- und herschwangen, mussten die Kolbenstangen trotzdem wieder zielsicher in die Laufbuchsen eingeführt werden, ohne dass die Kolbenringe beschädigt wurden. Dann mussten die sauschweren Kreuzkopfmuttern aufgesetzt und angezogen werden. Alles bei einem Krängungswinkel von etwa 30 Grad zu jeder Seite.

Übrigens ein Phänomen, das allen Seeleuten an Deck bekannt ist – ohne Vortrieb der See ausgeliefert zu sein, ist irgendwann das Ende des Schiffes und seiner Besatzung. Weil die Natur stärker ist. Aber das stört die Nautiker nicht und hebt auch nicht den Status der Maschinisten an Bord. Zum einen kann der Kapitän die Schuld für jede Verspätung auf die Maschine schieben und zum Anderen bleibt Flurplattenindianer eben Flurplattenindianer.

Und der „O.A.", der Offiziersanwärter an Deck, hieß Uwe und mochte richtig dicke Frauen und die Amerikanerinnen in Kalifornien hatten zum Teil ein riesiges Format und Latexhosen waren damals modern. Diese Latexhosen, die beim Gehen zwischen den fetten Schenkeln Reibungswärme und Elektrizität erzeugten, sodass man meinte, die Funken der sich entladenden Energien sehen zu können. Uwe lief mit aufgeblähten Nüstern hinter den Funken und den Popcorn essenden Frauen in den Latexhosen her, und der Jungmann Heino verstand die Welt nicht mehr.

So war die Seefahrt in den 60er-Jahren, als es noch keine Container gab, als die Schiffe in den US-Häfen vier bis fünf Tage lagen und Kisten und Säcke mit eigenem Geschirr entluden. Heute ist das anders. Die Schiffe liegen nur noch ein paar Stunden im Hafen, die Manöverwache übernimmt der Computer, die Tagebücher schreibt der Computer, die Wachräume sind klimatisiert.

Aber in den Maschinenräumen scheint auch heute noch keine Sonne. Nur die Künstliche.

Abgesang auf den „NDL"

Der NDL, Norddeutscher Lloyd,
Einst eine groooße Reederei zu Bremen,
Wurde gefressen und damit zur Beut'
Der Hamburger HAPAG, es war zum schämen.
Es wurde daraus Hapag-Lloyd.

Gottes eigene Reederei
In Hamburger Armen
Wie kann das sein?
Schrei zum Erbarmen
In Bremischen Landen.
Über 50 Schiffe gingen über den Deich
Der Weser, und noch mehr Schiffe
Machen Hamburg und die Elbe reich
An dem Verkehr mit dem Begriffe
Hamburg am Heck ist die Heimat der Schiffe.

Aber ein bißchen genauer betrachtet
Die Schiffe waren ja nicht neu
Schrott war dabei, wenig beachtet
Und Besatzungen, nur der Lloydflagge treu
Gingen mit den Schiffen nach HA-Lloy.

Bieberstein, Ruhrstein, keine Rosen,
Alte Särge, viel Arbeit, Rost, Reparaturen,
Alte Maschinen, Kammern wie Dosen
Duschen im Keller der alten Schlurren
Waschen von Hand im Eimer, nicht murren.

Dreck, in der Bilge konnte keiner essen
Bestenfalls an Rohren anecken
Wild verlegt, glatt zum vergessen,
Langer Aufenthalt war zum Verrecken
Offiziere in Uniform wie die Gecken.

Es war immer das Gerücht im Umlauf
Neue Schiffe würden gebaut
Backstein und Schornstein getauft
Immer nur leise, niemals laut;
Damit's keiner hört, landab und landauf.

Von der Weser in die Welt

Der nun folgende Flussverlauf wird als Wesermündung oder Außenweser bezeichnet. Das Fahrwasser durchs Wattenmeer ist auf den folgenden 35 Kilometern durch Tonnen gekennzeichnet. Jetzt bei absolutem Niedrigwasser liegt der Wasserweg klar erkennbar vor uns. Zudem haben wir eine herrlich klare Sicht.

Da die Menschen nahe der Mündung am Tor zur Nordsee von jeher magisch von der weiten Welt angezogen wurden und ihren Träumen gefolgt sind, gibt es viele Geschichten, die seewärts führen. Auch die Vegesacker Flussführer träumten von der weiten Welt und haben sie teilweise, kurzfristig oder über diverse Ecken auch erreicht. Carsten ist ein lebendiges Beispiel dafür und erzählt von der südamerikanischen „Pizza Johow".

Pizza Dr. Johow

In den Familien, die entlang der Unterweser wohnen, ist es nicht selten, dass man von einer Tante oder einem Onkel in Amerika spricht. Bei uns war das genauso, nur dass unsere Tante Margarita in Chile zu Hause war. Die Cousine meines Vaters hatte in den 30er-Jahren des vorigen Jahrhunderts in Berlin gewohnt und war für ihren exzentrischen Lebenswandel in der Familie bekannt.

Von der Umrandung der alten Linde am Utkiek in Vegesack wusste ich, dass die chilenische Hafenstadt Valparaiso, wo die Tante lebte, 12.191 km von Vegesack entfernt ist. Das war das einzige, was ich über unsere chilenische Verwandschaft wusste.

Ein Fax von Jürgen Rossmanek, dem Kapitän des Bremer Frachter „Olivia" der Reederei Daulsberg, änderte das. Das Schiff war zwischen den Häfen Nord- und Südamerikas eingesetzt. Im Telefonbuch von Valparaiso entdeckte Kapitän Rossmanek mehrere Einträge mit dem Namen Johow; der erste Eintrag war der Rechtsanwalt Dr. Christian Johow. Mein Brief an ihn wurde postwendend mit dem Satz beantwortet: „Ich bin dein Neffe!".

Ein Jahr später machten meine Frau Kazue und ich auf der Reise von Australien nach Hamburg für zwei Wochen in Chile Station, um der Sache nachzugehen. Vor nunmehr 133 Jahren, im Jahre 1880 war Friedrich Johow, ein Vetter meines Großvaters, nach Santiago berufen worden, um dort die pädagogische Hochschule zu gründen. Als Botaniker hatte er unter anderem die Fauna der zu Chile gehörenden Robinson Inseln erforscht, woraufhin ihm zu Ehren die höchste Erhebung der Inseln – Berg wäre mit 330 Metern etwas übertrieben – „Cerro Johow" benannt wurde.

Unsere 15 neu entdeckten Vettern, Cousinen, Neffen und Nichten sorgten dafür, dass diese Tage für uns unvergesslich wurden. Mit meinem Neffen Pablo bin ich in dem Restaurant

„La Teckla", im Stadtteil „Nuaroa" in Santiago sogar in den Genuss einer Pizza „Dr. Johow" gekommen, die mit Tomaten, Käse, Oregano und Schinken belegt war. Als wir dem Wirt des Restaurants erklärten, dass Friedrich Johow ein entfernter Vorfahre von mir war, hielt er uns spontan den gesamten Abend frei. Es war ein unvergessliches Erlebnis.

Ein Containerriese der Maersk-Reederei beim Löschen an der Containerkaje in Bremerhaven

Wir passieren Europas längste zusammenhängende Containerkaje von knapp fünf Kilometern Länge. Vier Containerschiffe unterschiedlicher Größe liegen an der Pier. Ein blauer Containerriese fällt besonders ins Auge – die „Emma Maersk". Schiffsgiganten wie sie können heute 14.000 Container und mehr laden. Die riesigen Brücken sind heruntergeklappt und die Greifer transportieren einen Container nach dem anderen aus dem Schiffsrumpf, während die hochachsigen Transporter an Land sich um die genaue Positionierung der Einheiten kümmern. Alles ist computergesteuert und hoch technisiert. Im Jahr 2011 wurden hier 6 Millionen Container umgeschlagen.

Die Außenweser hat derzeit eine Tiefe von etwa 16,5 Metern. Noch können hier an der Kaje die weltgrößten Containerschiffe mit bis zu 400 Metern Seitenlinie und 15.000 Containern festmachen. Sollte die Unterweser nicht weiter vertieft werden, wird die nächste Schiffsgeneration im Jade-Weser-Port festmachen.

Manfred hat eine Geschichte über das vielleicht erste weltumspannende Unternehmen in Bremerhaven beizutragen, das den Beginn der „Global Player" eingeläutet haben könnte – chinesische Wäscher an Bord der Schiffe.

Max

Kommst du heute auf ein Schiff unter deutscher Flagge, dann triffst du Besatzungen aus aller Herren Länder. Philippinos, Russen, Ukrainer, Polen, Portugiesen, Kiribati-Insulaner aus der Südsee, Leute von den Kap Verden, Balten, Kroaten, Afrikaner, Ceylonesen – die ganze Welt scheint da vertreten. Deutsche allerdings triffst du nur selten, Deutsche sind zu teuer, sagten die Reeder jahrelang. Bestimmungen und Gesetze wurden soweit geändert, dass heute unter gewissen Voraussetzungen selbst der Kapitän keine deutsche Staatsbürgerschaft mehr benötigt.

Das war damals, Ende der fünfziger Jahre, noch ganz anders. Die deutschen Schiffe hatten fast ausnahmslos eine rein deutsche Besatzung. Das war auch bei meiner Reederei so. Eines Tages kam ein Brief vom Kontor, der uns mitteilte, dass während der nächsten Werftzeit eine Bordwäscherei eingebaut würde. Die gesamte Schiffswäsche soll in Zukunft an Bord gewaschen werden. Bis dahin war die Wäsche im jeweiligen deutschen Löschhafen zur Reinigung und Pflege von einer Großwäscherei an Land geholt worden. Da wir aber immer häufiger andere europäische Häfen anliefen oder nur noch in außereuropäischen Fahrtgebieten verkehrten, klappte es mit der Logistik nicht mehr so recht. Auch wurden unsere Liegezeiten immer kürzer und reichten nur knapp für die Bearbeitung der Wäsche aus, wobei natürlich wegen des starken Zeitdrucks auch die Kosten für die Wäschereien drastisch gestiegen waren.

Einige Wochen später erfolgte bei den Hamburger Howaldtwerken der Einbau der neuen Bordwäscherei mit allen erforderliche Maschinen und Geräten. Und dann kam er, dessen Reich dies von nun an sein sollte. Klein, fast schmächtig. Dunkelhaarig, schlitzäugig, höflich lächelnd und beladen mit mehreren großen Pappkartons und Tüten stellte er sich vor: „Heißen Max, Chinese laundryman." An Bord gebracht wurde Max von, nennen wir ihn Mr. Lin, einem sehr seriös und gewandt auftretendem, gut gekleideten, älteren Chinesen. Mr. Lin betrieb eine Großwäscherei in Bremerhaven und war sozusagen der „Obermax", denn für ihn arbeiteten einige zig „kleine Maxe" als fleißige Wäscher auf vielen Schiffen in aller Welt.

Mr. Lin war also damals schon das, was heute in Deutschland modern ist, Unternehmer für Leiharbeit oder, wie es in den Betrieben jahrzehntelang offener und treffender genannt wurde, „Sklaventreiber". Allerdings muss ich ehrlich sagen, dass sich unser Max durchaus nicht als Sklave fühlte, vielmehr einen recht glücklichen und zufriedenen Eindruck machte. Mr. Lin hatte Verträge mit den Reedereien, er bezahlte den Lohn an seine Maxe und wird dabei gut verdient haben. Wie viel Geld unser Max bekam, haben wir nie erfahren. Max war also Besatzungsmitglied, aber nicht Angestellter der Reederei.

Max zeigte sich begeistert von der modernen Bordwäscherei mit den nagelneuen Maschinen und Geräten. Er freute sich sehr über seine schöne Einzelkammer mit eigenem Duschbad und WC. Binnen weniger Tage gab er ihr mit ein paar Bastmatten, Papierlampen und bunten Tüchern etwas chinesisches Flair. Und er hängte zwei Bilder an die Wand; das eine zeigte eine chinesische Landschaft, das andere seine große Familie mit Großeltern, Mutter, Vater, Geschwistern, Onkeln und Tanten. Nun war Max zu Hause, das Schiff seine neue Heimat.

Von morgens bis abends war Max in seiner Wäscherei fleißig. Er wusch, mangelte, bügelte, legte die Wäsche zusammen und betreute sein Wäschelager. Ich erinnere mich an ihn nur in Khakishorts, weißem T-Shirt und Badesandalen. Neben der Schiffswäsche durfte Max auch die Privatwäsche der über 40-köpfigen Besatzung waschen. Von der Reederei abgesegnete Preislisten dafür hingen in den verschiedenen Messen aus. Da die Preise niedrig waren, gaben die meisten von uns ihre Wäsche in Max´ bewährte Hände. Er bekam auch die schlimmsten Schmutz-, Öl- oder Fettflecken raus. Dafür zauberte er aus seinen mitgebrachten Tüten geheimnisvolle Wundermittel. Jedenfalls sahen wir von nun an wirklich alle aus, wie aus dem Ei gepellt. Jetzt waren weiße Oberhemden nicht nur dort gebügelt wo sie unter den Uniformjacken sichtbar waren, also an Kragen und Manschetten, sondern überall. Max wollte nicht mit in der Mannschaftsmesse essen, sondern holte sich seine Mahlzeiten in die Wäscherei.

Wir bekamen schnell mit, dass ihm die deutsche Küche nicht besonders behagte, und er das Essen für sich nachträglich mit chinesischen Gewürzen verfeinerte. Ja, das Essen war wohl sein einziger Kummer an Bord. Schließlich erlaubte ihm der Kapitän, sich seine Mahlzeiten selbst zuzubereiten. Der Koch räumte ihm in seiner Kombüse, zunächst etwas widerwillig, eine kleine Ecke seines großen Herdes ein. Von nun an zogen asiatische Düfte aus der Kombüse durch's Schiff, und Max war der glücklichste Mensch an Bord. Auch unser Smutje dürfte im Laufe der Zeit davon profitiert und das eine oder andere Rezept in seinem Kochbuch notiert haben. Jedenfalls waren seine anfänglichen Einwände gegen den chinesischen Kochkünstler in seinem geheiligten Küchenbereich bald verstummt.

Max machte immer einen fröhlichen Eindruck; er hatte keine Feinde an Bord, aber auch keinen engeren Freund. Er hielt sich zurück, lebte in seiner Wäscherei und seiner Kammer für sich. Die einzige Freizeitbeschäftigung, an der er teilnahm, war Tischtennis. Darin war er Meister und freute sich, wenn er uns von der Platte fegen konnte. Gab es im Hafen Gelegenheit zum Landgang, versuchte Max immer irgendwelche Landsleute zu treffen. Das schönste für ihn war, wenn er auf einem anderen Schiff auch einen Max entdeckte, dem er dann voller Stolz seine Wäscherei und seine Kabine vorführen konnte. Ehrensache, dass dann mit dem Landsmann auch chinesisch gebrutzelt wurde. An solchen Abenden zog dann ein exotischer Duft durch das Mannschaftsdeck, und aus Max´ Kammer hörte man lebhafte Gespräche und immer wieder fröhliches Lachen. Max, unser erster Ausländer an Bord, ein wirklich angenehmes Besatzungsmitglied.

Bei Tonne 57 erhebt sich an Steuerbord die vierte der Weserinseln, Langlütjen I aus dem Watt, die bei Ebbe von Nordenham fußläufig zu erreichen ist. Bei Tonne 53 thront Langlütjen II, auf der die Befestigungsanlagen klar zu erkennen sind. Direkt gegenüber am anderen Weserufer lag die Weserinsel „Brinkamahof", die im Rahmen des Ausbaus der Containerkaje „eingearbeitet" worden ist. Vor einigen Jahren unternahmen die Flussführer einen Ausflug nach Langlütjen II um sich das Fort einmal genauer anzusehen. Albert beschreibt den Ausflug.

Der Landweg von Blexen zur Weserinsel Langlütjen I ist nur bei Niedrigwasser möglich

Langlütjen II – eine Festungsinsel im Watt

Wir, die Gruppe der Flussführer vom Bürgerhaus Vegesack, haben schon diverse Fahrten auf der Unterweser unternommen, auf denen wir Informationen und Eindrücke sammeln, die wir an Gäste auf den Vegesacker Traditionsschiffen weitergeben können. Eine dieser Fahrten sollte uns im Jahre 2002 auf die Insel Langlütjen II führen, eine von Menschenhand geschaffene Insel mit einer ganz besonderen Geschichte.

Zu Kaisers Zeiten hatten preußische Militärstrategen die Idee, zum Schutz der Weser eine Festung in der Außenweser zu errichten. Diese Idee wurde in den Jahren 1872 bis 1876 umgesetzt. 300 bis 400 Menschen arbeiteten vier Jahre daran. Es wurden viele tausend Eichenpfähle in das Watt gerammt und mit Ketten untereinander verbunden. Dichtes Strauchwerk bildete die Grundlage für die Aufschüttung großer Mengen Erdreich. So entstand eine etwa 200 Meter lange und 50 Meter breite Insel, die fast zehn Meter aus dem Watt herausragt. Hier wurden schwere Geschütze installiert, von denen niemals ein Schuss abgefeuert worden ist.

Der Fußweg vom Schiff zur Weserinsel „Langlütjen II" bringt im butterweichen Schlick so manche Probleme mit sich

Unser Vorhaben entpuppte sich allerdings als gar nicht so einfach. Die Insel war inzwischen als Teil des Naturschutzgebietes Wattenmeer unter Denkmalschutz gestellt worden. Das Betreten war Unbefugten untersagt. Eine freundschaftliche Verbindung zu Herrn Pilz vom Maritimen Denkmalschutz in Bremerhaven war uns sehr hilfreich und ermöglichte schließlich den Besuch auf Langlütjen II.

Am 10. Juni 2002 fuhren wir bei Hochwasser mit dem Weserkahn „Franzius" dicht an die Insel heran und ließen uns bei ablaufendem Wasser trockenfallen. Jetzt hatten wir die Möglichkeit, zu Fuß zur Insel zu gehen, aber auch das hatte seine Tücken. Vom Schiff bis zur Insel waren es gerade mal 100 Meter. Das Watt hatte an dieser Stelle ganz unterschiedliche Konsistenzen und die wenigen Meter wurden recht beschwerlich.

Auf dem festeren Teil konnte man einigermaßen gehen. Geriet man aber in einen weicheren Bereich, wobei man den Unterschied äußerlich nicht erkennen konnte, sackte man plötzlich 20 bis 30 cm tief ein. Da wieder herauszukommen fiel einigen unserer Gruppe recht schwer. Hatte man auf einem Bein und ohne wirklichen Halt endlich einen Fuß aus dem Schlick gezogen, musste man ihn an anderer Stelle schnellstens wieder einsetzen um nicht den Halt zu verlieren. Er versank ebenso tief im Schlick wie zuvor. So ging es nur schrittweise voran. Einige von uns hatten etwas zu große Gummistiefel an, die sich mit ganzer Kraft am Grunde des Watts festsogen.

Wenn sie den Fuß mit ganzer Kraft endlich herausgezogen hatten, blieb der Stiefel im Schlick stecken. Sie tapsten dann ohne Stiefel weiter und steckten nun auf Socken im Matsch. Auf den gerade mal 100 Metern gingen auch noch die Socken verloren, die wohl noch heute vor Langlütjen liegen.

Als wir die Insel endlich erreicht hatten, wurden wir von einer Rohrweihe, die ganz aufgeregt um uns herum schwirrte, nicht gerade freundlich begrüßt. Sie hatte vermutlich in der Nähe ihr Gelege, um das sie sich Sorgen machte. Nicht nur Rohrweihen bewohnen die Insel, sondern auch Austernfischer, Seeschwalben, Rohrsänger und einige andere Vogelarten. Die augenfälligste Pflanze auf der Insel war die große Brennnessel, die fast alles überwuchert hatte.

Unser Rundgang, auf dem es viel zu entdecken gab, dauerte fast zwei Stunden. In den noch gut erhaltenen Kasematten, dem unterirdischen Gewölbe der Festung, waren von 1933 bis 1934 KZ-Häftlinge gefangen gehalten worden. Uns überkam bei dem Gedanken eine Gänsehaut. Auch die Fundamente der Geschütze waren noch gut zu erkennen. Alles in allem war der Rundgang sehr informativ, obwohl nicht ganz ungefährlich, denn es gab doch einige Stolperfallen entlang des Weges.

Der Rückweg zur „Franzius" gestaltete sich, genauso wie der Hinweg, sehr abwechslungsreich und von schadenfrohem Gelächter begleitet. An Bord war erst einmal die große Reinigung vom Schlick angesagt. Um mit dem Schiff wieder frei zu kommen, mussten wir auf das Hochwasser am nächsten Tag warten. Wir verbrachten eine schöne, ruhige Nacht an Bord mit einem herrlichen Blick auf die beleuchtete Containerkaje von Bremerhaven.

Im Anschluss an die Kaje breitet sich die weite Mündung der Weser vor uns aus. Es ist kurz nach Niedrigwasser. Riesige Sände, Rücken, Platen oder Wattrücken zwingen uns in den einzig möglichen Verlauf des Fahrwassers. Kleine Siele und Priele zerfasern die großen Sandplatten in landkartenartige Gebilde und bieten hier und da kleineren Booten noch Durchfahrtsmöglichkeiten.

Bei Hochwasser meint man auf dem offenen Meer zu sein, obwohl noch 30 Kilometer Wegstrecke durchs Wattengebiet bis zum Leuchtturm „Roter Sand" vor uns liegen. Die Leuchttürme Hohe Weg, Mellumplate, Tegeler Plate und Alte Weser weisen dann den Weg durch die gefahrenreiche Wegstrecke zum offenen Meer.

Konrad liest seine Geschichte über unseren Besuch im Simulator der Hochschule für Nautik in Bremen vor, bei dem wir mit einem Containerschiff von Sydney kommend mit dem Ziel Vegesack in die Wesermündung eingefahren sind.

Seekrank im Simulator

Die Reise von Sydney nach Bremen-Vegesack war für uns Flussführer ein außergewöhnliches Erlebnis und ging auch gleich richtig gut los.

Beim Ablegen in Sydney fuhren wir die vordere Spring ab – kein wirkliches Problem für ein, mit zwei Bugstrahlern ausgerüstetes, 8.000 TEU-Containerschiff. Dann ging es viel zu schnell und viel zu dicht an dem vor uns liegenden Schiff vorbei. Der Dampfer war aber wohl gut an Land festgemacht, denn der von uns produzierte Sog ließ das Schiff ruhig liegen, sodass wir ohne Beulen und Schrammen daran vorbeikamen. Mit viel zuviel Fahrt versuchten wir jetzt um die Ecke in Richtung Sydney-Harbour-Bridge zu kommen, der Brücke, wo zu Sylvester, abends um sechs oder sieben Uhr Mitteleuropäischer Zeit, immer mit einem Riesen-Feuerwerk das Neue Jahr eingeläutet wird.

Jedenfalls waren wir viel zu schnell und mussten sofort Fahrt aus dem Schiff nehmen. Folglich hatten wir keinen Ruderdruck mehr und konnten das Schiff partout nicht um die Ecke bringen. Wir nahmen Kurs auf die gegenüberliegende Seite, auf Lavender Bay. „Volle Fahrt voraus" brachte auch nichts – der Propeller produzierte nur Schaum aber keinen Ruderdruck.

Gott sei Dank tauchten urplötzlich aus dem Nichts zwei Schlepper auf. Von unserem Vorschiff wurde eine Leine an einen der Schlepper übergeben und der brachte uns dann wieder auf Kurs, sozusagen „um die Ecke" in Richtung Harbour-Bridge und Opernhaus. Keiner von uns auf der Brücke hatte einen Befehl für dieses Manöver gegeben, irgendwie schien da eine Hand im Hintergrund zu wirken.

Wir kamen in äußerst geringem Abstand von den Brückenbögen, aber doch ohne Berührung des Stahlbauwerks, unter der Sydney-Harbour-Bridge hindurch, passierten das weltberühmte Sydney-Opera-House an der Steuerbord-Seite, und dann ging es auf der falschen Fahrwasserseite an Shark-Point vorbei Richtung Pazifik.

In diesem Revier zwischen dem Pazifik und dem Hafen von Sydney war natürlich ein reger Schiffsverkehr. Wir nutzten die Gelegenheit, diesen Verkehr ein wenig durcheinander zu bringen, ohne dabei ein anderes Schiff zu versenken.

Das erledigten wir dann direkt nach Erreichen der offenen See. Da kreuzte doch so ein kleines Schiffchen, so ein australisches Kümo vor uns her, das urplötzlich im toten Winkel vor unserem Bug verschwand und dann auch nicht wieder auftauchte, weder vor, noch neben, noch hinter uns.

Da wir uns keiner Kollision bewusst waren, fuhren wir weiter Richtung Vegesack.

Wir waren noch nicht ganz weit draußen auf dem Pazifik, als urplötzlich eine dieser berüchtigten riesigen Nebel-, Regen- und Wolkenbänke vor uns auftauchte, aus der Blitz und Donner unbekannten Ausmaßes zu sehen und zu hören waren. Das beeindruckte selbst uns erfahrene Seefahrer. Plötzlich ging die See hoch, das Schiff rollte und stampfte und der Magen fing an erste Signale zu senden.

Urplötzlich tauchte aus dieser Dunkelheit, der wir uns mit voller Schiffsgeschwindigkeit näherten, ein Passagierdampfer auf – mit voller Geschwindigkeit und auf Kollisionskurs – ohne, dass uns das laufende Radargerät auch nur eine Vorwarnung gegeben hätte.

Ein ohrenbetäubendes, metallisches Kreischen und Knarren von der Backbordseite und starke Schlagseite nach Steuerbord konnten nur eine schwere Havarie bedeuten. Unsere Logge, also die Schiffs-Geschwindigkeitsanzeige, zeigte plötzlich 10 Knoten rückwärts. Wir wurden also von dem Passagierschiff geschoben, es hatte sich bei dem Zusammenprall tief in unseren Schiffsrumpf gebohrt.

Für Seenotsignale blieb uns aber keine Zeit, geschweige denn zum Aussetzen von Rettungsbooten, denn urplötzlich tauchten wir auf der anderen Seite des Globus wieder auf. Der Leuchtturm „Roter Sand" war zu sehen, wir fuhren auf die Wesermündung zu.

Das Fahrwasser kannten wir ja gut, es gab also keinen Grund, die Geschwindigkeit zu reduzieren. Mit 23 Knoten ging´s in die Weser hinein, recht flott vorbei an den Schiffen an der Columbuskaje. Das aus der Kaiserschleuse kommende Schiff, ein großer Autotransporter, konnte uns auch nicht zur Reduzierung unserer Geschwindigkeit veranlassen – wir wollten ja schließlich zurück nach Vegesack. Der Autotransporter gab „voll zurück" und entkam uns durch dieses Notmanöver.

Für die Weser in Höhe Vegesack war unser Containerschiff natürlich viel zu groß und für den Vegesacker Hafen und die Lesum sowieso. Etwa auf der Höhe von Brake wurde aus unserem 8.000-TEU-Schiff plötzlich ein Schlepper, der die Weser weiter hinauftänzelte und mit einigen wilden Manövern unsere Mägen provozierte.

Dann pflügten wir den Vegesacker Hafen um. Irgendeine gute Seele hatte, Gott sei Dank, all die schönen Traditionsschiffe entfernt, sodass wir keinen weiteren Schaden anrichten konnten. Das galt allerdings nicht für die Lesum und das Lesum-Sperrwerk.

Obwohl wir im ersten Anlauf den Schlepper gerade noch vor dem Sperrwerk zum Stehen bringen konnten, waren die an das Lesumufer angrenzenden Bauwerke nicht mehr zu retten. Das Sperrwerk schafften wir dann im zweiten Versuch.

Allerdings hatten zu diesem Zeitpunkt die am Ruder stehenden Kollegen das Steuern des Schleppers schon lange aufgegeben. Die Einsicht, dass gegen die im Hintergrund agierende Kraft kein Kraut gewachsen war, hatte sich durchgesetzt.

Alles in Allem war es ein ereignisreicher Abend im Schiffs- und Navigations-Simulator der Hochschule für Nautik in Bremen. Wir waren durchaus froh, als das Licht anging und wir wieder festen Boden unter den Füßen spürten.

Wir gewannen an diesem Abend die Erkenntnis, dass das menschliche Gehirn so einem Simulator nicht wirklich gewachsen ist. Da hat die Evolution die technische Entwicklung irgendwie verpasst, sie ist sozusagen „achteraus gesegelt".

Und als wir dann auch noch unseren Lothar wiederfanden, der aufgrund seiner Nikotinsucht auf dem dunklen Hinterhof verschollen, quasi in Seenot geraten war, da war die Welt für alle Teilnehmer an dieser Simulator-Vorführung wieder in Ordnung.

Da wir jetzt bei Geschichten rund um den Globus angelangt sind, darf natürlich die für alle Seeleute wichtige „Äquatortaufe" in unserer Sammlung nicht fehlen. Axel Gellert hat sie für uns beschrieben, fiktiv oder real, das sei dahingestellt. Axel Gellert, Jahrgang 1954, ist gebürtiger Vegesacker. Er fuhr ab 1970 vier Jahre lang zur See. Begonnen hat er auf Schiffen der Hapag-Lloyd und wechselte später zur Wallenius-Reederei, die im Autoumschlag führend ist. Heute lebt Axel in Bremen-Nord und arbeitet im öffentlichen Dienst.

Äquatortaufe

Es war kalt, feucht und nebelig, als mich die Elbbarkasse am 12. Oktober 1970 zur MS „Rothenstein" brachte, die im „Kaiser Wilhelm Höft" am Kai der „Howaldts-Deutsche Werft" lag. Der Schornstein des stolzen Dreimasters verlor gerade die gelbe Farbe des NDL und wurde mit den Hapag-Farben schwarz-weiß-rot gestrichen. Zuvor waren einige Reparaturen am Schiff durchgeführt worden um die Klassifikation zu erhalten. An Bord und am Kai herrschte ein wildes Durcheinander.

Ich war einer von zehn Auszubildenden in der fast 50-köpfigen Besatzung, Deckjunge, später auch „Schiffbetriebsmechaniker-Lehrling" genannt, und hatte zuvor gemeinsam mit den anderen eine dreimonatige seemännische Vorausbildung auf dem Schulschiff Deutschland abgeleistet.

Die Begrüßung an Bord war nicht gerade freundlich. Ein Matrose geleitete mich nach Achtern in die Kadettenunterkunft. Ich wählte mir eine obere Koje und kaum hatte ich meine Sachen in einem kleinen Spind verstaut, trudelten auch die anderen halbstundenweise ein: Jablonsky, Hildebrandt, Axel O., Volker B. mit seinem Quetschkasten, Uwe S. aus Grambke, gerade mal 162 cm klein und schmächtig, Uwe J. aus Bremerhaven, und, und, und.

Nach Südamerika sollte es gehen, erst New York, dann Brasilien, Uruguay, Argentinien, Chile, Ecuador und durch den Panamakanal zurück. Die Fahrtziele versprachen spannende Abenteuer.

Nach zwei Tagen hieß es: „Leinen los", und auf nach Antwerpen. Die Atlantiküberquerung war stürmisch, der Wind wehte in Orkanstärke. Uwe J., Sohn eines Bremerhavener Fischdampferkapitäns, traf es am Schlimmsten. Eigentlich war er seeerfahren, hatte in den Ferien oft bei seinem Vater angeheuert und dabei schon einige Stürme erlebt. Aber es war wohl ein gewisser Unterschied zwischen einem Fischdampfer und einem Schiff wie der „Rothenstein". Er und die meisten Anderen waren gewaltig seekrank und reiherten sich die Seele aus dem Leib. Mich hatte es zum Glück nicht getroffen. In meiner Familie hieß es schon immer: Die Gellerts werden nicht seekrank und haben alle noch ihren Blinddarm.

Am Sonntag den 25. Oktober trafen wir in New York ein. Zu Sechst durchliefen wir ziel- und planlos die Karrees von Manhattan und standen irgendwann staunend und überwältigt vor dem Empire State Building. Wir kamen nicht gerade vom Dorf, aber was diese Stadt an Größe zu bieten hatte, verschlug uns den Atem. Mit der U-Bahn fuhren wir in die Bronx. Strahlende Augen aus schwarzen Gesichtern stierten uns an – wir müssen gewirkt haben wie Aliens von einem andern Stern. Sie wunderten sich, wie wir uns in diese Gegend verirren konnten und augenscheinlich völlig angstfrei waren. An einer schäbigen Blechbude kauften wir unsere ersten Hamburger vom Grill. Irgendwie fanden wir spätabends zurück an Bord.

Eine Woche später überqueren wir den Äquator in Richtung Brasilien.

Tags zuvor erschien am späten Abend ein „Abgesandter Neptuns" an Deck und kündigte den „Ungewaschenen", das heisst noch nicht Getauften, das Erscheinen „Gott des Meeres" an. Gut die Hälfte der 50-köpfigen Besatzung hatte noch nie den Äquator passiert und musste sich zwangsläufig diesem Ritual unterziehen.

Am nächsten Morgen – es war ein arbeitsfreier Sonntag – erschienen die Kandidaten in Badehose und Schlips an Deck, wie es vorgeschrieben war, und wurden von verkleideten Matrosen-Hilfspolizisten zusammengetrieben und in das Kabelgatt gesperrt. Kapitän N., später Hafenkapitän in Bremerhaven, hatte sein Kommando bereits Neptun und seinem Gefolge überlassen.

Da hockten wir nun bei 40 Grad Hitze zusammengekauert in einem unbelüfteten Materialschacht an Deck der „Rothenstein". Direkt über uns bearbeiteten einige Matrosen mit Rostmaschinen das Deck, um uns die Gefangenschaft noch unerträglicher zu machen.

Nacheinander wurden wir aus dem Verschlag geholt, die Hände auf dem Rücken gefesselt und von zwei „Polizisten" Neptuns bewacht. Die führten uns zum König Neptun und seiner Frau Thetis – bezaubernd dargestellt von Norbert. Ein alter BH und ein Baströckchen aus der Requisitenkammer der „Rothenstein" verliehen ihm ein entsprechendes Aussehen. Auf seinen Füßen lagen verfaulte Heringe und die Anwärter wurden von Neptun genötigt, die Füße seiner Nixe zu küssen. Außerdem musste ein kräftiger Happen des stinkenden Fisches gegessen werden.

Von dort aus ging es zum Astronomen, der mir ein Fernglas reichte um das „Kreuz des Südens" zu beobachten. Das Fernglas hatte aber keine Linsen, sondern war hohl und während ich mit dem Feldstecher konzentriert in den Himmel schaute, goss mir ein Assistent des Astronomen Essig in die Augen. Taumelnd und mit brennenden Augen wurde ich weiter zur ärztlichen Untersuchung geführt. Man legte mich rücklings auf eine Aluleiter, gab mir einen kräftigen Schluck Essig als Medizin und schnallte mich fest, bevor mich eine 12-Volt-Strombehandlung, ohne Krankenschein und völlig kostenlos, durchfuhr. Dazu wurde mir eine Tablette verabreicht, also mit Gewalt in den Mund gesteckt, die ganz scheußlich schmeckte und wohl überwiegend aus Küchenabfällen bestand.

Obwohl mir das alles schon gelangt hätte, wurde ich nun zum Hoffriseur geführt, der auf dem Rand des etwa vier mal vier Meter großen und 1,70 Meter tiefen Wasserbeckens stand, das üblicherweise der Erfrischung der Besatzung diente. Er rieb meinen Kopf mit Schmierfett ein und fragte, ob ich „Facon" oder „Glatze" haben wollte. Es war eine Frage des Preises: Ein Faconschnitt kostete zwei Kisten Bier, eine Glatze war schon für eine Kiste Becks zu haben. Natürlich entschied ich mich für die Facon. Um eine Glatze zu vermeiden, hätte ich auch zehn Kisten Bier spendiert.

Bevor ich jedoch antworten konnte, bekam ich einen Stoß und fiel rücklings ins Wasser. Im Becken lauerten vier Crewmitglieder auf mich – jeder Einzelne von ihnen damals viel kräftiger als ich – und drückten mich unter Wasser. Nach gefühlten zwei Minuten kam ich an die Oberfläche, schnappte nach Luft und wurde sofort wieder runtergedrückt. Ich hatte schon mit meinem Leben abgeschlossen, mir wurde schwarz vor Augen und ich hatte keine Kraft mehr, mich gegen die Vier zu wehren. Als sie mich endlich an die Wasseroberfläche entließen, schnappte ich nach Luft und hustete eine Menge Salzwasser ins Becken. Irgendwer lockerte meine Fesseln und zog mich an den Beckenrand.

Wie ich nach Achtern in meine Koje gekommen bin, weiß ich nicht mehr. Jedenfalls lag ich über mehrere Stunden völlig verdreckt und apathisch da, ohne mich bewegen zu können. Mein Kopfkissen war durchnässt als ich mich aufrappelte und zur Dusche schleppte. Ich zog neue Bettwäsche auf und schlief für viele Stunden erschöpft ein. Nun war ich „Gewaschen" und durfte den Äquator von Nord nach Süd überqueren.

Nachdem uns Harald mit seiner „Atlantic" mal wieder sicher über den Weserstrom befördert hat, liest er uns eine Geschichte von einem wilden Törn auf der Ostsee vor, die Konrad für uns aufgeschrieben hat. Die „Atlantic" war damals der einzige deutsche Segler, der an der internationalen „Cutty Sark 88" teilgenommen hat. Mit dabei: unser Lothar!

88 „Cutty Sark 88" – Die TS „Atlantic" in schwerer See

Einmal in jedem Jahr findet irgendwo auf dieser Welt ein „Cutty Sark Tall Ships Race" statt. Im Jahr 1988 sollten die beiden Regatten von Karlskrona in Schweden nach Helsinki in Finnland und dann von Mariehamn auf den Åland-Inseln vor Finnland nach Kopenhagen

in Dänemark verlaufen. In der richtigen Langfassung hieß diese Veranstaltung: „Cutty Sark Tall Ship's Race Karlskrona - Helsinki - Mariehamn - Kopenhagen 1988".
Harald Hanse hatte seine TS „Atlantic" zur Teilnahme angemeldet, wie auch schon regelmäßig in den Jahren davor. 1988 war die „Atlantic" das einzige Traditionsschiff aus Vegesack und der einzige Segler aus dem Land Bremen überhaupt, der an den beiden Regatten und den Geschwaderfahrten teilnahm. Aber Harald hatte ja auch einen Ruf zu verteidigen, denn in dem Rennen zwei Jahre zuvor hatte er schließlich die Regatten in der Klasse B gewonnen.

Die „Atlantic" war von Vegesack aus zum Treffpunkt der deutschen Schiffe nach Flensburg gesegelt. Von dort aus ging es zum schwedischen Karlskrona, dem Treffpunkt für alle Teilnehmer an dieser „Cutty Sark 88". Aus dem deutschen wurde hier ein wahrhaft internationales Geschwader von Traditionsschiffen und Seglern.
Von Karlskrona aus ging es dann auf der ersten Regatta nach Helsinki. Die Distanz betrug 425 Seemeilen. Diese Reise verlief völlig unproblematisch, keine besonderen Vorkommnisse, sodass das Schiff rechtzeitig in Helsinki ankam und die Besatzung keine der üblichen Feiern und Veranstaltungen verpasste. Es wurde ausgiebig gefeiert.
Nach 3-tägiger Liegezeit in Helsinki ging es dann weiter über 180 Seemeilen nach Mariehamn auf den Åland -Inseln, dem vorgesehenen Startort für das zweite Rennen. Hier begann der Höllenritt durch die nordöstliche Ostsee nach dem Auslaufen zur zweiten Regatta Ende Juli 1988.
Die Strecke von Mariehamn nach Kopenhagen war auf fünf Tage ausgelegt bei einer Distanz von etwa 455 Seemeilen. Für ein Schiff wie die „Atlantic" durchaus machbar, es bedeutete ein Etmal von gut 90 Seemeilen pro Tag auf dem kürzesten Wege. Bei 24 Stunden Fahrt pro Tag hätte also eine Durchschnittsgeschwindigkeit von vier Knoten völlig ausgereicht, um das Ziel Kopenhagen innerhalb der gesetzten Zeit zu erreichen, auch wenn ein Schiff unter Segeln fast niemals auf dem kürzesten Wege sein Ziel erreicht. Die Abhängigkeit vom Wind – sowohl von der Richtung, aus der er kommt als auch von der Stärke, mit der er bläst – zwingt den Segler fast immer zu einer Kursänderung, um den besten Vortrieb zu erreichen. Und bei Flaute geht eben gar nichts mehr. Die Maschine darf bei einer Segelregatta selbstverständlich nicht angelassen werden.
Die Wettervorhersage für die nächsten Tage war gar nicht so schlecht: Ein mittlerer Südostwind mit Spitzen bis Windstärke 6 war angesagt. Eigentlich ideal für die „Atlantic" und den süd-süd-westlichen Kurs um Südschweden herum nach Kopenhagen.
Aber es gibt eine Menge Segler und Seefahrer, die nennen die Meteorologen auch gerne „Meteorolügen". Zugegebenermaßen ist dieser Ausdruck nicht ganz fair, denn keiner unterstellt den Meteorologen, dass sie bei der Wettervorhersage bewusst lügen. Aber es gibt eben immer wieder Situationen, in denen die Vorhersage mit den realen Wetterbedingungen nicht übereinstimmt.

Am ersten Tag und in der ersten Nacht stimmten die Vorhersagen exakt, das Schiff machte gute Fahrt, und die Mannschaft konnte bei den nachts abflauenden Winden sogar ein Reff aus den Segeln nehmen. Am Morgen des zweiten Regattatages drehte der Wind langsam über Süd und West in nordwestliche Richtung mit ständig zunehmender Stärke. Die Segel wurden wieder gerefft und der Kurs in östliche Richtung geändert, da westlich die Gefahren der schwedischen Schären lauerten.

Durch die drehenden und stärker werden nordwestlichen Winde entstand ziemlich schnell ein ungewöhnlich starker Seegang. Hinzu kam eine Dünung, die Wellenberge in für die Ostsee ungewöhnlicher Größe entstehen ließen. Die Wellenlänge entsprach ziemlich genau der Länge der „Atlantic" mit dem Ergebnis, dass das Schiff in jede Welle ging und kaum noch Fahrt aufnehmen konnte. Das Schiff rollte und stampfte dermaßen, dass eine schwere Havarie, bis hin zum Verlust des Schiffes und seiner Besatzung, nicht mehr auszuschließen war. Die Vorsegel waren bis auf die kleine Fock geborgen worden, eine teuflisch schwere und auch gefährliche Arbeit, bei denen die jungen Segler im Fangnetz unter dem Klüverbaum stehend, sich daran festklammernd, zum Teil über und zum Teil unter Wasser stehend, ganze Arbeit leisteten. Später beschrieben sie das Gefühl, das sie hatten: Du stehst in einem Fahrstuhl, der immer schneller wird und hast das Gefühl, die Bremse geht nicht! Jedenfalls hatten die jungen Männer nach Abschluss der Arbeiten die Vorsegel an dem sieben Meter langen Klüverbaum gut fest gemacht.

Der Wind hatte zwischenzeitlich Stärken bis 9 erreicht. Böen bis elf Beaufort peitschten aus Nord-West heran. Das Schiff war etwa auf halber Höhe querab Gotland, aber deutlich östlich davon. Und da es durch das Rollen und Stampfen kaum noch Fahrt machte, trieb es langsam auf die Küste Lettlands zu, damals noch ein Gebiet der Sowjetunion. An Bord der „Atlantic" gab es keine Seekarten der lettischen bzw. sowjetischen Küste und es war damals auch nicht ratsam, sowjetisches Territorium zu verletzen.

Und dann war da ein Bersten und Krachen vom Vorschiff her zu hören und ganz plötzlich lag viel weißes Segeltuch an Deck. Es waren genau die Segel, die von der Mannschaft mühsam am Klüverbaum befestigt worden waren. Ganz offensichtlich war der Klüverbaum gebrochen und lag nun mit allen Vorsegeln auf dem Deck des Vorschiffes.

Was war geschehen? Wahrscheinlich war der Klüverbaum mit den daran fest gemachten Segeln tief ins Seewasser getaucht und konnte dem enormen Wasserdruck beim Auftauchen nicht standhalten. Nur gut, dass die jungen Segler vorher mit ihrer Arbeit fertig gewesen waren und es keine Verletzten gab.

Durch die Havarie verlor das Schiff weiter an Vortrieb und die Abtrift in Richtung der Küste Lettlands nahm weiter zu. Der Skipper und Eigner der „Atlantic", Harald Hanse, traf daraufhin die Entscheidung, die Maschine anzulassen und die Atlantic von der Regatta abzumelden. Am nächsten Tag war im Funkverkehr der Fischfang-Flotte der DDR vom schlimmsten Sturm und der höchsten Dünung der letzten 50 Jahre die

Rede. Die „Atlantic" nahm dann relativ dicht unter der Küste zwischen dem Festland und Bornholm hindurch Kurs auf Ystad an der Südspitze Schwedens. Dort wurde der Klüverbaum innerhalb von zwei Tagen notdürftig repariert, bevor es weiter in den Sund nach Kopenhagen ging.
Die „Atlantic" kam als letztes Schiff des Regattafeldes an und nicht, wie geplant, als erstes. Shit happens.

Hier, wo die Weite des Meeres lockt, aber auch die Gefahren der hohen See spürbar werden, sobald der Wind an Beaufort zulegt, erzählt Lothar von seiner Fahrt auf der „Lindenfels", einem Frachter der DDG Hansa, die ihn bis an den Persischen Golf gebracht hat.
Lothar Vennemann, Jahrgang 1942 kam im zarten Alter von vier Wochen mit seiner Mutter nach Bremen-Rönnebeck. Schon früh entdeckte er seine Liebe zum Theater, musste aber auf Drängen seiner Mutter eine Lehre auf dem Bremer-Vulkan beginnen. Nach seiner Ausbildung ging er nach Südafrika und arbeitete zwei Jahre für die Südafrikanische Eisenbahn. Nach seiner Rückkehr heuerte Lothar bei der Hansa-Reederei an. Eine Krankheit führte ihn zurück zu seiner alten Liebe, dem Theater. Viele Jahre spielte er im „Statt-Theater-Vegesack" und wurde als „Käpt´n Säbelzahn" ein Vegesacker Original. Lothar gehört von Beginn an zur Gruppe der Flussführer.

Einmal Seemann und zurück

Nach einer Lehre zum Dreher beim „Bremer Vulkan" ging ich für zwei Jahre nach Südafrika und arbeitete dort für die Südafrikanische Eisenbahn auf der Strecke Kapstadt - Blomfontain. Nach meiner Rückkehr hatte ich Schwierigkeiten mich wieder an die deutschen Verhältnisse zu gewöhnen. Alles erschien mir eng und vorgeschrieben und die Menschen strahlten nur selten Gelassenheit aus. Sie taten wichtig, waren ruhelos und agierten hektisch.

Ich wollte wieder hinaus in die große, weite Welt. Da kam mir mein alter Freund Klaus wie gerufen, der schon einige Jahre zur See gefahren war und mich überredete gemeinsam auf die Suche nach einer Heuer zu gehen. Wir träumten von einem Dampfer mit ferner Fahrtroute, von Südamerika oder Südostasien, von paradiesischen Ländern mit exotischen und feurigen Mädchen.

Zunächst klapperten wir die renommierten Reedereien im Bremer Raum ab. Mich als Dreher oder Reiniger für die Maschine wollten sie wohl anheuern, Klaus aber war Dachdecker und an Bord kaum zu gebrauchen. So landeten wir letztendlich bei der „HANSA-Dampfschifffahrtsgesellschaft", einer großen Reederei, allerdings mit unattraktiven Fahrtzielen. Arabien, der Persische Golf und Indien waren die heißesten Gegenden der Welt und bei Seeleuten nicht gerade beliebt. Da wir aber auf der Stelle einen Heuervertrag über zwei Jahre auf Großer Fahrt bekamen, nahmen wir an. Im Juni begann unsere Reise auf der „Lindenfels" bei der „AG Weser" in Bremen.

Als wir Vegesack passierten, stahl ich mich für einen kurzen Moment an Deck, um von meinem Heimatort Abschied zu nehmen. Mir wurde ganz komisch zumute, als ich vom Wasser aus zum Ufer hinüberblickte. Wie oft hatte ich als Junge davon geträumt, mit einem Schiff in die Welt hinauszufahren. Nun war es endlich soweit und der Zustand versetzte mich in eine melancholische Stimmung.

Die „Lindenfels" war ein Schwerguttransporter, verfügte über bordeigenes Ladegeschirr und eine ungewöhnliche Anordnung der Decksaufbauten. Die Brücke befand sich vorne am Bug, in den hinteren Aufbauten waren die Mannschaftsunterkünfte, dazwischen ragten riesige Ladebäume über den Schiffsluken empor. Das Schiff war praktikabel beim Be- und Endladen und dem Transport sperriger, tonnenschwerer Güter wie Eisenbahnwaggons und deren Loks. Bei schwerer See jedoch war die „Lindenfels" sehr anfällig, kam leicht ins Schlingern oder Rollen und konnte sich richtig hochschaukeln.

Klaus und ich mussten uns mit unserer neuen Tätigkeit als Reiniger, auch „Bilge-Krebse" genannt, mit der Schiffsmaschine vertraut machen. Mit Lappen und Twist bewaffnet hielten wir die Schiffsdiesel und den gesamten Maschinenraum in Schuss. Bei laufender Maschine und einem Höllenlärm war es eine schmutzige und schweißtreibende Arbeit. Entsprechend sahen wir aus.

Mir wurde schnell klar, dass ich eine völlig verklärte Vorstellung von der Seefahrt gehabt hatte. Statt etwas von der Welt zu sehen, verbrachten wir die Tage im Maschinenraum. Die Grundheuer war sehr gering und ohne Überstunden kamen wir nicht über die Runden.

Am Nachmittag fuhren wir bereits elbaufwärts dem Hamburger Hafen entgegen. Erst nachdem wir den Hafen erreicht hatten, konnten Klaus und ich den Maschinenraum wieder verlassen. Endlich Feierabend! Nun konnte es losgehen mit der christlichen Seefahrt, was für uns Reeperbahn, flotte Mädchen und Amüsement bedeutete. Aber ich kehrte nachts enttäuscht von diesem Bummel zurück, wie wohl die meisten Seeleute bei ihrem ersten Besuch. Außer Rummel, Abzocke und Sauferei bis zum Abwinken war nichts gewesen.

Nachdem wir Ladung an Bord genommen hatten, ging es weiter nach Rotterdam, dem größten europäischen Seehafen und von dort aus nach Antwerpen, wo weitere Ladung hinzukam. Als unser Schiffsrumpf voll war, wurden an Deck noch Traktoren angelascht und festgezurrt. Nun waren wir klar zum Auslaufen und die Weltreise konnte endlich beginnen. Vom englischen Kanal sollte es über die Biskaya und durch die Meerenge von Gibraltar weiter über das Mittelmeer nach Arabien und zum Persischen Golf gehen, der vorerst letzten Station dieser Route.

Nach zwei ruhigen Tagen auf See empfing uns die gefürchtete Biskaya mit Windstärke 12 Beaufort - Orkanstärke. Die „Lindenfels" ächzte unter den Naturgewalten, und die haushohen Brecher, die gegen die Bordwand prallten, verursachten einen ohrenbetäubenden Lärm. Das Schiff hob und senkte sich wie ein Fahrstuhl – schlingerte, rollte und bäumte sich auf gegen die schwere See. Es war schrecklich und mir war speiübel. Ich hatte nur noch einen Wunsch - zu sterben. Arbeiten an Bord oder unter Deck war unmöglich geworden. Nie wieder Seefahrt! Das schwor ich mir in jenem Moment.

Als der Sturm sich gelegt hatte und die Sonne hervorkam, ging ich an die frische Luft, um einmal tief durchzuatmen. Das Meer lag still und friedlich da und die Pein der Seekrankheit war schnell vergessen. Plötzlich wurde mir gewahr, dass unsere gesamte Deckladung, die Traktoren, verschwunden waren. Bei schwerer See waren sie über Nacht vor der spanischen Küste über Bord gegangen. Auch wenn dieser Vorfall jede Menge Papierkram zwischen Reederei und Versicherung nach sich zog, behinderte er unsere Weiterfahrt in keiner Weise.

Am Abend durchliefen wir die Meerenge von Gibraltar. Mir bot sich ein phantastischer Ausblick auf zwei Kontinente, Afrika und Europa. Sonnige und entspannte Tage erwarteten uns auf der Fahrt durchs Mittelmeer. Schwärme von Tümmlern begleiteten unser Schiff. Zum ersten Mal genoss ich diese Reise und verbrachte meine Freizeit ausschließlich an Deck. Vor der Einfahrt in den Suezkanal mussten wir auf Reede gehen und warten, bis ein Schiffskonvoi zusammengestellt war. Fliegende Händler umrundeten unser Schiff mit ihren kleinen Booten, die bis zum Rand gefüllt waren mit landestypischen Produkten. Das bunte und lebhafte Treiben gefiel mir und verkürzte die Zeit des Wartens.

Endlich, nach zwei Tagen, setzte sich der Konvoi langsam in Bewegung. Die „Lindenfels" fuhr etwa mittig zwischen all den anderen Schiffen. Auf halber Strecke musste der Schiffsverband am „Bittersee" stoppen, um den Gegenverkehr passieren zu lassen. Schiffe unterschiedlichster Bauweisen und aus aller Herren Länder zogen an uns vorüber. Dieser Treck durch die afrikanische Wüste und den Suezkanal war ein ganz besonderes Erlebnis.

Die Sonne brannte schon seit Tagen erbarmungslos auf unser Schiff nieder und es sollte noch heißer werden. So hatte ich in meinem Leben noch niemals zuvor geschwitzt. An Deck wehte wenigstens noch eine leichte Brise. Stiegen Klaus und ich aber hinunter in den Maschinenraum, war die Hitze mörderisch. Soviel Flüssigkeit wie wir ausschwitzten konnten wir gar nicht zu uns nehmen. Ununterbrochen schütteten wir Brausewasser in uns hinein und nahmen Salztabletten. Appetit hatte ich schon seit Tagen nicht mehr und schlafen konnte man nur in Unterkünften mit Air-Condition.

Die weitere Reise verlief schleppend. Wir liefen die Häfen Djibuti, Aden, Bahrain und Basra an und machten sogar an einer Bohrinsel fest, um Ladung zu löschen. Manchmal lagen wir über Tage auf Reede in Warteposition, einmal sogar mehrere Wochen lang. Für einen Seemann war das eine sehr langweilige Angelegenheit. Die Zeit schien stehenzubleiben, währenddessen sich der Flugsand überall festsetzte. Er war in unseren Haaren und unserer Kleidung und knirschte selbst beim Essen zwischen den Zähnen.

Für das Maschinenpersonal kam zu den hohen Außentemperaturen noch die Abwärme der laufenden Maschine hinzu. Hitze von mehr als 50 Grad verschlug mir den Atem, sobald ich den Niedergang betrat. Es war mörderisch. Ich erfuhr nun am eigenen Leib, warum lediglich unerfahrene Seeleute, wie wir und solche, die sonst nirgendwo mehr eine Heuer bekamen, bei der „Hansdampf" anheuerten.

Die unerträgliche Situation an Bord verschärfte sich noch durch ein schlechtes Betriebsklima. Einige Mannschaftskollegen waren gereizt und es herrschte eine aggressive Stimmung. Der geringste Anlass genügte und schon kam es zu gewalttätigen Auseinandersetzungen. Einmal entstand anlässlich einer Geburtstagsfeier eine Massenschlägerei mit grausigem Ausgang. Einem Matrosen war der Daumen abgebissen worden. Der Kapitän sprach daraufhin ein totales Alkoholverbot aus. Die vertrackte Situation an Bord stimmte mich nachdenklich. Ich fühlte mich kraftlos und war ständig müde. Ich hatte „Null Bock" mehr auf diesem Schiff und auf dieser Route meinen Dienst zu tun. Wie konnte ich etwas ändern?

Nachdem wir den Persischen Golf durchquert hatten, fuhren wir in den „Schatt el Arab", den Grenzfluss zwischen Irak und Iran, mit Kurs auf „Khoramschar". Der Hafen war

Stützpunkt der „Hansa" im arabischen Raum und an der Pier lagen drei weitere Schiffe unserer Reederei. Wir löschten den Rest unserer Ladung und warteten auf neue Order vom Bremer Kontor. Die gesamte Crew war gespannt, wohin es gehen würde und wir schlossen sogar Wetten untereinander ab.

Dann kam die Anweisung von der Brücke: Vorräte bunkern und alle Tanks füllen! In zwei Tagen sollte die „Lindenfels" nach Amerika auslaufen. Ich hatte schon von den Kollegen erfahren, dass die Route „Amerika - Arabischer Golf" zwei Jahre dauern würde, da wir als Schwerguttransporter im Pendelverkehr unterwegs sein würden. Ich bekam einen gehörigen Schrecken, denn das wollte ich auf keinen Fall erleben.

Besorgt um meine Gesundheit und mein Wohlergehen, ersann ich einen Plan. Gleich am nächsten Morgen ging ich zum Kapitän und behauptete, meine Freundin hätte mir geschrieben sie sei schwanger. Darum müsse ich nun auf dem schnellsten Wege wieder nach Hause und bat um Verständnis. Der Kapitän reagierte erstaunlich gelassen: „Wenn du für einen entsprechenden Ersatz sorgst, kannst du abheuern. Aber die Flugreise musst du selbst zahlen." Ich musste also einen Reiniger finden, der bereit war meinen Posten zu übernehmen. Was das Finanzielle anging, war ich natürlich nicht in der Lage einen Flug zu bezahlen. Aber alles fügte sich und ein glücklicher Zufall kam mir zu Hilfe.

Da sich mein Problem bereits an Bord herumgesprochen hatte, erfuhr ich von einem Reiniger auf der „Freienfels", der dringend ein anderes Schiff suchte. Die „Freienfels" war ein älteres Schiff der Reederei, das in Deutschland ausgemustert werden sollte. Es gab keine Schiffskantine an Bord, in der die Mannschaft Alkohol und Zigaretten kaufen konnte. Besagter Matrose war aber Raucher und Trinker, hatte seine Heuer weit überzogen und konnte sich nicht vorstellen „unversorgt" auf See zu gehen. Aufgeregt rannte ich los, um ihn zu finden. Als ich ihn schließlich aufstöberte, war der Handel zwischen uns schnell gemacht. Die „Lindenfels" sollte bereits am nächsten Morgen auslaufen – Eile war geboten. In den nächsten Stunden setzte ich alles in Bewegung, um den Wechsel im Reedereikontor amtlich zu machen.

Nach Absprache mit den Kapitänen beider Schiffe mussten wir, in Ermangelung eines Seefahrtsamtes, mit unseren Seefahrtsbüchern zum Deutschen Konsulat. Dort wurde der Schiffswechsel mit Unterschrift und Stempeln beurkundet. Abgehetzt und völlig außer Atem kehrte ich zurück und packte eiligst meine Sachen. Zwischenzeitlich war es Abend geworden. Ich verabschiedete mich von meinem Freund Klaus, der über unsere Trennung leider sehr verärgert war.

Als ich mit geschultertem Seesack nun endgültig die „Lindenfels" verlassen wollte, hielt mich der iranische Zoll auf und verlangte doch tatsächlich Zollgebühren für mein Gepäck. Doch die Matrosen der „Lindenfels" kamen mir zu Hilfe. Zwecks Ausbesserungsarbeiten am Schiffsrumpf hatten sie ein Schlauchboot zu Wasser gelassen und boten mir einen Wechsel wasserseitig an.

Völlig fertig und abgespannt, aber glücklich und zufrieden über den Verlauf des Tages, versank ich in meiner neuen Koje auf der „Freienfels". Kurze Zeit später erwachte ich schweißüberströmt. Das Schiff verfügte nicht einmal über eine Klimaanlage. Ich ging an Deck, rauchte eine Zigarette und atmete die warme Nachtluft ein. Beim Anblick der „Lindenfels" aus sicherem Abstand überkam mich ein Gefühl der Zufriedenheit. Als ich am nächsten Morgen an Deck kam war sie bereits ausgelaufen.

Auf der Rückreise verbrachten wir die Nächte auf dem Bootsdeck. In den Unterkünften war bei diesen Temperaturen an Schlaf nicht zu denken. Dass wir mit einer uralten Maschine fuhren und keinerlei Komfort an Bord hatten, störte mich kaum. Die „Freienfels" nahm Kurs Richtung Heimat und das war das Wichtigste für mich.

Wochen später erreichten wir Bremen. Nach eineinhalb-jähriger Fahrenszeit war ich überglücklich meine Heimatstadt gesund wiederzusehen. Nach diesem ersten und einzigen Versuch, Seemann auf Großer Fahrt zu werden, war ich von meinem Kindheitstraum geheilt.

Ebenso wie Lothar hat auch Konrad als Bremer und als Seefahrer die DDG HANSA gut gekannt und deren Ende miterlebt. Er hat über diese Reederei ein Gedicht verfasst und die Entstehung des „Hungerkreuzes" beschrieben.

Abgesang auf die „HANSA"

Schwere Schiffe
Picasso - Liner
Umschiffen Riffe
An Bord war keiner.
Aus Holz, nicht einmal Eich',
Sondern aus Eisen, Bongossi war weich.

Das Hunger-Kreuz im Schornstein
War das Reederei-Symbol
Aus Bremen, nicht nur zum Schein
Ein großes Emblem, später hohl.
Sie fuhren Persischer Golf,
Schwergut, der O.A. hieß Rolf.

Pakistanisch die Mannschaft,
Der Koch hieß Machmud.
Der Stolz schon fast krankhaft
Auf Hansa und Schwergut.

Die Masten riesengroß,
Nach der Reise viel Moos.
Im Golf keine Gelegenheit
Geld auszugeben
Nur Warzen – Elli hatte Zeit,
Es ihnen abzunehmen.
Sandflöhe fangen war beliebt
In Persien, wenn's beliebt.

Kakerlakenrennen auf dem Tisch,
Zum Zeitvertreib mit Streichholzschachteln
In Zuckerbahnen, versteht sich
Zum Essen gab es nie Wachteln.
Es hat auch nie einer danach gefragt,
Indischer Reis war angesagt.
Ein Plakat auf einem Schiffe
Ging um die Welt.
„Wir haben Hunger! Hilfe",
Es ging auch um's Geld.
Das brach dem Namen das Kreuz
Es ging dahin wie der Lloyd.

Das HANSA-Hungerkreuz

Hungerkreuze haben eine lange Geschichte. Sie wurden an vielen Orten der Erde errichtet, zum Teil als Erinnerung an Hungersnöte, zum Teil als Dank für deren Überwindung. Und das „Hungerkreuz von Sötenich" entstand als Bezahlung eines Steinsetzers für die kostenlose Gabe von Brot des örtlichen Bäckers für seine Familie mit sieben Kindern. Dieses Kreuz hat sogar eine gewisse Ähnlichkeit mit dem Hansa-Kreuz, das die weltweite Schwergutschifffahrt über Jahre dominierte.

Warum nun aber das Hansa-Kreuz als Hungerkreuz bezeichnet wurde oder noch wird, darüber ranken sich sehr viele Gerüchte. Die eingefleischten Hansafahrer behaupten, auf den Schiffen der DDG Hansa nie Hunger gehabt zu haben. Im Gegenteil.

Andererseits soll es Anfang den 50er Jahren des letzten Jahrhunderts gewesen sein, als die Hansa-Reederei ein 30 Jahre altes Schiff übernahm und daraus die „Crostafels" machte. Dieses Schiff, ein richtiger Dampfer, hatte wohl zu viel Ladung angenommen und musste daher seinen gebunkerten Vorrat an Kohle so weit reduzieren, dass das Schiff den Hafen gerade noch mit dem zulässigen Tiefgang verlassen konnte.

Die Minimal-Bebunkerung mit Kohle bedeutete natürlich, dass das Schiff seine

Geschwindigkeit auf ein absolut ökonomisches Niveau reduzieren musste, wollte es denn mit diesen Kohlen den Hamburger Hafen erreichen. Das bedeutete logischerweise eine verlängerte Fahrzeit, die der Koch nicht einkalkuliert hatte, und so wurde auf der Reise der Proviant knapp.

Mit hungrigen Seefahrern ist nicht zu spaßen: Als das Schiff die Elbe aufwärts Richtung Hamburg fuhr, soll an der Bordwand in recht großen Buchstaben gestanden haben: „Wir haben Hunger". Die Leute im Hafen und auf den Deichen der Elbe sollen es als sehr lustig empfunden haben – die Reederei-Inspektoren hingegen eher weniger. Eine andere Geschichte besagt Ähnliches, nur dass der oben beschriebene Vorgang auf der Weser stattgefunden haben soll.

Wahrnehmungen scheinen sich im Laufe der Zeit zu verändern oder die verbale Übertragung solcher Geschichten verändert Ort und Zeit. Wie auch immer – der Kern der Geschichte ist der Gleiche und scheint zu stimmen.

Am Leuchtturm „Roter Sand" endet unsere Fahrt mit einem Ausblick in die Ferne. Im Jahre 1878 wurde hier das alte Feuerschiff zur Markierung der Wesermündung durch einen Leuchtturm ersetzt. Bremen, Preußen und Oldenburg ließen den ersten Deutschen Leuchtturm mitten im Meer an einer bei Ebbe noch acht Meter tiefen Stelle errichten. Acht Jahre später gelang es einen mit Beton gefüllten Senkkasten als Fundament im Wasser zu positionieren. Seitdem weist der Leuchtturm „Roter Sand" mit einer Höhe von 30 Metern über Niedrigwasser Schiffen aus aller Welt den Weg in die Weser. Heute ist „Roter Sand" als Leuchtfeuer nicht mehr in Betrieb, dient jedoch weiterhin als Tagessichtzeichen. Manfred beschreibt abschließend einen Ausflug der Flussführer zu dem Leuchtturm.

Kurs „Roter Sand" - Ein Besuch auf dem Leuchtturm

Dieser Törn war von uns Vegesacker Flussführern lange geplant. Irgendwann im Frühjahr 2005 saßen wir beim monatlichen Treffen im „Gustav Heinemann Bürgerhaus" zusammen und sprachen über mögliche Aktivitäten für die kommende Saison. Jemand meinte: „Wie wär´s mal mit einem Besuch des Leuchtturms Roter Sand?" Sofort war das Interesse geweckt und die Idee fand allgemeine Zustimmung. Erkundigungen wurden in Bremerhaven eingeholt, wann, wo, wie gibt es Möglichkeiten? Schließlich war die Sache in trockenen Tüchern, eine Tagesfahrt mit dem ehemaligen Bergungsschlepper „Goliath" gebucht und ein Termin festgelegt. Um die Kosten möglichst günstig zu gestalten, wurden im Bekanntenkreis zusätzliche Mitfahrer gewonnen. Dann endlich war es soweit.

An einem sonnigen Junimorgen treffen sich gut fünfzehn erwartungsvolle, fröhliche Menschen in Bremerhaven an der Barbarossapier im Kaiserhafen. Unmittelbar neben dem dort seit Jahren an der Kette liegenden irakischen Frachter „Al-Zahraa" wartet MS „Seelotse" auf uns. Schlepper „Goliath" ist kurzfristig wegen technischer Probleme ausgefallen.

MS „Seelotse" ist ein ehemaliger Lotsenzubringer. Er diente dazu, je nach Bedarf Lotsen von der Station Bremerhaven zum Lotsendampfer in der Außenweser zu bringen oder umgekehrt. Das Schiff ist 28 m lang, 5,20 m breit und hat einen Tiefgang von 1,80 m. Die Geschwindigkeit beträgt 13 Knoten.

Also dann erstmal alle Mann an Bord, wobei der Begriff „Mann" hier auch einige weibliche Gäste einschließt. Kurze Begrüßung durch die Besatzung und schon geht es los. Wir tuckern in die Kaiserschleuse. Die Schleusung erfolgt zügig. Das weserseitige Tor öffnet sich. „Los die Leinen!", ruft der Schiffsführer dem Decksmann zu und „Alles los und Schraube klar", kommt kurz darauf die Antwort. Ein kurzes Nicken im Ruderhaus, dann hören wir es und spüren die leichte Vibration in den Füßen, der Motor kommt auf Umdrehungen. Langsam schieben 630 PS die MS „Seelotse" in den Vorhafen und dann hinaus auf die Weser. Das Schiff dreht nach Steuerbord, nimmt mehr Fahrt auf, Kolumbuskaje und Containerterminal passierend laufen wir seewärts. Schnell fallen an Backbord die Inseln „Langlütjen I und II" achteraus und die Küstenlinien von Butjadingen und Wursten weichen zurück. Das Gefühl von „auf See sein" stellt sich ein. Die Besatzung hat jetzt Zeit für eine Sicherheitsunterweisung ihrer Gäste und informiert über die Rettungsmittel an Bord. Wir machen es uns an Deck gemütlich, schlürfen heißen Kaffee, beobachten und begutachten die ein- oder auslaufenden Schiffe, kritisieren, loben, lästern, erzählen Geschichten von „damals", kurz lassen es uns gut gehen. Wir passieren die Leuchttürme Robbenplate, Hohe Weg, Tegeler Plate, Alte Weser und unser Ziel, der Leuchtturm „Roter Sand", ist längst in Sicht. Nach knapp drei Stunden haben wir ihn erreicht. Wir müssen an zwei

Pfählen festmachen, die neben dem Turmsockel stehen .Obgleich die See ruhig wirkt, hebt und senkt sich unser Schiff in einer leichten Restdünung, dazu setzt auch Strom. Das Anlegen ist offensichtlich schwieriger, als es zunächst aussieht. Zweimal verfehlt das Auge der Leine den Haken am Pfahl, einmal bricht die Leine kurz nachdem sie fest ist. Der Decksmann flucht und aus dem Ruderhaus hört man was von „Manöver abbrechen". Jetzt bloß das nicht. Dann doch noch ein vierter Anlauf und diesmal klappt's. Gottseidank!

Vom Vorschiff wird die Gangway auf den Turmsockel geschoben, der Decksmann turnt hinüber und hängt sie in eine Stufe der senkrechten Turmleiter ein. Dann klettert er ein paar Meter nach oben bis zur schweren Stahltür, die er für uns öffnet. Mit angelegten Schwimmwesten darf die erste Gruppe von uns ihm folgen. Ich bin dabei. Der 1885 in Dienst gestellte Turm, der heute unter Denkmalschutz steht, ist auch in seinem Inneren wohl kaum verändert. Wie spartanisch haben hier die Leuchtturmwärter gelebt und ihren Dienst versehen. Eine Wendeltreppe führt über mehrere Decks nach oben. Ein Lagerraum für Geräte und Werkzeug, darüber ein Wohnraum mit Küche, sparsam möbliert, Tisch, Stühle, Herd, ein paar Schaps. Auf einem weiteren Deck ein Schlafraum, zweimal drei Kojen übereinander. Vielmehr Komfort hatte man nicht. Ganz oben dann das Herz des Turms, der Lampenraum.

Von 1885 bis 1964 brannte hier das Hauptfeuer für die Weseransteuerung, dann wurde es gelöscht und seine Aufgabe vom neu erbauten Leuchtturm „Alte Weser" übernommen. Das Nebenfeuer brannte noch bis 1986, danach hatte der Turm endgültig seine Funktion verloren.

Durch eine Tür kommen wir auf die Außenplattform. Der Blick von hier oben ist überwältigend. Ich stehe am Geländer und genieße die Weite. Die Sicht ist klar und reicht bis zum fernen Horizont wo See und Himmel aufeinanderstoßen. Es herrscht reger Schiffsverkehr vor der Weser- und Elbmündung. Wie oft bin ich während meiner Seefahrtsjahre hier ein- und ausgelaufen. Ich weiß es nicht mehr. Meine Gedanken wandern zurück zu einer meiner ersten Reisen. Ich war damals „Moses" auf einem kleinen Motorsegler. Von Elsfleth kommend mussten wir nach harter Knüppelei, schon in Sichtweite von „Roter Sand" beidrehen und in die Weser zurücklaufen, weil Sturm und See uns so zusetzten. Kein Mensch kann sich heute vorstellen, dass damals hier draußen bei fast jedem Wetter, die Lotsen noch per Ruderboot versetzt wurden. Ein harter Job für die Matrosen.

Ich schaue vom Turm nach unten. Nicht weit entfernt liegt der Lotsendampfer. Gerade setzt ein mittelgroßes Containerschiff seinen Lotsen ab und geht dann auf westlichen Kurs. Schön wär's ja doch denke ich, nochmal an Bord zu sein und dann Richtung englischen Kanal und Atlantik auf große Reise zu gehen. Leise summe ich

vor mich hin: "Einmal noch nach Rio, einmal nach Hawai...", als meine Träume durch einen Ruf von unten jäh gestört werden. "He, da oben, runterkommen, wir wollen auch noch mal auf den Turm!"
Die zweite Gruppe ist dran, ich mache mich an den Abstieg. Nach knapp einstündigem Aufenthalt legt MS "Seelotse" wieder ab. Mit der auflaufenden Tide geht`s in flotter Fahrt zurück nach Bremerhaven. Wir sitzen an Deck und tauschen unsere Eindrücke aus. Alle sind begeistert. Es wird noch viel erzählt. Die Sonne scheint, auf den Sandbänken räkeln sich die Seehunde und Lothar rezitiert Ringelnatz' Geschichten vom Seemann Kuttel Daddeldu. Der Besuch auf "Roter Sand" war ein tolles Erlebnis. Nur war die Zeit auf dem Turm viel zu kurz. Vielleicht sollte man irgendwann mal über Nacht da draußen bleiben. So zwei oder drei Tage als Leuchtturmwärter, das könnte ich mir sehr gut vorstellen.

Mit Träumen und Gedanken an die weite Welt endet dieses Buch. Zum Abschluss gibt Lothar wie üblich ein Gedicht von Ringelnatz zum Besten: eine Liebeserklärung an die Sehnsucht und das Meer.

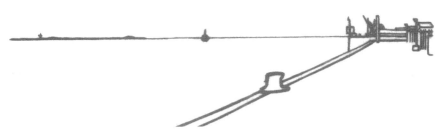

Segelschiffe

Joachim Ringelnatz

Sie haben das mächtige Meer unterm Bauch
Und über sich Wolken und Sterne.
Sie lassen sich fahren vom himmlischen Hauch
Mit Herrenblick in die Ferne.

Sie schaukeln kokett in des Schicksals Hand
Wie trunkene Schmetterlinge.
Aber sie tragen von Land zu Land
Fürsorglich wertvolle Dinge.

Wie das im Winde liegt und sich wiegt,
Tauweb überspannt durch die Wogen,
Das ist eine Kunst, die friedlich siegt
Und ihr Fleiß ist nicht verlogen.

Es rauscht wie Freiheit. Es riecht wie Welt. -
Natur gewordene Planken
Sind Segelschiffe. - Ihr Anblick erhellt
Und weitet unsre Gedanken.

Glossar

abtauen	Befehl an den Schlepper das Schiff von der Pier wegzuziehen
achterliche See	Wellen, Seegang, von hinten auf das Schiff auflaufend
Achterschlepper	Schlepper, der am hinteren Schiffsende festgemacht wird
Asbestose	Lungenkrankheit, hervorgerufen durch Einatmen von Asbeststaub oder Asbestfasern
Auge der Leine	Eine Schlaufe am Ende der Leine, meistens gespleißt
außenbords	Alles, was außerhalb des Schiffes ist, meistens also Wasser
Back	Der Aufbau auf dem Vorschiff bzw. dessen Deck aber auch der Esstisch in der Messe
Backbord Bb.	Die in Vorwärts-Fahrtrichtung gesehen linke Seite des Schiffes
Bäume	Es gibt Großbäume, Ladebäume, Besanbäume, Fockbäume.... Keiner davon wächst auf einem Schiff. Aber alle sind rund und aus Holz, Eisen oder Aluminium
Beaufort	Skala der Windstärken von 1 bis 12, 12 = Orkan
Bestmann	Matrose mit Steuermannskenntnissen, der einen Patentinhaber auf der Wache ersetzen kann
Blanker Hans	Die See, das Meer oder das Seewasser, das das Land überschwemmt
Block, Blöcke	Früher aus Holz, später aus Stahl gefertigte Seilrollen, die als Flaschenzüge oder Umlenkrollen das Führen und Setzen der Segel erst ermöglichen
Brigantine	Ein Sammelbegriff für Schiffe, an deren vorderen Masten auch oder nur Rahsegel gefahren werden
Bugspriet	Über den Bug hinausragende Spiere, nach unten meist mit einem Stahldrahtseil am Schiff befestigt, nach oben durch das Vorstag zum Mast gehalten. Dient der Führung zusätzlicher Vorsegel
Bugstrahler/ Bugstrahlruder	Auch Querstrahlruder genannt, produziert mit Hilfe eines Propellers einen Wasserschub quer zum Schiff, um das Schiff von der Pier abzudrücken oder anzulegen
bunkern	Übernahme von Wasser, Schmieröl oder Brennstoff, Begriff aus der kohlenbefeuerten Dampfschifffahrtszeit, Kohlenbunker
buten	draußen
Butjer	Bremischer Begriff für junge Burschen, ausgesprochen wie „Butscher".
Cutty Sark	Ein 1869 in Schottland gebauter Tee-Clipper, seinerzeit der schnellste Segler auf den Indien-Routen und der Name einer Whiskey-Marke. Die Firma „Cutty Sark Whiskey" hat viele Jahre lang die Tall-Ship-Races gesponsert.

Dampfschiff	Ein mit Kolben-Dampfmaschinen oder mit Dampfturbinen angetriebenes Schiff
DDG Hansa	Deutsche Dampfschiffahrtsgesellschaft Hansa
Die Küste	Bremens Klein-St.Pauli an der Nordstraße
dösbaddelig	dumm, dummerhaftig
Etmal	Die an einem Tage mit dem Schiff zurückgelegte Strecke
Fangquoten	Größe und Qualität und damit der Wert der gefangenen Fischladung
Festmacher	Beruf im Hafen zum Vertäuen der Schiffe an der Pier
Flurplatten	Die in den Maschinenräumen verlegten rutschfesten Stahlplatten in den Laufgängen
Fock	Eines der Vorsegel an einem Segelschiff
Fockfall	Tauwerk zum Setzen oder Bergen des Vorsegels, der Fock
Gaffel / Gaffeltakelung	Die Gaffel ist ein Rundholz, an dem das Oberliek (Obere Segelkante) des Gaffelsegels befestigt ist. Das Gaffelsegel wird durch die am Mast hoch zu ziehende Gaffel gesetzt
Gallionsfigur	In der Regel weibliche Holzfigur unter dem Klüverbaum der Großsegler
Gangway	Laufsteg um vom Land aufs Schiff zu gehen - und zurück!
Hamen	Ein beutelförmiges Netz mit einer ringförmigen Öffnung, das an seitlichen Auslegern eines Fischerbootes ins Wasser gehängt wird
Handlot	Ein Gewicht an einer Leine mit Metermarkierungen zur Ermittlung der Wassertiefe
HAPAG	Hamburg-Amerikanische Packetfahrt-Actien-Gesellschaft
Havarie	Schiffsunfall, bei dem zumindest das Schiff - oft aber auch Ladung und Menschen an Bord - erheblichen Schaden genommen hat
Havarie-Spargel	Der Bugspriet eines Segelschiffes. Bei jedem Manöver wie dem An- und Ablegen läuft das Schiff Gefahr, mit dem Bugspriet einen Unfall, eine Havarie, zu verursachen
Heckschlepper	Schlepper, der am Heck (hinten) des Schiffes arbeitet
Heuer	Das Monatsgehalt eines Seemannes
Heuerbaas	Arbeitsvermittler auf der Heuerstelle
Heuerstelle	Das Arbeitsamt für Seefahrer, auch Stall oder Heuerstall genannt
Hiev	Das, was nach dem aus dem Wasser holen des Fangnetzes als Fang an Deck liegt. Grundsätzlich auch alles, was in einem Durchgang (einer Hiev) an Ladung aus einem Schiff geholt wird
Hol' ober	Plattdeutsch für „Holt mich Herüber"

Jütbaum	Vielseitiges Hilfsgerät an Bord: hier zum Aufstellen des Mastes
kabbelig	Unruhige See, aus verschiedenen Richtungen durch Wind und Strömung anrollende Wellen und Kreuzseen
Kabelgatt	Stauraum für seemännisches Werkzeug wie Spannschrauben, Ketten, Leinen, Stahldrähte, Schmierstoffe, etc.
Kadetten	Zu späteren Schiffsoffizieren auszubildende junge Seeleute
Kaje	Hafen-Anlegestelle, von Landratten auch Kai- oder Hafenmauer genannt
Kantjes	Heringsfass und Maßeinheit der holländischen und deutschen Heringsfischerei. Ein Kantje entsprach zwischen 90 und 100 Kilo, etwa 800 bis 1000 Heringen
Kawenzmann	Einzeln auftretende Riesenwellen, deren Entstehung noch nicht vollständig geklärt ist. Entgegen früheren Zeiten, in denen diese in das Reich des Seemannsgarns verbannt wurden, ist deren Existenz heute global nachgewiesen
Ketch	Ein Segelschiff mit zwei Masten; das hintere Segel, der Besanmast, ist immer kleiner als der vordere Großmast. Bei einer Ketch steht der hintere Mast vor dem Ruder – bei einer Yawl dahinter
Kielschwein	Haupt-Längsbalken bei einem Holzschiff, auf dem die Spanten und der Mastfuß stehen. „Das Kielschwein füttern" ist der Spaß, der mit jungen Seeleuten häufig gemacht wird
klarieren	Grundsätzlich etwas klar machen. Es können Leinen klariert werden, aber auch Schiffe beim Ein- und Auslaufen
Kleipütten	Gewässer, die durch die Entnahme von Klei für den Deichbau entstanden sind
Klütenewer	Alter Begriff für ein kleines Küstenmotorschiff unter 500 Tonnen, meist noch mit Segeln ausgestattet
Knoten	geben die Schiffsgeschwindigkeit an: 1 Knoten entspricht 1 Seemeile pro Stunde, also ziemlich genau 1,852 km/Std.
Knoten	Seemannsknoten ziehen sich unter Zugbelastung fest und sind nicht zu lösen. Wenn sie aber vom Zug entlastet werden, sind sie sehr leicht zu öffnen
Knülle ü vor Penga	Pidgin-Dänisch für Seeleute: Sex für Geld
Koje	Fest eingebaute Bettstelle an Bord
Kombüse	Küche auf dem Schiff
Kopfschlepper	Schlepper, der am Bug (vorne) des Schiffes arbeitet
krumm machen	Schaukeln und stampfen des Schiffes bei Seegang
Kümo	Küstenmotorschiff

Landesrostey	Auch Landrostei, frühere Bezeichnung für staatliche bzw. königliche Behörden
laschen	Ladung an Deck oder in den Luken so festbinden, dass sie sich auch und gerade in schwerer See nicht bewegen kann
Laufendes Gut	Alles an beweglichem Tauwerk, Leinen und Drahtseilen, was dazu dient die Segel zu bedienen
Levante	Das östliche Mittelmeer, alles was östlich von Italien um das Mittelmeer herumliegt
Logis	Wohn- und Schlafbereich an Bord eines Schiffes
Ltd. Ing.	Leitender Ingenieur an Bord eines Schiffes, auch als „Chief" bezeichnet
Luken	Öffnung im Deck zum Laderaum
Lukensüll	Der über das Hauptdeck hinausragende Teil der Ladeluke
Manilatau	Tauwerk aus Manila, einer Naturfaser aus dem Bananenbaum
Mittelklüse	Ein verstärktes Loch in der Verschanzung eines Schiffes vorne und Achter mittschiffs, durch das die Festmacherleine gesteckt wird
Mole	In den Fluss gebaute Kaimauer bzw. Abgrenzung zum Hafen
Nock (Stb. + Bb.)	Der offene Bereich an den Bb.- und Stb.-Seiten der Brücke
Offshore	Außerhalb der Küstenlinie im Meeresbereich
Poller	Stahl-Konstruktion auf Schiffen und an Land zum Festmachen der Leinen eines Schiffes
Priel	Natürlicher Wasserlauf im Watt oder in der Marsch
Pütz	Mit einer Leine versehener Eimer zum Wasser schöpfen von außenbords
querab	90 Grad zur Seite eines Schiffes
Quetschkasten	Auch Quetschkommode genannt, ein Akkordeon oder akkordeonähnliches Musikinstrument
Rahsegel	Quer zum Schiff gesetzte, trapezförmig geschnittene Segel, die an den Rahen (Rundhölzer), die am Mast beweglich festgemacht sind, gesetzt werden
Recht voraus	Seemännischer Ausdruck für „genau geradeaus" in der Kiellinie
Reff	Eine zum Verkleinern der Segelfläche vorgesehen Fläche, eine „Falte" im Segel
reffen	Segelflächen verkleinern, ein Reff einlegen
Roar	plattdeutsch für Ruder (Steuerrad)
Ro-Ro-Frachter	Roll-on-Roll-off; die Fracht kommt auf Rädern an Bord
Schapp, Schap	Ein Kasten oder Ablagefach, in dem man etwas verstauen kann
Schlengen, Buhnen	In das Wasser hinein gebaute Bauwerke aus Holzpfählen und Flechtwerk zur Verhinderung des Uferabbruchs durch die Strömung

Schmeißleine	Auch Wurfleine genannt. Eine leichte Leine mit einem Gewicht zum Werfen um eine erste Verbindung zum Land herzustellen
Schoner	Auch Schooner oder Schuner genannt; ein Segelschiff mit zwei Masten, bei dem der hintere Mast größer oder gleich groß ist wie der vordere
Schotten	„Sowohl die quer in Spantenrichtung zwischen den Luken eingeschweißten wasserdichten „Zwischenwände" als auch die wasserdicht zu verschließende Stahl-Türen an Bord
Seemannschaft	Das Wissen und auch die Kunst, die Fertigkeiten, das Beherrschen verschiedenster Schiffe und ihrer Probleme, um sie sicher von einem zum anderen Hafen zu bringen
Seemeile	Eine Seemeile entspricht 1,852 Metern
Spill	Allgemein Winde (Anker- oder Seilwinde), per Dampf, hydraulisch oder elektrisch angetrieben
Spleiß	Die Verbindungstechnik von Tauwerk und Drahtseilen
spleißen	Seemännische Verknüpfung von Tauwerk oder Stahldrähten
Spring	Man unterscheidet zwischen Vor- und Achterspring. Jewails eine Festmacherleine, die vom Vorschiff in Richtung nach achtern oder vom Achterschiff in Richtung nach vorne an Land festgemacht wird
Stag, Stage	Stahldrähte zur Befestigung der Masten nach vorne und nach hinten
Stagreiter	Sicherheitshaken zum Anschlagen der Segel
Stehendes Gut	Alles an nicht beweglichem Tauwerk, Drahtseilen, Wanten und Stagen, was dazu dient, die Takelage zu stützen
Steuerbord - Stb.	Die in Vorwärts-Fahrtrichtung gesehen rechte Seite des Schiffes
Storekeeper	Wörtlich übersetzt: Lagerhalter. Der Mann, der die Arbeiten der Schlosser und Reiniger überwachte, Werkzeuge und Materialien dafür herausgab und verwaltete
Stricheinteilung	Alte Einteilung der Kompassrose: ein Strich entsprach 11,25 Grad - vier Strich demnach 45 Grad
Takelung	Die Art der Takelung beschreibt die Ausstattung eines Segelschiffes mit Masten und Segeln, deren Art und Schnitt und dient als Basis für die Typisierung eines Segelschiffes
Tauwerk	Alles, was aus Manila, Hanf, Propylen oder anderen Werkstoffen gedreht oder geflochten ist und an Bord Verwendung findet
TEU	Twenty-foot Equivalent-Unit, Maßeinheit für die Größe eines Containerschiffes
Tide	Ebbe und Flut

Tidenhub	Der Höhenunterschied zwischen Ebbe und Flut
Tjalk	Ein mit Seitenschwertern ausgestattetes Plattbodenschiff mit wenig Tiefgang und rundem Vor- und Achterschiff
Törn	Aus dem englischen „turn" für Drehung. Kann für die (Rund)-Reise eines Schiffes stehen, aber auch für den täglichen Wachwechsel an Bord
trimmen	Ladung und Vorräte an Bord so verteilen, dass das Schiff gerade liegt
Use Akschen	Werft-Plattdeutsch für „Unsere AG Weser"
Verschanzung	Die hochgezogene Bordwand, hinter der man sich vor dem Seegang verschanzen kann und die das Schiff vor der Übernahme von Seewasser schützt
vertüdeln	durcheinander laufen, verheddern von Leinen
Vorstag	Stahldraht zwischen Bug und dem oberen Mast; dient der Befestigung und Versteifung des Mastes und dem Anschlagen der Vorsegel
Wanten	Stahldrähte zur Befestigung der Masten zu den Schiffsseiten
Zutörnen	Überstunden an Bord; über den normalen Törn hinausgehende Arbeitszeiten
Zweimast-Gaffelschoner	Segelschiff mit zwei Masten, dessen hinterer Mast höher ist als der vordere und dessen Segel trapezförmig geschnitten sind

Manfred Haarhaus, Heinz-Konrad Reith, Rona Schneider und Carsten Johow in der Signalstation, 2012

Dank an

Ich möchte mich an dieser Stelle ganz herzlich bei vielen, vielen Menschen bedanken, die mir und uns beim Entstehen des Lesebuches behilflich waren.

Angefangen bei den Gastautoren für ihre Mitarbeit und dem MTV Nautilus für die nette Aufnahme in der Signalstation, möchte ich mich hiermit ganz herzlich bei Birgit Krüger von der „Region Unterweser", Andreas Wolfner, Heinz-Konrad Reith und Carsten Johow, Monika Westmeyer, Ingo Trauer, Susanne Korhammer, Sabine Tiedtke, Katja Reith und vielen, vielen anderen für ihre tatkräftige Unterstützung bedanken.

Ein großer Dank von den Flussführern geht zudem an die MitarbeiterInnen im G.H. Bürgerhaus Vegesack für die Gründung und vielfältige Unterstützung des Projektes „Vegesacker Flussführer", post mortem an den dort engagierten Dokumentarfilmer Erno Vorpahl, an Harald Hanse, Eigner und Skipper der TS „Atlantic", für seine immerwährende Bereitschaft mit uns und Gästen die Unterweser zu befahren, Thomas Hinzen für seine Einladung in den Simulator in der Hochschule für Nautik, Rainer Christoshowitz und Jonny Glut für ihre musikalische Begleitung bei Lesungen.

Schließlich bedanken wir uns für die nette Aufnahme bei den Besitzern des „Laden 38" (der ehemaligen Segelmacherei Meyerdiercks) und dem damaligen Wirt Gerd Peschel der Hafengaststätte „Fährhaus" in Vegesack, sowie bei den Mitgliedern des Fördervereins des Schulschiffes „Großherzogin Elisabeth", der Lissy in Elsfleth, wo wir bereits Lesungen veranstaltet haben.

Die Autorin und Herausgeberin Rona Schneider

Rona Schneider wurde 1957 in Bremen geboren. Mit „Rona Leder-Design" war sie über 10 Jahre als Unternehmerin und Designerin tätig und „eine Adresse" in Bremen. Nach einer Weiterbildung zur Kommunikationsfachwirtin hat sie einige Jahre im Bremer Kulturbereich gearbeitet, bevor sie auf dem Künstlerinnenhof DIE HÖGE 1998 eine neue Herausforderung fand. In den Bereichen PR, Neue Medien und der Betreuung der internationalen Stipendiatinnen baute sie den Kunstbetrieb mit auf und stattete multimediale Arbeitsräume für die Künstlerinnen aus.

Rona Schneider ist über viele Generationen in Bremen verwurzelt. Mit der Recherche ihrer eigenen Familienchronik wuchs die Begeisterung am Entdecken von „Lebensspuren". Seit 2004 bietet sie mit ihrer Firma „epik" Biografien und Chroniken an. Sie schreibt und recherchiert Haus-, Lebens-, Firmen- und Vereinsgeschichten.

Der Künstler Bogdan Hoffmann

Bogdan Hoffmann, 1957 in Dzierzoniow/Polen geboren, kam 1966 nach Bremen, nachdem er seine Kindheit im Kohlenpott in Essen verbracht hatte. Von 1981-88 studierte er an der Hochschule für Künste Bremen bei Wolfgang Schmitz Druckgrafik und Malerei. 1989 erhielt er den Förderpreis der Stadt Bremen, 1989/90 erhielt er ein Stipendium an der Cite des Arts in Paris, 1991 den Kunstpreis „Junger Westen" der Stadt Recklinghausen und weitere Stipendien und Auszeichnungen. Seit 1993 leitet Bogdan Hoffmann zusammen mit seiner Kollegin Marion Bösen die Werkstatt für Druckgrafik an der HfK.

Den Zyklus Unterweser stellte er 1997 in der Galerie Beim Steinernen Kreuz bei Brigitte Seinsoth aus.

Bogdan Hoffmanns Zyklus „Unterweser", 1997:
„Bremen-Bremerhaven, Bremerhaven-Bremen", 50 x 614 cm (Gesamtlänge), Kaltnadelradierung auf Kupferdruckbüttenpapier

Titel: „Unterweser III", 165x145cm, Holzdruck auf Chinapapier
Rücktitel, innen: „Weseraufwärts – weserabwärts", 170 x 90 cm, Holzdruck auf Chinapapier, 1993

S.0 – „Unterweser II", 151 x 47 cm, Holzdruck auf Chinapapier
S.16 – „Weser bei Oberhammelwarden II"
S.22 – „Weser zwischen Brake und Rechtenfleth"
S.30 – „Weser bei Eidewarden"
S.45 – „Weser bei Nordenham"
S.51 – „Weser zwischen Nordenham und Rodenkirchen"
S.57 – „Weser zwischen Elsfleth und Farge II"
S.60 – „Weser bei Farge"
S.68 – „Weser bei Farge II"
S.73 – „Weser zwischen Elsfleth und Farge"
S.76 – „Weser bei Oberhammelwarden"
S.87 – „Weser bei Oberhammelwarden II"
S.90 – „Weser bei Brake II"
S.94 – „Weser bei Brake III"
S.95 – „Weser bei Brake IV"
S.98 – „Weser bei Lienen"
S.101 – „Weser zwischen Rechtenfleth und Esensham"
S.102 – „Weser bei Neuenlande"
S.105 – „Weser bei Eidewarden"
S.109 – „Weser bei Esensham"
S.115 – „Weser bei Blexen"
S.122 – „Weser bei Bremerhaven"
S.127 – „Weser zwischen Eidewarden und Brake"
S.153 – „Weser bei Bremerhaven II"
S.155: „Unterweser IV", 246 x 151cm, Aquarell auf Kupferdruckbüttenpapier

Quellennachweis
Das Fotomaterial im Buch wurde zur Verfügung gestellt von: Hans-Helmut Lühr, Albert Koch, Manfred Haarhaus, Gerd Meyer und Rona Schneider
Gruppenfoto Titel, innen: Günter Franz, © 2014
S.13 Die Postkarte wurde veröffentlicht in „125 Jahre AG Weser", Georg Bessell
S.15 Das Foto entstammt dem „Archiv der Geschichtswerkstatt Gröpelingen e.V."
S.55 Die Geschichte „Hotsch, Marinka, Hotsch!" ist ein Auszug aus dem Roman „Maddo Clüver" von Tami Ölfken, erschienen 1988 im Tende-Verlag, Dülmen-Hiddingsel, S. 55ff; mit freundlicher Genehmigung der Herausgeberin und Schriftstellerin Ursel Habermann

Genießen Sie den einzigartigen Ausblick

von der Dachterrasse unseres Vereinshauses auf die Lesum und die Weser – inclusive Schulschiff Deutschland, Lemwerder und der vorbeifahrenden Schiffe – je nach Tageszeit begleitet von einem phantastischen Sonnenuntergang!

Die Clubräume mit großem Konferenztisch, Flachbildschirm und einer Teeküche stehen Mitgliedern und Gästen für private Feiern für bis zu 20 Personen zur Verfügung.

Durch die Anmietung unterstützen Sie die Arbeit unseres Vereins "Maritime Tradition Vegesack Nautilus" e.V.

Kontakt und Buchung über:
- den Hausrat (Norbert Lange-Kroning)
  0421-62 60 63 0, nlk@kroning.de
- den Vorstand (Norbert Krause)
  0421-95 86 78 6, info@mtv-nautilus.de

DRUCKWERKSTATT SCHMIDTSTRASSE

GESCHÄFTSPAPIERE
BROSCHÜREN
BÜCHER
FLYER
FALTBLÄTTER
PROSPEKTE
POSTKARTEN
PLAKATE
WERBEBLOCKS
ZEITSCHRIFTEN
ETC. ETC.

SCHMIDTSTRASSE 28
28203 BREMEN
TELEFON **0421 / 70 23 69**
TELEFAX **0421 / 83 53 937**
DRUCKWERKSTATT@BRAINLIFT.DE
WWW.DRUCKWERKSTATT-SCHMIDTSTRASSE.DE
M. BÖGERSHAUSEN & J. WALTEMATHE GbR